Mike Schmeitzner

Der Fall Mutschmann

Sachsens Gauleiter vor Stalins Tribunal

Eine Veröffentlichung des Hannah-Arendt-Instituts für Totalitarismusforschung e.V. an der TU Dresden

Bibliografische Information der Deutschen Nationalbibliothek

Die Deutsche Nationalbibliothek verzeichnet diese Publikation in der Deutschen Nationalbibliografie; detaillierte bibliografische Informationen sind im Internet über http://dnb.ddb.de abrufbar.

ISBN 978-3-86729-090-6

3. Auflage 2012

Umschlag: Birgit Röhling, Markkleeberg
Herstellung: PögeDruck, Leipzig
Printed in Germany
www.sax-verlag.de

Inhalt

Symbolkräftig vereint: Hitler und Mutschmann (undatiert)

Vorbemerkung

Im Kreis der 43 Gauleiter des „Großdeutschen Reiches“ zählte Martin Mutschmann zu den mächtigsten: Es gab nur wenige „politische Generale“ (Karl Höffkes), die neben der politischen Führung des Gaus auch die entscheidenden staatlichen Führungspositionen in den Händen hielten und überdies zu Hitlers frühesten Gefolgsleuten zählten. Seit 1925 war er Gauleiter der sächsischen NSDAP, seit 1933 Reichsstatthalter und seit 1935 Ministerpräsident in Sachsen. 1939 kam der einflussreiche Posten eines Reichsverteidigungskommissars hinzu. Noch Anfang 1945, aus Anlass seines 20-jährigen Gauleiter-Jubiläums, ließ sich Mutschmann von der eigenen Presse als ein „Vorbild an Treue und Tatkraft“ würdigen. „Damals schon“, von den „Anfängen der NSDAP an“[1], so verkündete ein Dresdner Blatt in Superlativen, sei er einer der „bewährtesten und mutigsten, treuesten und einsatzbereitesten, tatkräftigsten und fanatischsten Gefolgsmänner des Führers“ gewesen, eben: Hitlers „getreuer Paladin“. Das, was da zu Anfang 1945 etwas unfreiwillig wie ein Nachruf klang, erscheint nicht in allen Punkten übertrieben oder gar erdichtet. Mutschmann war tatsächlich ein „perfekter Nazi-Gauleiter“. Ein Urteil, das der deutsch-britische Historiker Claus-Christian W. Szejnmann so begründete: „Er war Hitler besonders treu ergeben, ein gewalttätiger Antisemit, extrem skrupellos und entschlossen.“[2]

Gerade weil der sächsische „Gaufürst“ vor 1945 so allgegenwärtig schien, wirkte sein beinahe spurloses Ende seltsam unbefriedigend. Dass er noch im Mai 1945 in sowjetische Hände gefallen war, hatte sich schnell herumgesprochen; was dort mit ihm geschah, blieb jedoch ein jahrzehntelanges Geheimnis Moskaus. Eine endgültige Klärung konnten nur die Akten geben, die der sowjetische Staatssicherheitsdienst selbst angelegt hatte. Im Jahre 2004, und damit nach Veröffentlichung von Studien des Hannah-Arendt-Institutes zur sowjetischen Sondergerichtsbarkeit gegen deutsche Zivilisten,[3] erhielt der Autor eine Kopie der Moskauer Mutschmann-Akte vom Washingtoner United States Holocaust Memorial Museum (USHMM).[4]

1 „Vorbild an Treue und Tatkraft. Martin Mutschmann 20 Jahre Gauleiter“. In: Dresdner Zeitung vom 1.2.1945.

2 Claus-Christian W. Szejnmann, Nazism in Central Germany. The Brownshirts in „Red“ Saxony, New York 1999, S. 207.

3 Andreas Hilger/Mike Schmeitzner/Ute Schmidt (Hg.), Sowjetische Militärtribunale. Bd. 2: Die Verurteilung deutscher Zivilisten 1945–1955, Köln 2003.

4 Vgl. Michlean L. Amir an Mike Schmeitzner vom 1.7.2004. Das USHMM hat die Akte Mutschmann unter der Signatur RG-06.025*69 verbucht, die Originalsignatur des Zentralarchivs des FSB lautet N-18758. Im Folgenden wird nach „HAIT-Archiv, Akte Martin Mutschmann“ zitiert, wo diese auch einzusehen ist.

Das USHMM hatte Kopien dieser und anderer Akten deutscher NS- und Kriegsverbrecher Mitte der 1990er Jahre aus dem Moskauer Zentralarchiv des FSB, des vormaligen KGB-Archivs, erhalten. Die Akte Mutschmann, die mehrere hundert Blatt umfasst und den Zeitraum von der Übernahme in sowjetischen Gewahrsam bis zur Exekution abdeckt (1945–1947), ist der zentrale Quellenkorpus dieser Arbeit: Sie enthält Verhörprotokolle des Delinquenten und von gleichfalls verhafteten NS-Funktionären aus dessen Umkreis sowie eine erhebliche Anzahl deutscher belastender Unterlagen aus der Zeit zwischen Sommer und Frühherbst 1945; überdies dokumentiert sie den Verlauf des Moskauer Geheimprozesses, der sich vom Mai 1946 bis Januar 1947 hinzog.[5]

Der Autor hat außerdem eine ganze Reihe weiterer Archive, Institutionen und Historiker konsultiert, um wichtige Fragen klären zu helfen, die im folgenden Prolog entfaltet und im weiteren Verlauf beantwortet werden sollen. Das ist auch der Grund dafür, an dieser Stelle all jenen zu danken, die mit ihrer Unterstützung dieses Projekt überhaupt erst ermöglicht oder vorangetrieben haben. Ein ganz besonderer Dank gilt Frau Michlean L. Amir vom USHMM, die dem Hannah-Arendt-Institut die Akte Mutschmann als Kopie zur Verfügung stellte, sowie Nikita Petrov von Memorial Moskau, der mit ergänzendem Aktenmaterial aus russischen Archiven und wichtigen Hinweisen weiterhalf. Zu danken ist des Weiteren verschiedenen Mitarbeitern deutscher Archive, die bei der Spurensuche behilflich waren – erwähnt seien hier das Bundesarchiv Berlin, das Sächsische Hauptstaatsarchiv Dresden, das Staatsarchiv Chemnitz, das Stadtarchiv Plauen, das Historische Archiv des Vogtlandkreises in Oelsnitz, das Kreisarchiv Aue und das Stadtarchiv Annaberg-Buchholz.[6] Dank abzustatten gilt es gleichfalls den Leitern der Gedenkstätten Pirna-Sonnenstein (Boris Böhm), Münchner Platz Dresden (Birgit Sack), Bautzen (Silke Klewin) und der Dokumentationsstelle der Stiftung sächsischer Gedenkstätten (Klaus-Dieter Müller), die mit Recherchen und Auskünften zu Martin und Minna Mutschmann das Projekt begleiteten.

Bedanken möchte ich mich auch für wertvolle Hinweise bei meinen Kollegen Michael Buddrus (Berlin), Andreas Hilger (Hamburg), Rainer Behring (Köln), Andreas Wagner (Essenheim/Mainz), Thomas Schaarschmidt (Potsdam), Stefan Donth (Berlin), Francesca Weil (Leipzig), Thomas Widera (Dresden) und Johannes Frackowiak (Altenburg). Marco Kleber, cand. phil., danke ich für sorgfältige Recherchearbeiten, die er im Rahmen eines Praktikums am Hannah-Arendt-Institut für Totalitarismusforschung (HAIT) für das Kapitel „Ein singulärer Prozess?

---

5 Auszüge aus drei Verhören Mutschmanns wurden bereits Mitte der 1990er Jahre in einem russischen Sammelband veröffentlicht. Da zwei davon im überlieferten Aktenkorpus fehlen, stellen sie eine wichtige Ergänzung der Mutschmann-Akte dar. Vgl. Martin Mutschmann: „Ich habe ‚Mein Kampf' nicht gelesen". In: Unbekannte Kapitel des Zweiten Weltkrieges. Hitler. Dokumente aus den Geheimarchiven des KGB, Moskau 1996, S. 39–49.

6 Aktensplitter zu Mutschmann, vor allem zu seiner Verhaftung im Mai 1945, finden sich u. a. im Berliner Bundesarchiv, im Dresdner Hauptstaatsarchiv, im Annaberger Stadtarchiv und im Chemnitzer Staatsarchiv.

Vergleich und Fazit“ unternommen hat, sowie Kathleen Rother, cand. phil., die ebenfalls am Hannah-Arendt-Institut als Praktikantin arbeitete, und Hannelore Georgi (HAIT) für spezifische Übersetzungsarbeiten aus dem Russischen. Andreas Thüsing (Leipzig) wiederum gebührt ganz besonderer Dank für die Durchsicht des Manuskripts und die Diskussion einiger Thesen.

Zu guter Letzt möchte ich mich bei Institutsdirektor Günther Heydemann und seinem Stellvertreter Clemens Vollnhals dafür bedanken, dass sie das Thema mit wachem Interesse und im Rahmen eines größeren NS-Projektzusammenhanges jederzeit befördert haben. Ohne die überaus kollegiale, effiziente und diskursgeprägte Arbeit am Lehrstuhl für Neuere und Zeitgeschichte der Universität Erfurt hätte freilich das Manuskript nicht so schnell beendet werden können. Dafür danke ich vornehmlich Gunther Mai, der mir in der Zeit seiner Vertretung mit Rat und Tat zur Seite stand. Meiner Frau Nicole, die auch die Sachsen-Karte mit Mutschmanns Fluchtorten 1945 entworfen hat, widme ich diesen Band.

Mike Schmeitzner
Dresden und Erfurt, im Juni 2011

Mutschmann als Redner (undatiert)

Prolog: Mutschmanns Ende

Fragen, Fakten und Legenden

Wenige Tage vor der ersten Eskalation des Kalten Krieges um Berlin überraschte eine Zeitung aus dem Westteil der Stadt mit einer anscheinend sensationellen Nachricht. Der West-Berliner „Tagesspiegel" veröffentlichte im Mai 1948 folgende „Privatmeldung" aus Sachsen: „Neuer Schauprozess. Wie aus Dresden berichtet wird, soll dort Anfang Juni nach dem Muster des Görlitzer Prozesses[7] ein Verfahren gegen den ehemaligen ‚Reichsstatthalter' Martin Mutschmann beginnen. Es wird in der 1 500 Personen fassenden Nordhalle stattfinden. Justizminister Dieckmann (Ost-LDP) gab bekannt, künftig würden alle aktiv an politischen Prozessen Beteiligten für die Dauer der Verhandlungen die Lebensmittelkarte eins sowie Sonderzuteilungen erhalten, damit sie ‚den großen Anforderungen der Prozessführung gewachsen' seien."[8] Dass die Meldung von den staatlichen Organen der Sowjetischen Besatzungszone (SBZ) durchaus ernst genommen wurde, belegt der darauf einsetzende Schriftverkehr zwischen den Ministerien in Ost-Berlin und Dresden. Zugleich musste sich jedoch die Deutsche Justizverwaltung (DJV) der SBZ eingestehen, dass im eigenen Haus zum Fall Mutschmann „keine Vorgänge vorhanden" seien.[9] Deshalb wandte sie sich an das sächsische Justizministerium mit der Bitte um „Mitteilung, ob diese Nachricht" zutreffe. „Bejahendenfalls" bat die DJV „um laufende Berichterstattung unter Beifügung von Abschriften der Anklage und aller ergangenen Urteile".[10]

Im sächsischen Justizministerium wurde die Anfrage aus Berlin für so wichtig befunden, dass sich der Chef des Hauses persönlich einschaltete. Ende Juni 1948 informierte Justizminister Johannes Dieckmann die Spitze der DJV über den angeblichen „Mutschmann-Prozess" in Dresden, wobei er sich mit Blick auf das in Rede stehende Verfahren in vorsichtigem Optimismus übte: „Auf das Schreiben vom 17. Juni 1948", so hieß es dort, „teilt das Sächsische Justizministerium mit,

---

7 Mit „Görlitzer Prozess" ist der Prozess gegen den ehemaligen Görlitzer NSDAP-Kreisleiter Bruno Malitz und den früheren Görlitzer Oberbürgermeister Hans Meinshausen gemeint, der im April 1948 als Schauprozess von SED und DJV in der 2000 Zuschauer fassenden Görlitzer Stadthalle abgehalten wurde. Beide NS-Funktionäre wurden wegen Unterstützung der NS-Herrschaft sowie wegen Verbrechen gegen die Menschlichkeit vom Landgericht Bautzen zum Tode verurteilt und im Oktober 1948 hingerichtet. Vgl. Christian Meyer-Seitz, Die Verfolgung von NS-Straftaten in der Sowjetischen Besatzungszone, Berlin 1998, S. 269–272.

8 Der Tagesspiegel vom 19.5.1948.

9 Aktennotiz DJV vom 10.6.1948 (BA Berlin, DP 1/1255, Bl. 1).

10 DJV an Ministerium der Justiz Sachsen vom 17.6.1948 (ebd., Bl. 2).

dass ihm eine offizielle Mitteilung über eine Aburteilung des früheren Reichsstatthalters Martin Mutschmann durch ein sächsisches Gericht bisher nicht zugegangen ist. Kürzlich ist aber einem Angestellten der Staatsanwaltschaft Dresden gesprächsweise von einem Herrn der hiesigen SMA erzählt worden, dass Mutschmann sich in Deutschland befinde und dass er wahrscheinlich im Herbst in Dresden durch ein deutsches Gericht [...] abgeurteilt" wird.[11]

In einer Erklärung für die parteieigene Presse hatte Dieckmann zwischenzeitlich wissen lassen, wer denn der „Angestellte der Staatsanwaltschaft Dresden" gewesen sei, dem eine entsprechende Information der Besatzungsmacht zugegangen war. Der „Generalstaatsanwalt" habe, so äußerte der Minister öffentlich, „keineswegs erklärt, dass der Prozess gegen Mutschmann in Sachsen durchgeführt" werde; er habe „nur die Möglichkeit angedeutet". Weniger diplomatisch konterte Dieckmann die Vorwürfe des „Tagesspiegels", wonach künftig Beteiligte an „politischen Prozessen" mit der Lebensmittelkarte eins und Sonderzuteilungen rechnen könnten. In diesem Kontext ließ der Minister deutlich erkennen, wo er mittlerweile politisch zu verorten war. In einem mit dem bezeichnenden Titel „Ihre tägliche Lüge" überschriebenen Beitrag griff er die „täglichen Verdrehungen und Verzerrungen der Marshall-Presse" [!] über die Politik der SBZ scharf an. Man werde den „reaktionären Gegnern" und „berufsmäßigen Verleumdern nicht den Gefallen tun, unsere für die positiven Aufgaben des neuen Aufbaues dringlichst benötigte Arbeitszeit in dem von ihnen gewünschten Sinne zu vergeuden". Obwohl er diesen Teil der „Tagesspiegel"-Meldung als „völlig frei erfunden" bezeichnete, kam er im nächsten Satz nicht umhin festzustellen: „Richtig ist lediglich, dass bei lang andauernden Prozessen für die Schöffen bzw. Geschworenen und Richter und andere in gleichem Umfange Prozessbeteiligten für die in Frage kommenden Tage ihrer über alles normale Maß hinausgehenden Beanspruchung die Verteilung einiger zusätzlicher Lebensmittel erwogen wird [...]."[12]

Hatte Dieckmann damit einen Teil der „Tagesspiegel"-Meldung unfreiwillig selbst bestätigt, saß er – ebenso wie die Redaktion der West-Berliner Zeitung – im Falle Mutschmann offensichtlich Gerüchten oder gezielten Desinformationen vonseiten der sowjetischen Besatzungsmacht auf. Denn im Frühsommer 1948 lebte Mutschmann längst nicht mehr. Eines der höchsten sowjetischen Gerichte hatte ihn eineinhalb Jahre zuvor in einem Geheimprozess in Moskau zum Tode verurteilt. Der öffentliche Schlagabtausch zwischen den deutschen Kontrahenten in Ost und West war von daher eine peinliche Posse im Kalten Krieg, die zwei Dinge offenbarte: die sowjetische Geheimhaltungsphobie und die daraus resultierenden Legendenbildungen.

Tatsächlich blieb das Schicksal eines der mächtigsten Gauleiter des Dritten Reiches jahrzehntelang im Dunkeln. Wie mit ihm im sowjetischen Gewahrsam verfahren worden war, wusste außerhalb Moskaus niemand. Für die deutsche Nachwelt

11 Johannes Dieckmann an DJV, Abt. 3, vom 30.6.1948 (ebd., Bl. 3).

12 Johannes Dieckmann, Ihre tägliche Lüge. In: Sächsisches Tageblatt vom 27.5.1948.

verlor sich seine Spur am 17. Mai 1945, an jenem Tag, an dem der Gefangene dem sowjetischen Geheimdienst übergeben worden war. Was danach geschah, blieb streng gehütetes Geheimnis sowjetischer Stellen. Dieser Umstand befeuert fast bis auf den heutigen Tag Legendenbildungen um einen Mann, der schon zu Lebzeiten durch seine brutale Herrschaftspraxis wie seine zahlreichen Eskapaden im Fokus der Öffentlichkeit gestanden hatte. So machten in Ost und West bald wilde Spekulationen über Mutschmanns Ende die Runde, die durch Vorgänge wie die vom Frühsommer 1948 nur neue Nahrung erhielten.

In der Bundesrepublik Deutschland, in der ein öffentlicher Diskurs um ein solch schwieriges Thema möglich war, wucherten früh Mutmaßungen über Mutschmanns Ende. Hieß es noch 1950 in der westdeutschen Presse, der sächsische Gauleiter sei von der Roten Armee verhaftet worden und gelte seitdem als verschollen,[13] glaubte zwei Jahre später das Munzinger-Archiv ein Sterbedatum nennen zu können: Es datierte seinen Tod auf „Juli 1948“, was zweifellos mit den damaligen Presse-Gerüchten aus Berlin und Dresden zu tun hatte.[14] Von nun an zog sich dieses (falsche) Todesdatum jahrzehntelang durch die westdeutsche Literatur: So ist in Peter Hüttenbergers Standardwerk zu den Gauleitern des Dritten Reiches Mutschmanns Sterbejahr ebenfalls mit „1948“ und der Sterbeort mit „Dresden“ angegeben.[15] In dem Jahre später veröffentlichten „Großen Lexikon des Dritten Reiches“ formulierten die Herausgeber erstmals auch mit Blick auf eine juristische Abrechnung, „er soll kurz nach einem Prozess im Juni 48 in sowjet. Haft gestorben sein“.[16] Fast zur selben Zeit war in einem weiteren biografischen Nachschlagewerk zu den NS-Gauleitern von mehreren „Versionen“ die Rede, die „alle davon ausgehen“, dass der sächsische Gauleiter im Juni 1948 „in Dresden gestorben sein soll“. Dabei sei „bis heute offen“, ob „Mutschmann, in einen Käfig gesperrt, durch Dresden gefahren worden und den schweren Verletzungen erlegen ist, die ihm durch Schläge zugeführt“ wurden, oder ob er „an Herzinfarkt verstorben ist, den er erlitten haben soll, nachdem er eine ganze Nacht lang nackt auf einem Denkmalsockel zubringen musste“.[17] Auch wenn manche Gerüchte und Spekulationen einen realen Kern enthielten (so im Falle des Prozesses oder des Denkmalsockels), trugen doch Vermutungen wie die über einen Käfig-Tod zur Legendenbildung bei.

---

13 Zum sächsischen Gauleiter hieß es: „Mutschmann, von den Russen verhaftet, Schicksal unbekannt.“ Süddeutsche Zeitung vom 4.5.1950.

14 Internationales Biographisches Archiv (Munziger-Archiv) 22/1952 vom 19.5.1952. Noch am 19.12.1946 hatte das Munziger-Archiv gemutmaßt: „Nach dem Zusammenbruch des Nationalsozialismus wurde er in Haft genommen. Was seither aus ihm geworden ist oder werden soll, ist bisher nicht bekannt geworden.“

15 Peter Hüttenberger, Die Gauleiter. Studie zum Wandel des Machtgefüges in der NSDAP, Stuttgart 1969, S. 217.

16 Christian Zentner/ Friedemann Bedürftig (Hg.), Das große Lexikon des Dritten Reiches, München 1985, S. 398.

17 Karl Höffkes, Hitlers politische Generale. Die Gauleiter des Dritten Reiches. Ein biographisches Nachschlagewerk, Tübingen 1986, S. 244.

Selbstinszenierungen:

Der „Landesvater“ mit uniformierten Kindern und (rechte Seite) als „gnadenlos mächtiger“ Gauleiter

Aus dem Rahmen der üblichen Vermutungen fiel in mehrfacher Hinsicht der Bericht von Hitlers ehemaligem Rüstungsminister Albert Speer. Er verbreitete in seinen 1975 erschienenen „Spandauer Tagebüchern" eine Todeslegende, die mit dazu dienen sollte, seinen letzten Besuch in Hitlers Führerbunker am 23. April 1945 in ein besonders heroisches Licht zu tauchen. Hitlers Ende vor Augen und voll von „Dankbarkeit", Spuren der „alten Loyalität" und „Romantik", resümierte sein Lieblingsarchitekt und Rüstungsminister: „In diesen letzten Tagen des Krieges hatten uns so viele Schreckensmeldungen erreicht, Berichte von Vergewaltigungen, Massenmorden, von spontanen Ausbrüchen von Lynchjustiz und selbst solche Episoden wie die über das Ende des Gauleiters Mutschmann, der bei beißender Kälte nackt auf einem Karren durch Dresden gefahren und dann totgeschlagen worden war; sie verfehlten ihren Eindruck auf uns nicht."[18] Bemerkenswert an

18 Albert Speer, Spandauer Tagebücher, Frankfurt am Main 1975, S. 323.

diesem Bericht ist nicht so sehr der Todesort und die Todesart, sondern der Todeszeitpunkt. Denn am 23. April 1945 konnte Speer noch gar nicht wissen, welches Ende Mutschmann nehmen würde, war dieser doch zu jener Zeit noch damit beschäftigt, in Sachsen den „Endsieg“ der deutschen Truppen zu bewerkstelligen. Erst am 16. Mai 1945, Wochen nach Hitlers Selbstmord, fiel Mutschmann in die Hände deutscher Antifaschisten. Diente also der vermeintliche Karren-Tod im eiskalten Dresden lediglich dazu, Verständnis für Speers eigenes Handeln und das der Berliner Bunkergemeinschaft zu suggerieren?

In der Sowjetischen Besatzungszone und späteren DDR waren vor allem unter der Dresdner Bevölkerung frühzeitig Gerüchte aufgekommen, die Mutschmanns Schicksals aufgrund einer fehlenden offiziellen Darstellung in grellen Farben malten: Während ihn die einen bei Zwangsarbeiten im zerstörten Dresden gesehen haben wollten, spekulierten andere über einen Lynchmord.[19] Einzelne staatliche Institutionen kamen intern zu dem Ergebnis, der sächsische Gauleiter sei noch im Jahre 1945 in sowjetischer Haft verstorben.[20] Belege dafür konnten aber auch sie nicht beibringen. Selbst SED-Parteifunktionäre, die sich als Historiker zu profilieren versuchten wie der langjährige Dresdner Oberbürgermeister Walter Weidauer (KPD/SED), stießen nach einiger Zeit an Recherchegrenzen: Obwohl Weidauer in den 1960er Jahren mehrere bemerkenswerte Zeitzeugeninterviews führte und auch im direkten „Parteiauftrag“ arbeitete,[21] womit er über mehr Möglichkeiten verfügte als die akademische Historikerzunft der DDR, musste er sein ehrgeiziges Projekt bald zu den Akten legen.[22] An der Restriktion der sowjetischen Geheimdienst-„Freunde“ scheiterte selbst das Ministerium für Staatssicherheit (MfS). 1969 kam es nicht umhin, etwas kleinlaut die eigenen unbefriedigenden Recherchen zu

19 So geschehen in der Familie des Verfassers, in der über mehrere Jahrzehnte hinweg verschiedene Fassungen kolportiert wurden. Von dem „in Sachsen umlaufenden Gerücht“, Mutschmann sei von „aufgebrachten eigenen Volksgenossen gelyncht worden“, erfuhr auch die westdeutsche Presse. Vgl. Eghard Mörbitz, Der Krieg war aus und niemand kam. Ein Stück Deutschland blieb unbesetzt. In: Frankfurter Rundschau am Wochenende vom 11.5.1985.

20 In einer Aufstellung führender NS-Funktionäre aus Sachsen hieß es zum Verbleib Mutschmanns: „1945 in sowjetischer Haft gestorben“. Die undatierte, wohl aber aus den 1960er Jahren stammende Aufstellung basierte auf einer Denkschrift, die der von Mutschmann 1937 geschasste Dresdner Oberbürgermeister Ernst Zörner angelegt hatte (SächsHStAD, NL Walter Weidauer, V/2.052.026, unpaginiert).

21 Walter Weidauer an Oberbürgermeister von Annaberg-Buchholz vom 20.8.1969 (ebd., V/2.052.010, unpaginiert). Weidauer hatte zuvor sein Buch „Inferno Dresden“ veröffentlicht, in dem er auch auf Mutschmann eingegangen war.

22 Neben Weidauer, der nach eigenen Recherchen und Zeitzeugenbefragungen 1969/70 seine Forschungen ergebnislos einstellte, betraf dies auch Max Seydewitz. Der vormalige sächsische Ministerpräsident (1947–1952) hatte mit seiner Frau Ruth schon Mitte der 1950er Jahre Recherchen zu Mutschmanns Ende angestellt. Auch er war – ähnlich wie Weidauer – durch die Beschäftigung mit der Dresden-Thematik auf Mutschmann aufmerksam geworden. Vgl. Max Seydewitz, Zerstörung und Wiederaufbau von Dresden, Berlin (Ost) 1955. In allen späteren Auflagen wurde das Buch unter dem plakativeren Titel „Die unbesiegbare Stadt“ veröffentlicht, wobei der bisherige Titel als Untertitel firmierte.

konstatieren: „Angeblich v.[on] Sowjetorganen verhaftet. Verbleib unbekannt.“[23] Für das Staatssicherheitsministerium schien aber gleichwohl festzustehen, dass der sächsische Gauleiter 1945 gestorben war.[24]

Davon abweichend, behauptete in der einzigen größeren Mutschmann-Biografie, die zu DDR-Zeiten geschrieben, jedoch nicht veröffentlicht worden ist, deren Biograf Thomas Mai, dass der Gauleiter 1948 in Dresden den Tod gefunden habe. Der Verfasser bezog sich bei seiner Feststellung auf Angaben des westdeutschen Historikers Hüttenberger und auf „eigene Nachforschungen“. Ein genaues Todesdatum konnte aber auch Mai nicht nennen, da er keinen Einblick in die sowjetischen Akten erhalten hatte und aus diesem Grund auch das betreffende Urteil nicht kannte.[25] Selbst Walter Weidauers Rechercheergebnisse bekam er nicht zu Gesicht, da der SED-Funktionär und Buchautor einen Besitzerwechsel der Unterlagen als fadenscheinige Begründung angab und aufgrund einer „eingegangenen Verpflichtung“ auch noch gleich die Adresse der „neuen Besitzer“ verweigerte.[26] Dessen ungeachtet setzte sich Mai in seiner Qualifizierungsschrift, die 1984 an der Universität Jena verteidigt wurde, recht polemisch mit Veröffentlichungen aus der Bundesrepublik auseinander, die sich in irgendeiner Weise mit Mutschmanns Ende beschäftigten.

So beförderte Mai etwa Hüttenberger, dessen These von Mutschmanns Tod er übernommen hatte, zum „Sprecher jener Apologeten des Monopolkapitals, die Hitler zum Alleinverantwortlichen aller Verbrechen [...] abstempeln“.[27] Speers Legende um Mutschmanns „angeblich so grausames Ende“ bezeichnete er freilich zu Recht als das, was sie war – ein „Lügenmärchen“, den „Tatsachen hohnsprechend“.[28] Die in der Bundesrepublik veröffentlichten Lebenserinnerungen des früheren Gauleiters von Magdeburg-Anhalt, Rudolf Jordan, schwammen für Mai in ihren „dümmlichen und einfallslosen Rechtfertigungsversuchen auf der gleichen Welle“. Der 1955 aus sowjetischer Haft entlassene Jordan hatte in seinen Memoiren behauptet, Mutschmann sei im Mai 1945 „in russische Gefangenschaft geraten und in die Sowjetunion transportiert worden. Die SED habe einen großen Schauprozess für ihn in Dresden vorbereitet.“ Es „sei jedoch alles ‚abgeblasen‘ worden, da

23 Suchauftrag des MfS, o. D. (BStU, MfS-HA IX/11, AV 14/79, Bd. 24, Bl. 206). Die Bearbeitung galt zum 20.3.1969 als „abgeschlossen“.

24 Aktennotiz des MfS, o. D., ca. 1971 (BStU, MfS-HA IX/11, AK 520/71, Bl. 18).

25 Thomas Mai, Der faschistische sächsische Gauleiter Martin Mutschmann, die Entwicklung des Gaues Sachsen und der NSDAP [unveröffentlichte Diplomarbeit], Jena 1984, S. 242. Die These von Mutschmanns Tod im Jahre 1948 übernahm auch Karl Czok (Hg.), Geschichte Sachsens, Weimar 1989, S. 613.

26 Mai, Mutschmann, S. 291. Mai hatte auf Zeitzeugeninterviews aus Weidauers Buch „Inferno Dresden“ zurückgreifen wollen, die Mutschmanns Verhaftung näher beschrieben. Die betreffenden Abschriften der Tonbänder wechselten jedoch nie den Besitzer, wie Mai erklärt wurde, sondern liegen auch heute noch im Nachlass Weidauer (SächsHStAD, NL Walter Weidauer, V/2.052.010).

27 Mai, Mutschmann, S. 290.

28 Ebd., S. 242.

die Russen den inzwischen erfolgten Tod Mutschmanns bekannt gaben."[29] Gewiss handelt es sich bei Jordans Memoiren um braune Erbauungsliteratur, doch liegen die darin geschilderten Fakten von Mutschmanns angeblichem Ende gar nicht so weit von der Realität entfernt, zumal Mai nicht jene Stelle zitiert, die Jordans Interesse an diesem Fall beleuchtete: nämlich seine Befürchtung, statt des verstorbenen Mutschmanns in einem „Schauprozess" zu enden.[30] Was war an dieser Darstellung aber so „dümmlich und einfallslos" und worin bestand der „Rechtfertigungsversuch"? Hatte die Presse der SBZ nicht selbst noch 1948 einen Mutschmann-Prozess für möglich gehalten?

Trotz der eigenen unzureichenden Quellenkenntnis warf Mai früheren „Naziideologen" und „heutigen bürgerlichen Historiographen" vor, „angelehnt an den Führerkult um die Person Hitlers" die „besondere Stellung der Gauleiter [...] überzubetonen und überzubewerten, indem sie ein mystisches, sagenhaftes und legendär anmutendes Bild von ihnen entwarfen". Selbst um den „Tod des sächsischen Gauleiters und die Ursachen" würden diese ein „mystisch-verklärtes Netz von zuweilen grotesk anmutenden Aussagen" spannen. Wenngleich deren Darstellungen z.T. „weit auseinandergingen", sei „ihnen doch allen eines gemeinsam: die legendäre Verschwommenheit, der brutale Antikommunismus und Antisowjetismus, die versuchte Rechtfertigung für faschistische Gewalttaten und die Erzeugung von Mitleidsgefühlen für das ‚Schicksal' von Naziführern".[31] Doch wer – so ist an dieser Stelle zu fragen – hatte eigentlich erst durch sein geheimnisvolles Verhalten ein „mystisch-verklärtes Netz" gespannt? Die „bürgerlichen Historiographen" des Westens oder die sowjetischen Geheimdienste der Nachkriegszeit?

Die teilweise Öffnung der sowjetischen Archive nach 1989/91 schien endlich auch ein Legendensterben einzuläuten: Bekannt wurden nun Mutschmanns genauer Todeszeitpunkt (14.2.1947), der Todesort (Moskau) und die Tatsache eines vorangegangenen sowjetischen Prozesses. Eine entscheidende Rolle bei der Aufklärung dieses Falles spielte der russische Historiker und Menschenrechtler Nikita Petrov, der nach Einsicht in verschiedene russische Archive 1995 erstmals präzise Fakten nennen konnte.[32] Ein Jahr später veröffentlichten mehrere russische Historiker

29 Ebd. Die Information, dass die „Russen" öffentlich Mutschmanns Tod bekannt gegeben hätten, ist nicht zutreffend. Wäre es denn geschehen, hätten sich überdies sämtliche seitdem verbreitete Todeslegenden erübrigt.

30 Vgl. Rudolf Jordan, Erlebt und Erlitten. Weg eines Gauleiters von München bis Moskau, Leoni am Starnberger See 1971, S. 327.

31 Mai, Mutschmann, S. 236.

32 Vgl. Nikita Petrov, Deutsche Kriegsgefangene unter der Justiz Stalins. Gerichtsprozesse gegen Kriegsgefangene der deutschen Armee in der UdSSR 1943–1952. In: Stefan Karner (Hg.), „Gefangen in Russland". Die Beiträge des Symposiums auf der Schallaburg 1995, Graz 1995, S. 176–221, hier 202. Im Anschluss daran: Agatha Kobuch, Martin Mutschmann. In: Neue Deutsche Biographie. Hg. von der Historischen Kommission bei der Bayerischen Akademie der Wissenschaften, 18. Bd., Berlin 1997, S. 659 f.; Ernst Klee, Das Personenlexikon zum Dritten Reich. Wer war was vor und nach 1945, Frankfurt a. M. 2003 [Taschenbuchausgabe 2005], S. 426 f.; Mike Schmeitzner, Sowjetische Militärtribunale in der

als Zeichen der neuen Offenheit nun auch Auszüge aus Verhörprotokollen des sowjetischen Geheimdienstes mit verhafteten deutschen Generalen und NS-Politikern – darunter mit Martin Mutschmann.[33]

Doch ungeachtet dessen zirkulierten mehrere der wohl inzwischen lieb gewonnenen Legenden weiter.[34] Im Spätherbst 2002 brachte der ansonsten gut recherchierte MDR-Dokumentarfilm „Gnadenlos mächtig" mit dem Frühjahr 1950 wiederum ein neues Sterbedatum in Umlauf[35] – und damit eine neue Legende, die sich in den folgenden Jahren nicht so einfach erschüttern ließ. So hieß es zwölf Jahre nach Klärung der Todesumstände, dass der angeblich „allgemein schlechte Gesundheitszustand" Mutschmanns eine „öffentliche Gerichtsverhandlung" verhindert habe; „stattdessen" sei er in die Sowjetunion gebracht worden, „wo er wahrscheinlich 1950 in der Haft verstarb". „Unter welchen Umständen" dies geschah, sei „bis heute nicht geklärt".[36] Ähnlich argumentierte der britische Historiker und

---

SBZ/DDR 1945–1950. Deutsche vor Gericht. In: Verfolgung unterm Sowjetstern. Stalins Lager in der SBZ/DDR. XV. Bautzen-Forum der Friedrich-Ebert-Stiftung Büro Leipzig vom 13. und 14. Mai 2004. Dokumentation, Leipzig 2004, S. 94–107, hier 98. Erste genauere Hinweise zum Prozess gab Andreas Hilger, Strafjustiz im Verfolgungswahn. Todesurteile sowjetischer Gerichte in Deutschland. In: Ders. (Hg.), „Tod den Spionen!" Todesurteile sowjetischer Gerichte in der SBZ/DDR und in der Sowjetunion bis 1953, Göttingen 2006, S. 95–155, hier 114–119.

33 Martin Mutschmann: „Ich habe ‚Mein Kampf' nicht gelesen". In: Unbekannte Kapitel des Zweiten Weltkrieges, S. 39–49. In der im Index veröffentlichten Kurzbiographie Mutschmanns wurde zwar das Datum der Verurteilung, der 30.1.1947, genannt, nicht aber das Datum der Hinrichtung (ebd., S. 189 f.). Vor allem auf dieser neuen Quellenlage basiert der Artikel von Axel Granzow, „Ich habe Hitlers ‚Mein Kampf' nie gelesen". Sowjets verurteilten Gauleiter von Sachsen zum Tode durch Erschießen. In: Handelsblatt vom 5.5.1998, der das fehlende Exekutionsdatum einforderte.

34 In seinem Biographischen Lexikon zum Dritten Reich, Frankfurt a. M. 1998 [Taschenbuchausgabe 2002], S. 330 f., erklärte Hermann Weiß weiterhin, Mutschmann sei im „Juli 1948 in Dresden in der Haft" verstorben – und zwar „nach einem Prozess". Noch vor der russischen Aktenöffnung hatte Eberhard Schmitt, Martin Mutschmann – Nazi-„König" von Sachsen. Das Ende eines Imperiums (Teil 5). In: Dresdner Neueste Nachrichten vom 10./11.11.1990, das Todesdatum mit 1946 angegeben.

35 Die MDR-Dokumentation „Gnadenlos mächtig. Sachsens Gauleiter Martin Mutschmann" (Erstausstrahlung: 3.11.2002, 22.50 Uhr) stammt von Ernst-Michael Brandt. Das hier präsentierte Sterbedatum übernahm anschließend Joachim Lilla, Statisten in Uniform. Die Mitglieder des Reichstags 1933–1945. Ein biographisches Handbuch. Unter Einbeziehung der völkischen und nationalsozialistischen Reichstagsabgeordneten ab Mai 1924, Düsseldorf 2004, S. 432 f. Dieses Sterbedatum stammt womöglich aus frühen Eintragungen des DRK-Suchdienstes in München. Vgl. Karteikarte Martin Mutschmann vom 1.3.1961 (DRK-Suchdienst München). Ein hiervon abweichendes Sterbedatum (nämlich 1951) präsentierte 2004 Wolfgang Fleischer, Das Kriegsende in Sachsen 1945. Eine Dokumentation der Ereignisse in den letzten Wochen des Krieges, Preußisch-Oldendorf 2004, S. 97.

36 Andreas Krone (PbK), Karriere unterm Hakenkreuz. Aufstieg und Fall des Martin Mutschmann. In: Historikus Vogtland. Geschichtsmagazin, 2 (2007), S. 13–17, hier 17; vgl. auch Wolfgang Hädicke, Dresden. Eine Geschichte von Glanz, Katastrophe und Aufbruch,

Hitler und Mutschmann vor dem Leipziger Hauptbahnhof (undatiert)

Deutschland-Kenner Frederick Taylor: Was aus Mutschmann geworden sei, wisse „man" noch heute (2004) nicht so genau: „Die einen sagen, er sei 1948 (da wäre er fast 70 Jahre alt gewesen) in Dresden an den Folgen einer Misshandlung gestorben, andere, er sei irgendwann vor 1950 in der Moskauer Lubjanka von der russischen Geheimpolizei erschossen worden."[37]

Ungeachtet der nur schwer zu erschütternden Mythenbildungen soll hier der Versuch unternommen werden, Mutschmanns Ende in den Kontext einer justitiellen Abrechnung mit dem Dritten Reich zu rücken. Dabei wird der Fokus auf den letzten beiden Lebensjahren des Gauleiters liegen – konkret: auf seiner Flucht und Gefangennahme im westlichen Erzgebirge, mit der bereits die Legendenbildung begann, sodann seiner Auslieferung an den sowjetischen Geheimdienst, den nun folgenden Verhören und seinem (späten) Prozess in Moskau. Die Fragen, die sich vor allem durch das sowjetische Vorgehen selbst ergeben, führen dabei immer wieder auf das Geheimhaltungsgebaren der Besatzer zurück: Welche Gründe bewogen

---

München 2006 [Taschenbuchausgabe 2009], S. 243. Ähnlich argumentieren MDR.de („Martin Mutschmann 1879–1950"), Jörg Stock, Vom Gauleiter-Betonbunker zum Parteibunker. In: Sächsische Zeitung vom 24.7.2006, und Mario Sporn, Martin Mutschmann II. In: Das Vogtland-Jahrbuch, 17 (2000), S. 152–155, hier 155.

37 Frederick Taylor, Dresden, Dienstag, 13. Februar 1945. Militärische Logik oder blanker Terror?, München 2004, S. 447.

sie dazu, den „Fall Mutschmann“ geheim zu halten und so von einem öffentlichen Prozess Abstand zu nehmen? Hatte es nicht noch bis Sommer 1945 Anzeichen dafür gegeben, die deutsche Öffentlichkeit einzuschalten, deutsche Stellen mit der Suche nach Belastungsmaterial zu beauftragen und einen öffentlichen Prozess als Lehrstück zur „antifaschistischen“ Aufklärung der Bevölkerung anzusetzen? Weshalb änderte die Besatzungsmacht in so kurzer Zeit ihre Verfolgungspraxis? Auf welche Verbrechenskomplexe konzentrierte sich letztlich die sowjetische Anklage und in welchem Rechtskontext fand der Prozess überhaupt statt? Handelte es sich bei diesem Verfahren um die oft gepflogene stalinistische Willkür- und Siegerjustiz, der es nicht so sehr um den individuellen Schuldnachweis des Angeklagten und um eine Aufklärung konkreter Tatbestände ging, sondern um erzwungene Geständnisse und die formale Aburteilung eines NS-Verbrechers?

Schließlich wird den Fragen nachgegangen, inwieweit dieser Moskauer Geheimprozess typisch war für die juristische Verfolgung ehemaliger NS-Gauleiter, die sich in sowjetischem Gewahrsam befanden, und wie – im Vergleich dazu – die juristische Verfolgung von NS-Gauleitern in den westlichen Besatzungszonen und in Polen ausgefallen ist: Ausgehend von der Tatsache, dass die Alliierten nach dem Nürnberger Prozess gegen die Hauptkriegsverbrecher keinen Folgeprozess gegen Hitlers „politische Generale“ anstrengten,[38] soll erörtert werden, ob und – wenn ja – mit welchen juristischen Mitteln die Westmächte, Polen und westdeutsche Spruchkammern diesen Personenkreis zur Verantwortung zogen.

Weniger als Vergleichsfolie denn als familiengeschichtlicher Epilog ist das letzte Kapitel zu verstehen, in dem die juristische Abrechnung mit Mutschmanns Witwe Minna im Zuge der sogenannten Waldheimer Prozesse 1950 im Mittelpunkt stehen wird. Die Frage nach der Verantwortlichkeit von Familienmitgliedern führt gleichsam automatisch zur Person Martin Mutschmanns zurück, der auch nach der Auffassung von Zeithistorikern in der (Moskauer) „Lubjanka sein verdientes Ende“ gefunden habe.[39] Wer also war der „Delinquent“, der schon zu Lebzeiten eine weit über Sachsen hinausreichende Aufmerksamkeit fand?

38 Nach dem Prozess gegen die Hauptkriegsverbrecher 1945/46 kam es zwischen Ende 1946 und Frühjahr 1949 zu zwölf Folgeprozessen, die sich gegen Teile der SS (Wirtschafts- und Verwaltungsamt, Rasse- und Siedlungsamt, Einsatzgruppen), der Wehrmacht (OKW, Generale Südosteuropa, Milch), Industrielle (Krupp, Flick, I.G. Farben), Ärzte, Juristen und Diplomaten richteten.

39 Klaus-Dietmar Henke/Christiane Schmitt-Teichert, Die dramatische Dekade. Über Dresden in den vierziger Jahren des 20. Jahrhunderts. In: Dresdner Geschichtsbuch. Hg. vom Stadtmuseum Dresden, Altenburg 2007, S. 203–230, hier 218.

So sah sich Mutschmann am liebsten: als uniformierter Provinzführer

Judenhasser und Provinzdespot

Biografische Anmerkungen

Mutschmanns „Platz in der Geschichte" hat in allererster Linie mit seiner – byzantinistisch anmutenden – Herrschaftspraxis in Sachsen während des Dritten Reiches und mit seinem fanatisch gesteigerten Antisemitismus zu tun. Historiker, Publizisten und auch schon Zeitgenossen haben auf diese Konstellation immer wieder hingewiesen. Wenn es um die Charakterisierung der Person des Gauleiters und seiner Herrschaft geht, mangelte es ihnen nicht an deutlichen, ja scharfen Wertungen: Für Frederick Taylor war der „sächsische Mussolini" ein „brutal wirkender Provinzdespot" mit „starrem Blick", der sich nur auf seinen Posten halten konnte, weil ihn Hitler als „Fanatiker" schätzte.[40] Andere Zeithistoriker kennzeichnen ihn als „gescheiterten Kleinunternehmer" und „primitiven Bulldozer" sowie als „wüsten Antisemit von allererstem Stammtischformat", der sich während des Dritten Reiches seiner „Machtfülle rühmen konnte" wie kein zweiter NS-„Provinzfürst". Mutschmanns Herrschaft sei „genauso schrankenlos wie gewalttätig" gewesen, und „Cäsarenwahn" hätten ihm politische Gegner schon früh attestiert: „Der Diktator in Dresden war zwar eine ebenso peinliche wie gefährliche Figur, aber auch schlau, denn er war nicht nur 150-prozentiger Nationalsozialist, sondern auch 250-prozentiger Landesfürst: Der traditionelle Kampf gegen Berlin war in der NS-Zeit nicht suspendiert. Soviel Sachsenstolz imponierte den Untertanen von ‚König Mu', obgleich er zum Leidwesen des Dresdner Kulturbürgertums eine penetrant erzgebirgsselige Kulturpropaganda pflegte."[41]

„König Mu", wie der sächsische Gauleiter etwas spöttisch im Volksmund genannt wurde, war ein Beispiel für den „Partikularismus aus Eigennutz" im polykratischen NS-Staat.[42] Dass er sich zwölf Jahre lang behaupten konnte, beruhte auf einer „merkwürdigen, widerspruchsvollen, für ganz Sachsen hochbrisanten, für die Opfer des sächsischen Faschismus lebensgefährlichen Konstellation": Einerseits verharrte Mutschmann „im tiefsten Gehorsam zum ‚Führer', andererseits aber errichtet er eine sächsische Allein- und Gewaltherrschaft, eine Art hitlertreuen Staat im Staate, eine barbarische, selbstherrliche, die Zentrale ständig dreist und ungestraft unterlaufende Eigenregierung, mit allen ekelhaften Zügen einer solchen Regional-Tyrannei: mit Brutalität gegen die geringsten Widerstände auch in den eigenen

---

40 Taylor, Dresden, S. 74 f.

41 Henke/Schmitt-Teichert, Die dramatische Dekade, S. 208.

42 Andreas Wagner, Martin Mutschmann. Der braune Gaufürst (1935–1945). In: Mike Schmeitzner/Andreas Wagner (Hg.), Von Macht und Ohnmacht. Sächsische Ministerpräsidenten im Zeitalter der Extreme 1919–1952, Beucha 2006, S. 279–308, hier 308.

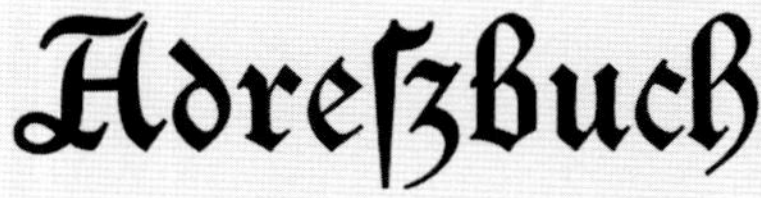

Adreßbuch

der Kreisstadt

Plauen i. V.

1914-1915

Nach amtlichen Angaben und eig…

Mit den Beigaben: Pharus-…

Einunddreißigs…

Nach dem Stande v…

Der Schlüssel zum Adreßbuc…

befindet sich am Ende des Buches und erweist sich in …

Plauen i. V.

Redaktion, Druck und Verlag: D· kere: Neupert

Schulstraße 3.

Musikhaus Schulze, Jägerstr. [illegible]

Muß, Alfred, Obermeier, Hartmannstraße G 7 J

Muster, Bruno, Vereinsdiener, Breite Straße 7

Musterer, Herm., Privatmann, Tischerstraße 42

Müßig, Jos., Hdlgsgeh., Schulstr. 5

Mutschmann, Albert, Maler, Neustr. 17

— Eva, Heizerswe., Wettinstr. 10

— Henr., verehel., Hebamme, Kaiserstr. 73

— Joh., Maurer, Gartenstr. 33

— Klara, Direktrice, Wettinstr. 10

— Kurt, Maler, Stöckigter Str. 21

—*Louis, Privatmann B Kaiserstr. 73

— Luise, Wwe., Johannstr. 67

— Martin, Kfm. (Fa. Mutschmann & Eisentraut) Bärenstr. 52 ↣ 2574

— Otto, Bureaugeh., Gartenstr. 33

— Paul, Maler, Marktstr. 13

— Walter, Pfleger, am Alberthain 12

— Mutschmann & Eisentraut (Inh. Martin Mutschmann und Karl Eisentraut) Spitzenfabrik, Bärenstr. 61 ↣ 2574

Mütterberatungsstelle, Dobenaustr. 7

[illegible] 27

Die Mutschmanns im Adressbuch der Stadt, Plauen 1915

Reihen, Brutalität, hinter der sich schamloses Versagen seiner Verantwortlichkeit für Sachsens Bevölkerung versteckt; mit Luxus-Sucht und Hamsterei wertvoller Nahrungsmittel und Getränke bei gleichzeitigen rigorosen Forderungen zu Verzicht, Opfermut, Entbehrungsbereitschaft der Untertanen [...]“.[43] Eines der zahlreichen Opfer Mutschmanns, der jüdische Dresdner Romanist Victor Klemperer, vertraute schon im Oktober 1936 seinem Tagebuch an: „In Berlin als der Kapitale,

43 Hädecke, Dresden, S. 242 f.

die unter den Augen der Welt liegt, scheint der Antisemitismus nicht ganz so schwer zu grassieren wie hier. Streicher in Franken und Mutschmann in Sachsen, das sind wohl die Nonplusultras."[44]

Die Mehrzahl der hier aufgeführten Zitate belegt eindrücklich, dass es sich bei dem sächsischen Gauleiter um keinen gewöhnlichen NS-Funktionsträger handelt, sondern vielmehr um eine Person, die Historiker und Publizisten zu einer Dämonisierung regelrecht einlädt. Gerade weil im Falle Mutschmanns diese Gefahr offenkundig ist, erscheint es umso dringender, Fakten und Motive in den Vordergrund zu rücken, ohne bestimmte Charaktereigenschaften, persönliches Fehlverhalten und Verbrechen zu relativieren oder zu bagatellisieren. Mehrere Charakterisierungen des sächsischen Gauleiters und die für ihn maßgebenden „Erfolgs"-Bedingungen wurden bereits genannt – und dennoch erscheinen sie nicht völlig ausreichend, um seinen Weg an die Spitze der regionalen Partei und des NS-Gaues Sachsen zu erklären. Wie also schaffte er es, diese (fast) uneingeschränkte Herrschaft aufzubauen und zu befestigen? Und welche Faktoren führten zu einem solch ausgeprägten Antisemitismus, dass ihn Victor Klemperer drei Jahre nach Hitlers Machtantritt auf eine Stufe mit dem fränkischen Gauleiter Julius Streicher stellte, der bekanntlich Herausgeber des antisemitisch-pornographischen Hetzblattes „Der Stürmer" war?

Der 1879 im thüringischen Hirschberg (Saale) geborene Mutschmann brachte mehrere Voraussetzungen mit, um als „ein ordentlicher, brutaler Führer" (so Joseph Goebbels 1925)[45] reüssieren zu können. Als Sohn einer kleinbürgerlichen Handwerker-Familie (es dominierten Schlosser- und Schuhmachermeister) wurde er früh von der „Matrix der autoritären Gesellschaft" (H.-U. Wehler) im Kaiserreich geprägt. In einigen Zügen ähnelte er der Hauptfigur aus Heinrich Manns Roman „Der Untertan", die sich ihren Platz im wilhelminischen Obrigkeitsstaat mit extrem konformistischem Verhalten erkämpft – vornehmlich mit Fleiß und Durchsetzungsvermögen, mit Autoritätsgläubigkeit und Machtverehrung, dem Streben nach individuellem Machtbesitz, mit völkisch-nationalistischer Überhebung und auch einem Schuss latentem Antisemitismus. So wie Manns Romanfigur Diederich Heßling wurde auch Mutschmann sehr rasch „Herr über einen Betrieb" und „Eiferer gegen das Proletariat", und auch er schlüpfte in die „Doppelrolle [...] als Tyrann und Untertan"; denn „wer treten wollte, musste sich treten lassen".[46]

Schauplatz seines Aufstiegs war Plauen, die schnell wachsende Textil- und Spitzenmetropole Sachsens, in die sich die Familie aus wirtschaftlichen Gründen

44 Victor Klemperer, Ich will Zeugnis ablegen bis zum letzten. Tagebücher 1933–1941. Hg. von Walter Nowojski unter Mitarbeit von Hadwig Klemperer, Berlin 1995, S. 313 (Eintrag vom 10.10.1936).

45 Die Tagebücher von Joseph Goebbels, Teil I Aufzeichnungen 1923–1941, Bd. 1/I Oktober 1923–November 1925, München 2004, S. 379 (Eintrag vom 23.11.1925).

46 Wilfried F. Schoeller, Heinrich Mann – „Der Untertan". In: Heinz Ludwig Arnold (Hg.), Kindlers Literatur Lexikon, 3. völlig neu bearbeitete Auflage, Stuttgart 2009 (zit. nach: Kindlers Lexikon Online); Hans-Ulrich Wehler, Das Deutsche Kaiserreich 1871–1918 [6. Auflage], Göttingen 1988, S. 93 und 131.

begeben hatte. Früh erkannte Mutschmann die sich hier bietenden Möglichkeiten eines schnellen wirtschaftlichen Aufstieges: Nach dem Besuch der evangelisch-lutherischen Bürgerschule absolvierte er die hiesige Handelsschule und machte zugleich eine Ausbildung zum Stickermeister gemäß der familiären handwerklichen Tradition. Trotz Unterbrechung durch den Militärdienst arbeitete er sich seit der Jahrhundertwende mit der „ihm eigenen Zähigkeit und Kompromisslosigkeit"[47] rasch empor – zuerst als Lagerchef und Abteilungsleiter in Spitzen- und Wäschefabriken, dann als Geschäftsführer eines mittelständischen Unternehmens. 1907 gründete der gerade 28-Jährige mit seinem künftigen Sozius Karl Eisentraut einen eigenen kleinen Spitzenbetrieb, der zuerst 25 bis 30 Beschäftigte zählte. In den Folgejahren beteiligte sich Mutschmann an weiteren Unternehmen in der Region und vermochte so vom weltweiten Boom in der Spitzenindustrie zu profitieren.[48]

Der erste scharfe Einschnitt kam schon 1912/13, als Plauener Spitze weltweit kaum noch Absatz fand. Ursachen dafür waren ein Überangebot an Waren, höhere Zollschranken in den USA, zudem die Balkankriege und der „rapide Wechsel in Modefragen".[49] Es folgten Firmenzusammenbrüche und wirtschaftliche Probleme bei den Unternehmen (wie bei Mutschmann), die überlebten.[50] Für die bislang so erfolgverwöhnten Plauener Spitzenunternehmer waren die „Sündenböcke" für die Krise schnell ausgemacht: nämlich zumeist aus Osteuropa stammende Juden, die ebenfalls in der Spitzenindustrie Fuß gefasst hatten. Als Stein des Anstoßes erwiesen sich vor allem jene Ostjuden, die sogenannte Ramscherfirmen betrieben, Unternehmen also, die Billigwaren produzierten. Gegen solche „fragwürdigen ausländischen Elemente", die „hebräisch" redeten,[51] erhob sich ein wohl kalkulierter Sturm der Entrüstung, der auch in publizistischen Bahnen verlief und bald schon als „Ramscherkrieg" in die Geschichte einging.[52] Zum Schutz „unserer schönen nationalen und bodenständigen Industrie" forderten alteingesessene Unternehmer im Verein mit der konservativen Partei, der Plauener Ortsgruppe des Alldeutschen Verbandes und der gerade in der Krise gegründeten Plauener Ortsgruppe der antisemitischen „Deutsch-Sozialen Partei" scharfe Maßnahmen gegen „jüdische Ramscher" – bis

---

47 So Mai, Mutschmann, S. 21.

48 Ebd., S. 21 ff.; Wagner, Mutschmann, S. 281 f. In späteren sowjetischen Verhören gab Mutschmann an, „während der Saison [...] bis zu 500 Arbeiter" beschäftigt und mit Überseeexporten bis zu einer Million Reichsmark Umsatz pro Jahr gemacht zu haben. Verhörprotokoll Martin Mutschmann vom 22.6.1945 (HAIT-Archiv, Akte Martin Mutschmann).

49 Waltraud Schmidt, Der Ramscherkrieg – ein antisemitisch aufgeladener Abschnitt aus der vogtländischen Geschichte. In: Solvejg Höppner (Hg.), Antisemitismus in Sachsen im 19. und 20. Jahrhundert, Dresden 2004, S. 105–109, hier 108; Vogtländischer Anzeiger vom 23.3.1913: „Die Stickerei und der neue amerikanische Zolltarif".

50 Vgl. Mai, Mutschmann, S. 24.

51 Otto Tröger, „Aus dem Werdegang eines Ramsch-Fabrikanten aus der Stickerei- und Spitzenindustrie". In: Vogtländischer Anzeiger vom 24.1.1913; ebd. vom 28.1.1913: „Stützen der Plauener Stickerei-Industrie".

52 Schmidt, Der Ramscherkrieg.

hin zur sofortigen Ausweisung.[53] Als die politisch Verantwortlichen der Stadt, unter ihnen der linksliberale Oberbürgermeister Julius Dehne, auf diese Aktionen nicht adäquat reagierten, kündigten die Scharfmacher ihrerseits baldige „Selbsthilfe" an.[54]

Folgt man dem damaligen Textilunternehmer Walter Funk, dann hatte gerade Mutschmann während des „Ramscherkrieges" und mehr noch bei den antisemitischen Ausschreitungen von 1914 eine wichtige Rolle gespielt Augenscheinlich begann sich der 34-Jährige erst durch diese Auseinandersetzungen politisch zu sozialisieren. Funks detaillierte und durch intime Kenntnis bestechende Aufzeichnungen[55] erweisen sich gerade mit Blick auf Mutschmanns Verhältnis zum Antisemitismus als aufschlussreich. So heißt es bei Funk, dass sich der Jungunternehmer schon in der Zeit vor 1914 „bei gelegentlichen Judenhetzen besonders hervor" getan habe. In diesen Jahren sei er „den großen jüdischen Kunden" mit einer „recht hündische[n] Unterwürfigkeit" begegnet, „während er bei gelegentlichen Besuchen von kleinen armen jüdischen Händlern recht brutal sein konnte". Funk berichtet, dass Mutschmann „solche Leute aus seinem Geschäftslokal hinauswarf, sie bis auf die Treppe begleitete und verprügelte".[56] Das dazugehörige völkisch-nationale Weltbild schien im Umkreis der Firma „Mutschmann & Eisentraut" fest verankert: Hier gehörte das Loblied auf ein „erbauendes [...] Deutschtum", welches die „Überreste unchristlichen und undeutschen Sorbentums in unserem Heimatgau völlig beseitigt" habe, zum guten Ton. Speziell auf Plauen gemünzt wurde auch gern von der Dreieinigkeit der Christianisierung, Germanisierung und Industrialisierung gesprochen.[57]

53 Otto Tröger, „Aus dem Werdegang eines Ramsch-Fabrikanten aus der Stickerei- und Spitzenindustrie". In: Vogtländischer Anzeiger vom 24.1.1913; ders., Das Treiben der Ramscher und Ramschfabrikanten in der Stickerei und Spitzenindustrie. In: Vogtländischer Anzeiger vom 31.1.1913; vgl. auch Anzeigen und Berichte über öffentliche Versammlungen der Deutsch-Sozialen Partei, des Alldeutschen Verbandes und des Konservativen Vereins im Vogtländischen Anzeiger vom 16.1., 5.3. und 25.4.1913.

54 Otto Tröger, Das Treiben der Ramscher und Ramschfabrikanten in der Stickerei und Spitzenindustrie. In: Vogtländischer Anzeiger vom 31.1.1913.

55 Walter Funk (1892–1948) stammte aus Kürbitz (bei Plauen) und hatte wie Mutschmann den Beruf eines Stickmeisters gelernt; danach betrieb er ein Spitzengeschäft in Plauen, wodurch er Mutschmann persönlich kennen gelernt haben dürfte. Nach einem wirtschaftlichen Niedergang Ende der 1920er Jahre betätigte sich Funk als Handlungsgehilfe und begann sich politisch zu radikalisieren; 1931 erscheint er bereits als Vorsitzender der KPD in Kürbitz. Nach mehrfacher Inhaftierung im „Dritten Reich" engagierte sich Funk wieder für die KPD und für die SED, deren kurzzeitiger Ko-Vorsitzender er in Kürbitz war. Sein mehrseitiger Bericht über Mutschmanns Vorleben stammt vom August 1945 und zeichnet sich durch Insiderkenntnis aus; im Vordergrund steht für ihn die Frage des Antisemitismus, eine kommunistische „Färbung" ist hingegen nicht zu erkennen. Für wichtige Hinweise zur Person Funks danke ich Frau Sigrid Unger vom Historischen Archiv des Vogtlandkreises Oelsnitz, die in den Beständen umfangreiche Recherchen durchführte.

56 Walter Funk, Betr. Martin Mutschmann – ehemaliger Reichsstatthalter. Aufzeichnungen vom 14.8.1945 (HAIT-Archiv, Akte Martin Mutschmann).

57 W. Eisentraut, Wanderungen im Vogtland (XVIII). In: Vogtländischer Anzeiger vom 8.1.1913. Der Verfasser, der mit Sicherheit zur Plauener Familie der Eisentrauts gehörte,

Funks Aufzeichnungen zufolge zeigte sich Mutschmanns antisemitische Einstellung erstmals öffentlich zu Beginn des Ersten Weltkrieges. Als angeblich „irre geleiteter Strom der Volkserregung über den aufgezwungenen Krieg“[58] wurden am 2. und 3. August 1914 in Plauen „ohne jeden äußeren Anlass von einer aufgehetzten Volksmenge Bedrohungen und Gewalttätigkeiten schlimmster Art gegen Geschäftsinhaber jüdischen Glaubens verübt“, die „nur durch scharfes polizeiliches Eingreifen unterdrückt werden konnten und in einem Falle sogar die nächtliche Bewachung eines Geschäftshauses durch Militär unter Verkündung des Standrechts erforderlich machten“.[59] Folgt man Funk, dann war Mutschmann der „Inspirator“ der Judenpogrome in der Plauener Forststraße, in der eine große Anzahl jüdischer Geschäftsleute wohnte.[60] Jahrzehnte später, in sowjetischer Haft, erklärte Mutschmann, er habe damals nur „zufällig“ mitrandaliert und sei erst 1919 „überzeugter Antisemit“ geworden.[61] Fest steht, dass auch Oberbürgermeister Dehne, der in einer öffentlichen Rede am 4. August 1914 die Pogrome auf das Schärfste verurteilte, der Auffassung war, dass es den „Anschein“ habe, „als wenn diese bedauerlichen Szenen mit Vorbedacht geplant und von einer Stelle aus inszeniert wären“.[62]

Dehnes Ankündigung, wonach die „Schuldigen ohne jedes Ansehen der Person zur Rechenschaft“ gezogen würden,[63] erfüllte sich indes nicht. Mit Mutschmann wurde noch am 4. August 1914 einer der Täter zum aktiven Militärdienst eingezogen. Mit dem Reserve-Infanterie-Regiment 133 kam er zuerst nach Posen und später an die Westfront, wo er im April 1916 vor Verdun verwundet wurde.[64] Im Dezember desselben Jahres konnte er als kriegsuntauglich nach Plauen zurückkehren. Sein Sozius Eisentraut, der als Ungedienter das Unternehmen zwischenzeitlich weiter geleitet hatte, wurde zu Ende des Krieges eingezogen; er fiel an der Front,

---

machte diese Dreieinigkeit an drei symbolischen Bildern fest: Johanneskirche (Christianisierung), Deutsch-Herrenhaus (Germanisierung) und König-Albert-Brücke (Industrialisierung).

58 So in euphemistischem Ton die Neue Vogtländische Zeitung vom 5.8.1914: „Aus Stadt und Land. Bilder vom Tage“.

59 Verwaltungsbericht der Kreisstadt Plauen auf die Jahre 1914 bis 1923, Dritter Band, Plauen 1923, S. 3 f.

60 Funk, Betr. Martin Mutschmann (HAIT-Archiv, Akte Martin Mutschmann). Dass der Schwerpunkt der Übergriffe tatsächlich in der Forststraße lag, erläuterte auch die Neue Vogtländische Zeitung ihren Lesern am 5.8. 1914 („Aus Stadt und Land. Bilder vom Tage“), wobei sie die Übergriffe z.T. herunterspielte.

61 Verhörprotokoll Martin Mutschmann vom 14.2.1946 (HAIT-Archiv, Akte Martin Mutschmann).

62 Rede Julius Dehnes vom 4.8.1914 in der gemeinschaftlichen Sitzung der beiden städtischen Körperschaften. In: Verwaltungsbericht, S. 5.

63 Ebd.

64 Funk, Betr. Martin Mutschmann (HAIT-Archiv, Akte Martin Mutschmann); Mai, Mutschmann, S. 30 f.; Wagner, Mutschmann, S. 282. Mutschmann wurde als Gefreiter mit dem Eisernen Kreuz II. Klasse und der Friedrich-August-Medaille entlassen.

Martin Mutschmann (undatiert)

sodass Mutschmann nun zum alleinigen Firmeninhaber aufstieg.[65] Ob dessen Verwundung an der Westfront für seine Ausmusterung wirklich so maßgebend gewesen war oder simulierte Krankheiten eine größere Rolle gespielt haben, wird wohl ebenso ungeklärt bleiben wie die Frage, ob Mutschmann allein durch „Schiebergeschäfte" die Firma im Krieg vor dem Bankrott bewahrt hat.[66] Hier lassen sich die

65 Funk berichtet, dass Mutschmann seinem Sozius noch vor dessen Einberufung den Gesellschaftervertrag gekündigt hatte. Vgl. Funk, Betr. Martin Mutschmann (HAIT-Archiv, Akte Martin Mutschmann).

66 Funk verwies auf eine Nierensteinoperation, die Mutschmann mit dazu verholfen habe, als kriegsuntauglich entlassen zu werden. Seit seiner Einberufung habe er sich zudem im Zusammenspiel mit seiner Frau darum bemüht, mit anonymen Eingaben an die Behörden seine Rückberufung nach Plauen und die Einberufung seines Sozius durchzusetzen (vgl. ebd.). Berichte über das angebliche Nierenleiden und die Schiebereien finden sich schon in der linken Presse vor 1933 (vgl. Wagner, Mutschmann, S. 282). Bemerkenswert erscheint, dass Mutschmann während eines späteren sowjetischen Verhörs selbst davon sprach, „aufgrund einer chronischen Nierenentzündung [...] aus der Armee entlassen" worden zu sein. Verhörprotokoll Martin Mutschmann vom 22.6.1945 (HAIT-Archiv, Akte Martin Mutschmann).

wenigen überlieferten Fakten und spätere, politisch intendierte Vermutungen und Verleumdungen von Gegnern kaum noch voneinander trennen.

Fest steht, dass der Plauener Unternehmer kurz nach Kriegsende den Weg in die Politik fand und sich zuerst (1919) im „Deutsch-völkischen Schutz- und Trutz-Bund" (DSTB) und seit 1922 dann in der NSDAP engagierte. Sein latenter, schon vor dem Weltkrieg mehrfach zur Geltung gekommener Antisemitismus hatte sich nun mit einer bestimmten Spielart des Anti-Marxismus verschmolzen, der nur vor dem Hintergrund der neuen politischen Situation in Sachsen erklärbar ist. Seit der Revolution des Jahres 1918 hatte die damals noch marxistisch geprägte Sozialdemokratie die politischen Geschicke des hoch industrialisierten Landes in die eigenen Hände genommen und mit dem aus dem jüdischen Bürgertum stammenden Reichstagsabgeordneten Georg Gradnauer das Amt des Ministerpräsidenten besetzt. Für Männer wie Mutschmann, die als Unternehmer ohnehin der Auffassung waren, dass der Arbeiterschaft eine dienende, aber keine regierende Funktion zukomme, musste die neue Konstellation erschreckend wirken und alte Verschwörungsängste befeuern.[67] Enteignungsbefürchtungen sowie die Schrecken einer kurzen, aber mit vielerlei Übergriffen verbundenen Herrschaft des Rätekommunisten Max Hoelz im Vogtland (1919/20) taten ein Übriges, um Mutschmann zu der Erkenntnis kommen zu lassen, dass Marxismus und Judentum den „Niedergang Deutschlands" herbeiführen würden.[68] Die Überlegung, fortan selbst politisch hervorzutreten, dürfte auch mit dem Verlust des wilhelminischen Obrigkeitsstaates in Zusammenhang stehen: Hatten Unternehmer wie Mutschmann schon vor 1914 mit „Selbsthilfe" gedroht, falls der Staat nicht ihre Interessen gegen die ostjüdische Konkurrenz wahrnehme, schien nunmehr der Zeitpunkt gekommen, „Selbsthilfe" im großen Stil zu organisieren.

Aus dem mittelständischen Betriebsführer und „Untertan" entwickelte sich jetzt ein politischer Führer, der – zweifellos auch aus eigenem ökonomischen Interesse – sowohl gegen die angeblich jüdische Hochfinanz als auch gegen den angeblichen jüdischen Marxismus zu Felde zog, die aus jeweils unterschiedlichen Richtungen die Mittelschichten existenziell zu bedrohen schienen. Für Claus-Christian W. Szejnmann ist der Plauener Textilunternehmer das „klassische Beispiel" eines „middle-class business man", der sich angesichts der Kriegsniederlage, der ökonomischen Probleme, der Revolution und der triumphierenden Arbeiterbewegung politisch radikalisierte.[69] In der 1921 in Sachsen gegründeten NSDAP machte der organisatorisch begabte Mutschmann rasch Karriere und aus seiner vogtländischen Heimat in nur wenigen Jahren eine braune Hochburg. Profitieren konnte er dabei

---

67 Der DSTB stellte in seiner Wahlpropaganda im Januar 1919 sozialdemokratische Politiker wie Gradnauer als Judenführer dar. Die Parole dazu lautete: „Umsturz ihr Stern! Bleiben sie Herr'n? Macht Deutschland für die Deutschen frei!". Zit. nach Gerd Koenen, Der Russland-Komplex. Die Deutschen und der Osten 1900–1945, München 2005, S. 254–257.

68 Claus-Christian W. Szejnmann, Vom Traum zum Alptraum. Sachsen in der Weimarer Republik, Dresden 2000, S. 104.

69 Ders., Nazism in Central Germany, S. 206.

von der Existenz erster Keimzellen der Partei in Plauen und Zwickau, von seiner unternehmerischen Vernetzung vor Ort, seinem ausgeprägten Machtinstinkt, dem innerparteiliche Rivalen schnell zum Opfer fielen,[70] seinen frühen Verbindungen zu Hitler, den er seit 1922 kannte und während dessen Haft in Landsberg besuchte (1924)[71] und nicht zuletzt von den besonders krisenanfälligen Altindustrien in der Region zwischen Plauen und Chemnitz, die mit ihrer starken Heimarbeiterstruktur und geringen Gewerkschaftsdichte einen idealen Nährboden für die neue Partei abgaben. In diesem ganzen Gefüge spielten Mutschmanns Beziehungen zu Hitler schon für die Zeitgenossen eine herausgehobene Rolle: Nur zwei Jahre nach seiner 1925 erfolgten Berufung zum sächsischen Gauleiter der NSDAP[72] behauptete die linke regionale Presse, sein Einfluss beruhe darauf, dass „er als reicher Fabrikant Herrn Hitler sich finanziell verpflichtet" habe.[73] Gewiss lässt sich die daran anknüpfende Behauptung, Hitler sei „Mutschmanns Werkzeug",[74] ins Reich der Phantasie verweisen, doch dürfte der sächsische Gauleiter zu den frühen Geldgebern Hitlers und der Partei zu zählen sein,[75] wovon 1932 selbst die Reichskanzlei intern ausging.[76]

Mutschmanns früh gewachsenes Vertrauensverhältnis zu Hitler und seine besondere Stellung als Fabrikant können zweifellos als sein wichtigstes Kapital bei der eigenen Karriereverwirklichung innerhalb der Partei und des späteren NS-Staates betrachtet werden. Geld, Einfluss und Organisationstalent überspielten die Tatsache, dass der sächsische Gauleiter nicht so sehr über herausragende rhetorische und intellektuelle Fähigkeiten verfügte. Auch in Parteikreisen mokierte man sich über den wenig charismatischen Führer, der nach der Devise verfahre, „dass ihm ein Mensch, der ein bisschen auf den Kopf gefallen sei, viel lieber sei als ein soge-

---

70 Eines seiner ersten innerparteilichen Opfer war der Gründer und erste Vorsitzende der sächsischen NSDAP, Fritz Tittmann, den er zuerst aus der Führung und dann aus Sachsen drängte. Vgl. Andreas Peschel, Fritz Tittmann – Der „vergessene" Gauleiter. Eine biografische Skizze. In: Sächsische Heimatblätter 56 (2010), H. 2, S. 122–126, hier 123.

71 Vgl. Der Freiheitskampf vom 24.5.1935: „Ein Häuflein Fanatiker erobert Sachsen. Vom Werden, Kampf und Sieg des Gaues Sachsen der NSDAP".

72 Bereits ein Jahr zuvor, 1924, war Mutschmann in der NSDAP-Verbotszeit zum Landesleiter des „Völkisch-Sozialen Blocks" avanciert.

73 Volkszeitung für Plauen vom 5.8.1927: „Mutschmanns Werkzeug".

74 Ebd.

75 Vgl. Werner Maser, Der Sturm auf die Republik. Frühgeschichte der NSDAP, Düsseldorf 1994, S. 398; ders., Adolf Hitler. Legende – Mythos – Wirklichkeit, München 1989, S. 599, 623. Vgl. auch Funk, Betr. Martin Mutschmann (HAIT-Archiv, Akte Martin Mutschmann).

76 Vermerk des Staatssekretärs Pünder über die Finanzierung der NSDAP vom 16.4.1932. In: Akten der Reichskanzlei. Die Kabinette Brüning I und II, Bd. 3: 10. Oktober 1931 bis 30. Mai 1932. Bearbeitet von Tilman Koops, Boppard am Rhein 1990, S. 2455. Mutschmann selbst ließ in der eigenen Presse erklären, er habe „keinen Pfennig der Bewegung" gegeben; Behauptungen, er sei der „Geldgeber der Nationalsozialisten", seien unwahr (Der Freiheitskampf vom 29.6.1931). Dieselbe Formel verwendete er interessanter Weise im späteren sowjetischen Verhör. Vgl. Aus dem Protokoll zum Verhör des Gauleiters von Sachsen Martin Mutschmann vom 28.10.1945. In: Unbekannte Kapitel, S. 42.

Martin Mutschmann (etwas verdeckt, 2. v. links) im engsten Führer-Kreis – 1929 in Bad Elster, links vor ihm Heinrich Himmler, dann Wilhelm Frick (vorn), Karl Fritsch (hinten), Josef Goebbels, Adolf Hitler, Julius Schaub, Franz Xaver Ritter v. Epp, Hermann Göring

nannter Intellektueller, der nicht genügend Disziplin wahrte".[77] In wirtschaftspolitischer Hinsicht ließ sich Mutschmann vom eigenen sozialen Status leiten. Er, der häufig seinesgleichen als Partei- und später auch als Staatsfunktionäre zu gewinnen versuchte,[78] verstand den sozialistischen Anspruch der Partei als reine Camouflage.

---

77 So z.B. die interne Äußerung eines Mitarbeiters der Wirtschaftspolitischen Abteilung der NSDAP Anfang 1932. Zit. nach Joachim Petzold, Die Demagogie des Hitlerfaschismus. Die politische Funktion der Naziideologie auf dem Wege der faschistischen Diktatur, Berlin (Ost) 1982, S. 359.

78 So beförderte er seinen Freund, den Textilfabrikanten Georg Lenk, 1930 zum Reichstagsabgeordneten und 1933 zum Wirtschaftsminister. Einen weiteren befreundeten Fabrikanten, den Chemnitzer Hans Schöne, berief er später zum dortigen NSDAP-Kreisleiter.

Damit stützte er innerparteilich den Flügel um Hitler und um Göring, die selbst Rufen nach Teilsozialisierungen ablehnend gegenüberstanden. Wie „pragmatisch" er mit eigenen Parteiforderungen umging, zeigt ein Brief an einen mitteldeutschen Unternehmer, in dem er erläuterte, dass bloße Losungen wie „Deutschnational oder national" nicht ausreichten, um zum selbst gesteckten Ziel zu gelangen; man müsse, so Mutschmann, auch die „Sprache der verbitterten sozialistischen Arbeiter sprechen".[79]

Ungeachtet der Tatsache, dass solche Bekenntnisse erst nach 1945 öffentlich wurden, stand für das linke Lager ohnehin fest, dass die Anhänger der NS-Partei „nichts anderes" seien als die „kapitalistische Schutztruppe der Kapitalisten vom Schlage Mutschmanns".[80] Doch schadeten solche Vorwürfe ebenso wenig dem Aufstieg der Partei wie linke Presseattacken gegen den „Arbeiterschinder" Mutschmann, der seine Betriebsangehörigen besonders rücksichtslos ausbeute.[81] Im permanent krisengeschüttelten Südwesten des Freistaates konnte die Partei nach Ausbruch der Weltwirtschaftskrise einen ihrer ersten großen Wahlerfolge deutschlandweit erzielen: Nachdem ihr bereits bei den Landtagswahlen im Juni 1930 mit 14 Prozent ein Achtungserfolg gelungen war, stieg ihr Anteil bei den drei Monate später stattfindenden Reichstagswahlen weiter: Im Wahlkreis Chemnitz-Zwickau konnte sie mit 24 Prozent sogar einen Durchbruchserfolg erzielen, wenn man in Rechnung stellt, dass die Partei im Reichsdurchschnitt 18 Prozent erhielt und in den beiden anderen sächsischen Wahlkreisen Leipzig und Dresden-Bautzen nur auf 16 bzw. 14 Prozent kam.[82] Der tiefe „Einbruch in die marxistische Front"[83] im eigenen südwestsächsischen

---

79 Zit. nach Hans-Gerd Schumann, Nationalsozialismus und Gewerkschaftsbewegung. Die Vernichtung der deutschen Gewerkschaften und der Aufbau der „Deutschen Arbeitsfront", Hannover 1958. Diese in der Tat entlarvende Selbstdarstellung wurde genau deswegen in der DDR-Geschichtsschreibung häufig zitiert. Vgl. Manfred Weißbecker, Nationalsozialistische Deutsche Arbeiterpartei (NSDAP) 1919–1945. In: Dieter Fricke (Hg.), Lexikon zur Parteiengeschichte. Die bürgerlichen und kleinbürgerlichen Parteien und Verbände in Deutschland (1789–1945) in vier Bänden, Bd. 3, Leipzig 1985, S. 460–523, hier 487; Kurt Pätzold/Manfred Weißbecker, Hakenkreuz und Totenkopf. Die Partei des Verbrechens, Berlin (Ost) 1982, S. 144; Werner Bramke, Vom Freistaat zum Gau. Sachsen unter der faschistischen Diktatur 1933–1939. In: ZfG, 31 (1983), Heft 12, S. 1067–1078, hier 1071.

80 Volkszeitung für Plauen vom 7.7.1930: „Nazi-Spaltung in Plauen".

81 In dem Artikel „Mutschmann und die elfstündige Arbeitszeit. Erbauliches aus einem Brockauer Betrieb" hatte die sozialdemokratische Plauener Volkszeitung am 20.10.1930 resümiert: „Das sind die Zustände, die der Arbeiterschaft im Mutschmannschen Dritten Reich blühen: überlange Arbeitszeit, niedriger Lohn, Maulkorb und hoch gehängter Brotkorb. Wer will in dieses Paradies einmarschieren?" Ein darauf von Mutschmann angestrengter Prozess gegen den verantwortlichen Redakteur „wegen öffentlicher Beleidigung" endete im Sommer 1931 wegen Verjährung mit Zurückweisung der Klage. Vgl. Prozess Ludwig Hacke gegen Martin Mutschmann (StAC, Bestand 30131 AG Plauen, Nr. 3389). Den Hinweis auf die Akte verdanke ich dem Plauener Historiker Alexander O. Müller.

82 Vgl. Reichstagshandbuch V. Wahlperiode 1930, Berlin 1930, S. 204 ff. und 285 f.

83 So charakterisierte Mutschmann mit einigem Recht den Wahlausgang im Rückblick. Der Freiheitskampf vom 9.1.1933: „Kreiskongress in Zittau".

Wahlkreis war zweifellos auch ein persönlicher Triumph für Mutschmann, der nunmehr selbst in den Genuss der Immunität als Reichstagsabgeordneter gelangte.[84]

Er, der die Partei wie ein Unternehmenspatriarch von Plauen aus führte, erst noch im Sommer 1930 mit dem Blatt „Der Freiheitskampf“ eine eigene Tageszeitung gegründet hatte und auswärtige Parteigrößen mit der organisatorischen Schlagkraft „seiner“ sächsischen Bewegung beeindruckte,[85] vermochte seine innerparteiliche Stellung nun konsequent weiter auszubauen. Unterstützung fand Mutschmann dabei nicht nur bei Hitler, sondern auch beim zweiten Mann der Partei, Gregor Strasser, dem damals einflussreichen Reichsorganisationsleiter. Der als links geltende Strasser hatte seit den späten 1920er Jahren Aufbauarbeit in (Ost) Sachsen betrieben und gerade wegen seiner massiven rhetorischen und organisatorischen Unterstützung freundschaftliche Bande zu Mutschmann geknüpft. Zweifellos wollte er sich so auch eigenen Einfluss in einem der wichtigsten deutschen Gaue sichern. Wie gut ihm das nach kurzer Zeit bereits gelang, zeigt der Umstand, dass er nach den Landtagswahlen von 1930 als sächsischer Innenminister einer möglichen bürgerlichen Koalition im Gespräch gewesen war – und zwar mit Einverständnis Mutschmanns.[86] Umgekehrt hatte aber auch Strasser mehr als nur bloße „Amtshilfe“ zu bieten: Indem er den Hitler-treuen Gauleiter innerparteilich beförderte, versuchte er ihn mittelfristig stärker auf sich selbst zu verpflichten. Auf dem Höhepunkt seines persönlichen Einflusses ernannte er seinen „Freund“[87] im Sommer 1932 zu einem von neun Landesinspekteuren in der neu geschaffenen NS-Reichsinspektion. Mit dieser Entscheidung, die Mutschmanns Parteizuständigkeit jetzt auch auf Thüringen erstreckte, honorierte die Parteispitze zudem „als besonders verlässlich und erfolgreich geltende Gauleiter, von deren Tätigkeit man sich eine straffere Beherrschung der gesamten Führer- und Mitgliedschaft und ihren effektvollen Einsatz versprach“.[88] Dankbar

---

84 Mutschmann übernahm in der NS-Fraktion das „interne Sachgebiet“ Handel und Industrie, während er dem interfraktionellen Reichstagsausschuss für Handelspolitik angehörte. Vgl. Der Freiheitskampf vom 5.9.1932: „Die nationalsozialistischen Sachberater und Obleute der Reichstagsausschüsse“.

85 Am 26.11.1931 notierte beispielsweise Goebbels: „Mit Mutschmann Unterredung. Sachsen ist fabelhaft in Form. 50000 Mitglieder. Da kann selbst Berlin sich verstecken.“ Die Tagebücher von Joseph Goebbels, Teil I, Bd. 2/II Juni 1931–September 1932, München 2004, S. 157.

86 Szejnmann, Vom Traum zum Alptraum, S. 113. Vgl. auch entsprechende Aussagen zur Strasser-Kandidatur in Mutschmanns Zeitung „Der Freiheitskampf“ vom 2.4.1932: „Männer um Hitler. Gregor Strasser. Reichsorganisationsleiter“.

87 Von Freundschaft zwischen Mutschmann und Strasser war bereits ausdrücklich auf dem Gauparteitag der NSDAP in Plauen 1930 die Rede. Dort überreichte der Gauleiter seinem „Freund“ auch eine „künstlerisch angefertigte Arbeit“, eine im erzgebirgischen Annaberg von einem Mitglied aus Holz „geschnitzte“ Strasser-Figur. Vgl. Chemnitzer Tageblatt vom 2.6.1930: „Sachsens Nationalsozialisten in Plauen“.

88 Kurt Pätzold/Manfred Weißbecker, Geschichte der NSDAP 1920–1945, Köln 2009, S. 208.

goutierte Mutschmann seinen Karriereschub mit einer symbolischen Geste: Das „Braune Haus" in Dresden trug fortan den Namen Gregor Strassers,[89] der in diesem Wahlkreis seit dem Jahre 1930 auch ein Reichstagsmandat der NSDAP wahrnahm.

So sehr der sächsische Gauleiter Strassers Einfluss im Freistaat duldete, ohne sich ihm inhaltlich zu sehr zu verpflichten,[90] so sehr unternahm er alles, um letzte innerparteiliche Konkurrenten auszuschalten. Den sächsischen SA-Chef Manfred v. Killinger ließ er 1930 als Landtagsfraktionsvorsitzenden durch seinen ihm besonders treu ergebenen Parteistellvertreter Karl Fritsch ersetzen. Trotz stetig neuer Wahlerfolge – die NSDAP kam bei Reichstagswahlen Mitte 1932 auf 36 bis 47 Prozent[91] – blieb der „selbstherrliche Führungsstil" Mutschmanns, das „undurchsichtige Finanzgebaren" und das „Bonzentum" der Gauleitung jedoch nicht ohne Widerspruch: Kurz vor der Reichstagswahl von Ende Juli 1932 rechnete der bisherige Chefredakteur des „Freiheitskampfes", Arno Franke, scharf mit diesen Methoden ab, und nur wenige Monate später verließen deswegen Mandatsträger auf Landes- und Kommunalebene die NSDAP.[92]

In dieser Zeit nahm Mutschmanns Weltbild, genauer gesagt sein fanatischer Antisemitismus, schärfere Konturen an. Für den 1930 erfolgten Zusammenbruch seiner Firma und die dadurch entstandene eigene wirtschaftlich prekäre Situation[93] wie für die katastrophale Lage des Landes machte er vor allem eine Gruppe verantwortlich: *die* Juden.[94] Anknüpfend an die lange Tradition von weit umspannenden Verschwörungstheorien des organisierten deutschen Rasseantisemitismus erläuterte er seinen Anhängern: „Wenn der Jude seinen Schutztruppen die marxistische Irrlehre gegeben habe, so wisse er genau, was er damit getan habe. Nicht nur die

89 Die „Einweihung" des „Gregor-Strasser-Hauses" in Dresden wurde mit großem Pomp und einer „grundsätzlichen Rede" des anwesenden Reichsorganisationsleiters vollzogen. Der Freiheitskampf vom 5.9.1932: „Das Gebot der Stunde. Pg. Gregor Strasser zur Lage".

90 Anders als Mai, Mutschmann, S. 69–94, kann der Verfasser nicht erkennen, dass Mutschmann auf die „Strasser-Richtung", vor allem aber auf die sozial- und nationalrevolutionär geprägte Auffassung des jüngeren Bruders Otto Strasser eingegangen wäre. Dass der „Kampf"-Verlag der Strasser-Brüder bis zum Parteibruch Otto Strassers 1930 auch den sächsischen Gau mit abdeckte (nämlich mit der Zeitung „Der sächsische Beobachter") dürfte Mutschmann betreffend mehr auf pragmatisch-materielle Gründe zurückzuführen sein als auf starke inhaltliche Überschneidungen. Für Szejnmann, Nazism in Central Germany, S. 207, war Mutschmann in dieser Frage ein „geschickter Opportunist".

91 Hierbei handelt es sich um die Ergebnisspanne aus den drei sächsischen Reichstagswahlkreisen Dresden-Bautzen, Leipzig und Chemnitz-Zwickau.

92 Vollnhals, Der Aufstieg der NSDAP, S. 36–39.

93 Goebbels zufolge ging es Mutschmann 1931 „wirtschaftlich sehr schlecht". Die Tagebücher von Joseph Goebbels, Teil I, Bd. 2/1 Dezember 1929 – Mai 1931, München 2005, S. 392 (Eintrag vom 23.4.1931).

94 Für den Niedergang der Firma machten Mutschmann und die NSDAP den „geschäftlichen Boykott" von „Juden" und „Marxisten" verantwortlich. Vgl. z. B. Der Freiheitskampf vom 9.3.1932: „Die Treue ist das Mark der Ehre. Zum Geburtstag unseres Gauleiters Pg. Martin Mutschmann".

marxistischen Arbeiterbataillone, sondern auch den Herrenklub und weite Kreise der Wirtschaft habe sich der Jude dienstbar gemacht. Der Jude handelt nach dem Grundsatz: Teile ein Volk und du beherrscht es!"[95] Im immer wiederkehrenden rhetorischen Stakkato beschwor er seinen Anhängern gegenüber die angeblich enorme Macht *der* Juden, die über „drei starke Waffen" verfügten: „das Gold, die Presse, den Marxismus".[96] Um *den* „Juden" niederringen zu können,[97] müsse die Partei den „bürgerlichen Drahtverhau beseitigen" und anschließend „den Marxismus vernichten".[98]

Wie stark Mutschmanns Antisemitismus obsessive Züge trug, wird deutlich, wenn man etwa gemeinsame Auftritte von ihm und Goebbels Ende 1932 vergleicht: Während Goebbels wohl aus taktischen Gründen kein einziges Mal das Wort Juden erwähnte, hetzte Mutschmann in seiner kurzen Voransprache immer wieder gegen das „Judentum".[99]

Nicht von ungefähr erstrebte der Gauleiter in programmatischer Hinsicht eine „Reformation [...], wie sie seit Luther nicht zu verzeichnen ist".[100] Das hieß für ihn konkret: eine rassisch begründete und von der nationalsozialistischen Partei geführte Volksgemeinschaft, in der bisherige politische Lagerbildungen und Milieus sowie soziale Konflikte eingeebnet werden sollten.[101]

Anfang 1933 wähnte sich der Antisemit auf einem guten Weg: Nach den Erfolgen vom Vorjahr müsse die Partei im „neuen Kampfjahr" nun „noch den Juden vor die Flinte kriegen". Um dies bewerkstelligen zu können, bedürfe es aber nicht nur eines hohen Maßes an Militanz, sondern auch an geistigem Rüstzeug. Auf einer Kreistagung der Leipziger NSDAP riet er deshalb seinen Anhängern, sich vor diesem letzten Kampf noch stärker mit den ideellen Waffen des „Altmeisters des Antisemitismus", Theodor Fritsch, auszustatten.[102] Dass Mutschmann derart de-

---

95 Der Freiheitskampf vom 9.1.1933: „Kreiskongress in Zittau".

96 So Mutschmann auf mehreren Kreistagungen der NSDAP Anfang 1933. Vgl. Der Freiheitskampf vom 31.1.1933 („Kreistagung und Deutscher Abend in Nünchritz") und 14.2.1933 („Kreistagung in Freiberg").

97 Der Freiheitskampf vom 9.1.1933: „Kreiskongress in Zittau".

98 Rede auf der Ortsgruppen-Jahresfeier in Dehles (Vogtland) am 7.8.1930. In: Markante Worte aus den Reden des Gauleiters und Reichsstatthalters PG. Martin Mutschmann. Aus den Zeiten des Kampfes um die Macht bis zur Vollendung des Großdeutschen Reiches. Festschrift zum 60. Geburtstag, Dresden 1939. Der Band verfügt über keine Seitenzählung.

99 Vgl. die Reden von Mutschmann und Goebbels auf der „Treue-Kundgebung für Adolf Hitler" im Oktober 1932 in Zwickau in: Der Freiheitskampf vom 10.10.1932: „Sachsens braune Front tritt an."

100 Der Freiheitskampf vom 9.1.1933: „Kreiskongress in Zittau".

101 Zum Konzept der Volksgemeinschaft vgl. Rede Mutschmanns als Reichstatthalter zur Neueröffnung des Sächsischen Landtags. In: Verhandlungen des Sächsischen Landtages, 6. Wahlperiode, 1. Sitzung vom 16.5.1933, S. 2. Vgl. auch Der Freiheitskampf vom 15.2.1933: „Imposante Kreistagung in Dresden. Pg. Mutschmann vor den Amtswaltern ".

102 Der Freiheitskampf vom 16.1.1933: „Leipzig marschiert!". Bei Theodor Fritsch (1852–1933) handelte es sich um einen der rührigsten antisemitischen Publizisten und Verleger, der 1887

Mutschmann als sächsischer Reichsstatthalter mit dem Reichsminister für Volksaufklärung und Propaganda Dr. Joseph Goebbels am 26. Oktober 1933 in Dresden

zidiert auf Fritsch verwies, zeigt dessen Bedeutung auch für ihn selbst – nämlich als ein Bindeglied zwischen „alter" völkischer Bewegung und „junger" NSDAP.[103] Wie ernst es dem antisemitischen Hassprediger mit der eigenen Kampfansage war, belegen nicht nur Äußerungen über eine völlige Rücknahme des Emanzipationsprozesses der deutschen Juden, sondern klare praktische Ansagen: „Es wird einmal alles abgerechnet [...] werden, und es werden einmal Synagogen rauchen [...]. Es kommt der Tag der furchtbaren Abrechnung."[104]

Welch irrationale Züge sein Antisemitismus zuweilen annehmen konnte, belegen Äußerungen auf einer Gauleiter-Konferenz Mitte Januar 1933, die sich mit dem angeblichen „Verrat" des Organisationschefs Strasser beschäftigte. Es war Mutschmann, der dort seinen bisherigen Freund als „Juden" denunzierte und so die schwerste Krise der Partei auf makabre Weise kommentierte.[105] Vorausgegangen war der Konferenz der Rücktritt Strassers von all seinen parteipolitischen

---

erstmals sein (ab 1907 so bezeichnetes) „Handbuch der Judenfrage" veröffentlichte, das vor 1945 bis zu 49 Auflagen erlebte. Fritsch betrieb von Leipzig aus den „Hammer-Verlag".

103 Auf einer der Kreiskonferenzen ließ Mutschmann durchblicken, dass er Fritschs Hauptwerk, das schon erwähnte „Handbuch der Judenfrage", sehr wohl kannte und sich aus diesem Werk geistig „munitionierte". Vgl. Der Freiheitskampf vom 16.1.1933: „Leipzig marschiert!".

104 Rede in Weimar am 25.6.1931. In: Markante Worte. Vgl. auch Der Freiheitskampf vom 29.6.1931: „Der Gegner lügt! Gauleiter Mutschmann rechnet scharf mit seinen Verleumdern ab".

105 Die Tagebücher von Joseph Goebbels, Teil I, Bd. 2/III Oktober 1932–März 1934, München 2006, S. 108 (Eintrag vom 17.1.1933).

Ämtern Anfang Dezember 1932. Der Politiker hatte sich schon zuvor von Hitlers „Alles-oder-Nichts"-Strategie verabschiedet und folgerichtig nicht mehr im Marxismus den Hauptfeind erblickt, sondern im Krisen-Chaos des Landes, welches er nun gemeinsam mit den Gewerkschaften bewältigen wollte.[106] Noch Ende Dezember 1932 hatte Strasser gehofft, dass Mutschmann zwischen ihm und Hitler vermitteln könnte. Doch als der sächsische Gauleiter mit Goebbels in Hitlers Berchtesgadener Residenz eintraf, dauerte es nicht lange, bis er gewisse Irritationen überwunden hatte. Nach kurzer Zeit legte er seine Vermittlerrolle ab und schlug sich vollends auf die Seite Hitlers.[107] Auf der Gauleiter-Konferenz war es dann Mutschmann, der zur Freude von Goebbels – „Armer Gregor! Seine besten Freunde haben ihn geschlachtet" – das Scherbengericht über Strasser eröffnete.[108] Sein Loyalitätsbeweis im entscheidenden Moment zementierte das Vertrauensverhältnis zum „Führer", wovon Mutschmann reichlich profitieren sollte.[109]

In seinem Sachsen-Gau trimmte der Parteichef die Mitglieder unterdessen in germanisch-mythologischem Tone darauf, sich dem „Siegfried" und nicht dem „Hagen" anzuschließen.[110] Ende Januar 1933 beschloss er das Strasser-Kapitel dann auf symbolträchtige Weise: Am Dresdner „Braunen Haus" ließ er Strassers Namen,

---

106 Zur innerparteilichen Verortung Strassers 1932 und zu seinen wirtschaftlichen wie politischen Ansichten vgl. Udo Kissenkoetter, Gregor Strasser und die NSDAP, Stuttgart 1978, S. 162–172.

107 Bereits im Jahre 1944 in Mexiko hatte der KPD-Politiker Paul Merker, Von Weimar zu Hitler. Deutschland – Sein oder Nicht-Sein? Bd. 2 [Nachdruck 1973], S. 285, geäußert: „Am 28. Dezember 1932 kehrte Strasser von seiner Vergnügungsreise zurück. Am selben Tag schickte er den sächsischen Gauleiter Mutschmann nach München, um Hitler Verständigungsvorschläge zu unterbreiten. Er forderte das Generalsekretariat der Partei mit unbeschränkten Vollmachten und den Eintritt in das Schleicher-Kabinett als Vizekanzler." Diese Darstellung wurde mit der 2006 erfolgten Veröffentlichung der Goebbels-Tagebücher für die Jahre 1932–1934 weitgehend bestätigt, da Goebbels gemeinsam mit Mutschmann die Tage zum Jahreswechsel bei Hitler verbrachte und dort mit beiden über die „Verständigungsvorschläge" debattierte. So notierte Goebbels am 29./30.12.1932: „Mutschmann war bei Strasser. Der tut sich dicke. Will er bei Schleicher eintreten? Toller Verrat! Aber wir müssen stur bleiben. [...] Hitler sehr nett. Mutschmann ins Gebet genommen. [...] Nur nicht nachgeben. Strasser ist ein Phantast. [...] Hitler spricht über den Fall Strasser. Sehr scharf. Mutschmann ist ganz perplex." Die Tagebücher von Joseph Goebbels, Teil I, Bd. 2/III, S. 92 f. Damit ist die ältere Darstellung Kissenkoetters, Gregor Strasser, S. 191, wonach Strasser Ende Dezember 1932 bewusst keine Verständigung mit Hitler gesucht habe, überholt.

108 Die Tagebücher von Joseph Goebbels, Teil I, Bd. 2/III, S. 108 (Eintrag vom 17.1.1933); Sozialdemokratischer Pressedienst vom 25.1.1933.

109 Das besondere Vertrauensverhältnis zwischen Mutschmann und Hitler begründete der spätere stellvertretende Gauleiter Werner Vogelsang in sowjetischer Haft u. a. damit, dass Mutschmann die „Verschwörung seines Freundes Gregor Strasser gegen Hitler" aufgedeckt und „ihm davon berichtet" habe. Auch wenn das stark überzeichnet erscheint, ist erstaunlich, dass der Gesamtzusammenhang doch selbst nach zwölf Jahren noch präsent war. Verhörprotokoll Werner Vogelsang vom 8.8.1945 (HAIT-Archiv, Akte Martin Mutschmann).

110 Der Freiheitskampf vom 18.1.1933: „1. Kreiskongress der NSDAP. Döbeln".

der dort bislang „in großen Lettern am Giebel prangte", entfernen.[111] Allerdings verlor er nach dem mit Strassers Abgang verbundenen Umbau der Reichsparteistruktur selbst seinen Posten als NS-„Landesinspekteur" von Sachsen und Thüringen, mit dem er noch Wochen danach gern und häufig zu renommieren versuchte.[112]

Im Gefolge der Machtübernahme Hitlers und der NSDAP am 30. Januar 1933 wurde Mutschmann für diesen Verlust mehr als nur entschädigt: Der „ordentliche, brutale Führer" (Goebbels) erreichte einen neuen Karriereschub und avancierte im Mai 1933 zum Reichsstatthalter in Sachsen, ein Amt, das Hitler zur besseren Durchherrschung von Reich und Ländern erst geschaffen hatte. Doch den Posten des sächsischen Ministerpräsidenten bekleidete da schon sein gewichtigster Rivale, der sächsische SA-Chef Manfred v. Killinger. Dem in Dresden residierenden adligen Weltkriegsoffizier hatte Hitler wohl am ehesten zugetraut, die sächsische Ministerialbürokratie in das neue Fahrwasser zu geleiten. Vermutlich spielte auch die Absicht der bewussten Machtteilung in einem polykratischen Herrschaftssystem eine Rolle. Denkbar ist aber auch, dass Killingers Berufung zum sächsischen Reichskommissar und Ministerpräsidenten (seit 9.3.1933) zuerst mit Mutschmanns Einverständnis erfolgte, da er noch Anfang März 1933 mitsamt der Gauleitung in Plauen residierte und – so jedenfalls seine spätere Aussage in sowjetischer Haft – seine mangelnde Erfahrung in Staatsverwaltungsfragen als entscheidendes Hindernis für die Übernahme des Posten des sächsischen Ministerpräsidenten betrachtete.[113]

Davon, dass er auch das Amt des Reichsstatthalters nur auf Hitlers Druck hin übernommen habe,[114] kann allerdings kaum die Rede sein. Schon bei seiner ersten Ansprache als Reichsstatthalter vor dem neu formierten Landtag Mitte Mai 1933 machte er seinen Führungsanspruch deutlich geltend: Kurz vor Killingers Regierungserklärung äußerte Mutschmann, er sei von nun „erster Beamter in Sachsen", und er „fühle" sich als der „sichere Garant der nationalsozialistischen Politik". In programmatischer Hinsicht postulierte er die „höchsten Ziele der Volksgemeinschaft" sowie die Notwendigkeit, „nach der äußeren Umschaltung auch wirklich eine Gleichschaltung des Geistes vorzunehmen", da nur dort, „wo ein einheitlicher Rhythmus vorhanden" sei, die Garantie bestehe, „auch wirklich etwas vorwärtstrei-

---

111 Sozialdemokratischer Pressedienst vom 26.1.1933.

112 Die Reichsinspektionen I und II waren schon Mitte Dezember 1932 auf Anordnung Hitlers aufgelöst worden. Im Gefolge dessen verschwanden auch die Landesinspektionen. Mutschmann erhielt im selben Atemzug den Titel „Kommissar" zugesprochen, der freilich nur für Sachsen galt und keinerlei Relevanz hatte. Vgl. Völkischer Beobachter vom 16.12.1932: „Die Richtlinien und Anordnungen Adolf Hitlers erlassen". Wie wenig Mutschmann diesen zweifelhaften Titel schätzte, zeigen sächsische NS-Presseberichte von Januar 1933, in denen er sich nach wie vor als „Landesinspekteur" präsentieren ließ. Vgl. Der Freiheitskampf vom 9.1.1933 („Kreiskongress in Zittau") und 18.1.1933 („1. Kreiskongress der NSDAP. Döbeln").

113 Vgl. Protokoll der abschließenden Gerichtsverhandlung des Militärkollegiums des Obersten Gerichts der UdSSR vom 30.1.1947 (HAIT-Archiv, Akte Martin Mutschmann).

114 Vgl. ebd.

ben zu können". Keinen Zweifel ließ er daran, dass nunmehr jeglicher Pluralismus ausgespielt hatte: „Wir machen deshalb von nun an nur noch nationalsozialistische Politik und übernehmen auch für alles die volle Verantwortung."[115] Ob er sich dieses Satzes auch noch nach Kriegsende erinnern konnte?

Der Machtkampf mit Killinger entbrannte erst dann mit zunehmender Schärfe, als Mutschmann nun von Amts wegen die Geschäfte des Ministerpräsidenten zu kontrollieren suchte. Seit dieser Zeit kann davon die Rede sein, dass sich der vorher schwelende innerparteiliche Konflikt mit Killinger auf die Staatsebene verlagerte und sich somit institutionalisierte.[116] Die bürokratische Unterlegenheit der Reichsstatthalterei gegenüber der Staatskanzlei und der Selbstbehauptungsanspruch Killingers einerseits sowie die Selbstwahrnehmung Mutschmanns als Nummer eins im Sachsen-Gau andererseits mögen zusätzliche Motivation dafür gewesen sein, den Konflikt auf die Spitze zu treiben. Der sächsische Führungsdualismus ließ den wesentlich rabiater vorgehenden Gauleiter jedenfalls solange nicht ruhen, bis er sich auch dieses letzten Konkurrenten entledigt hatte. Dies gelang ihm bereits im Zuge des sogenannten „Röhm-Putsches" im Sommer 1934, bei dem Hitler gegen einen Großteil der SA-Führer vorging: Killinger verschwand zunächst im KZ und dann als Diplomat im Auswärtigen Dienst.[117] Eine im Ausland verbreitete Information über eine zeitgleiche und vom Dresdner Publikum mit „großer Freude" quittierte Verhaftung Mutschmanns[118] erwies sich dagegen als Wunschdenken.

Nach Hitlers endgültiger Zustimmung vereinigte der machtbewusste braune Führer seit Anfang 1935 nun alle entscheidenden Ämter in seiner Hand – nämlich die des Partei-Gauleiters, des Reichsstatthalters und des Ministerpräsidenten. Zudem sicherte er sich über seine schon bestehende Ehrenführerschaft bei der SA-Standarte 100 (Dresden) hinaus mit der Übernahme der Funktion eines SA-Obergruppenführers die sächsische Gefolgschaft der ehemaligen Parteiarmee seines früheren Konkurrenten.[119] Damit verfügte er unter den Gauleitern des Dritten Reiches über eine nahezu einzigartige Machtfülle, die er auch bedenkenlos auszuspielen bereit war.

Schon wenige Wochen nach Hitlers „Machtergreifung" hatte Mutschmann erkennen lassen, dass er seine jahrelange antisemitische Hetze in die Praxis umzusetzen gewillt war. Auf Gesetze und Verordnungen des NS-Normenstaates nahm er dabei weniger Rücksicht als andere NS-Potentaten. Es waren seine Anhänger, die sich in

---

115 Rede Mutschmanns als Reichstatthalter zur Neueröffnung des Sächsischen Landtags. In: Verhandlungen des Sächsischen Landtages, 6. Wahlperiode, 1. Sitzung vom 16.5.1933, S. 2.

116 Wagner, Mutschmann gegen von Killinger, S. 113–125.

117 Zur Biographie Killingers vgl. Andreas Wagner, Manfred v. Killinger – Putschist und SA-Führer (1933–1935). In: Schmeitzner/Wagner (Hg.), Von Macht und Ohnmacht, S. 257–278; Bert Wawrzinek, Manfred von Killinger (1886–1944). Ein politischer Soldat zwischen Freikorps und Auswärtigem Amt, Preußisch Oldendorf 2003.

118 Pariser Tageblatt vom 16.7.1934: „Reichsstatthalter Mutschmann verhaftet".

119 Vgl. Martin Mutschmann. In: Männer im Dritten Reich, Bremen 1934, S. 167; Martin Mutschmann. In: Archiv für publizistische Arbeit (Internationales Biografisches Archiv) vom 17.2.1944 (BStU, MfS-HA IX/11, AV 14/79, Bd. 24, Bl. 312).

Martin Mutschmann als Reichsstatthalter inmitten des sächsischen Kabinetts vom 6. Mai 1933 unter Ministerpräsident Manfred von Killinger (4. v. links), neben ihm Innenminister Karl Fritsch (4. v. rechts) und Wirtschaftsminister Georg Lenk (2. v. rechts)

den ersten Wochen als Straßenmob organisierten und ungestraft gegen jüdische Künstler, Ärzte, Geschäftsleute und Rechtsanwälte vorgingen.[120] Im Gefolge des von ihm mit initiierten Boykotts jüdischer Geschäfte in Sachsen schärfte er seinen Anhängern am 2. April 1933 auf der Dresdner Ilgen-Kampfbahn unmissverständlich ein: „Der erste Tag des Boykotts war ja nur eine Generalprobe. Das nächste Mal geht es nicht so gemütlich zu. [...] Wenn man einen Feind schlägt, dann muss man ihn vernichten."[121] In der Folge – und zu Anfang auch im Gegensatz zu Killinger – profilierte sich Mutschmann als einer der reichsweit rabiatesten Potentaten, wenn es darum ging, die Diskriminierung und Ausgrenzung der Juden voranzutreiben.[122] So sorgte er persönlich für die Vernichtung der beruflichen Existenz von Victor

---

120 Vgl. Steffen Held, Von der Entrechtung zur Deportation: Die Juden in Sachsen. In: Vollnhals (Hg.), Sachsen in der NS-Zeit, S. 203–207.

121 Rede auf der Kundgebung auf der Dresdner Ilgen-Kampfbahn am 2.4.1933. In: Markante Worte.

122 In mehreren Fällen ist es Killinger gewesen, der 1933/34 Mutschmanns Radikalität zu zügeln versuchte, indem er diesen immer wieder mit der eigenen NS-Gesetzeslage konfrontierte und so weiter gehende Forderungen abbügelte. Als ein Beispiel für andere sei auf den Fall des ehemaligen sächsischen Ministerpräsidenten jüdischer Herkunft Georg Gradnauer (SPD) hingewiesen, dem Mutschmann mit der Streichung der kompletten Pension die

Klemperer oder in „Hasskampagnen“ zusammen mit Julius Streicher für „judenreine“ Dresdner Wohnbezirke.[123] Mutschmanns Credo, „Wer nicht Antisemit ist, kann kein echter Nationalsozialist sein“, fand – zusammen mit der täglichen antisemitischen Praxis – das uneingeschränkte Lob des fränkischen Gauleiters und „Stürmer“-Herausgebers: „Die Lösung der Judenfrage“, so Streicher, liege in Sachsen bei Mutschmann „in den besten Händen“. Es konnte daher nicht wirklich verwundern, dass der so Gelobte das Reichspogrom (November 1938) auch in Sachsen flächendeckend umzusetzen versuchte, im Krieg immer wieder die Entfernung von jüdischen Zwangsarbeitern anmahnte[124] und noch im Sommer 1944 den SS-Chef Heinrich Himmler schriftlich aufforderte, die „Endlösung“ tatsächlich zu Ende zu bringen.[125]

Auch bei der Verfolgung politischer Gegner legte Mutschmann von Beginn an besonderen Eifer an den Tag: Er, der bereits Anfang 1933 eine „kleine Bartholomäusnacht“ angekündigt hatte,[126] zeigte selbst im Dresdner Landtagsgebäude keinerlei Spuren von Zurückhaltung: Wenige Stunden nach der Machtübernahme durch die NSDAP in Sachsen, am 9. März 1933, machte er mit SS-Männern und gezogener Pistole Jagd auf linke und NS-abtrünnige Abgeordnete im Dresdner Parlament. Mehrere Abgeordnete, darunter der SPD-Fraktionsvorsitzende Karl Böchel, wurden dabei so schwer misshandelt, dass sie in Krankenhäuser eingeliefert werden mussten. Ein von Mutschmann mit der Waffe bedrohter jüdischer Parlamentsjournalist überlebte die Menschenjagd nur knapp.[127]

Sowenig sich der NS-Potentat scheute, Gegner gewaltsam zu verfolgen, sowenig scheute er sich auch, früh errichtete Konzentrationslager zu inspizieren und dabei das mörderische Treiben der Wachmannschaften zu legitimieren und anzufeuern.[128] Inwieweit er dabei direkten oder indirekten Einfluss auf die Tötung besonders bekannter politischer und persönlicher Gegner nahm (wie z. B. Hermann Liebmann, Eugen Fritsch, Julius Brandeis) blieb unter Zeitgenossen umstritten und hätte in einem späteren Gauleiter-Prozess geklärt werden müssen. Als 1934/35 das Landgericht Dresden einen Teil der Wachmannschaften des KZ Hohnstein wegen der in diesem Lager vorgefallenen Morde und Misshandlungen verurteilte, war es bezeich-

---

Existenz zu vernichten trachtete, was Killinger verhinderte. Vgl. Personalakte Georg Gradnauer (SächsHStAD, Außenministerium, Nr. 712, Bl. 101–141).

123 Vgl. Taylor, Dresden, S. 96 ff.

124 Held, Von der Entrechtung zur Deportation, S. 215 und 220.

125 Vgl. Mutschmann an Himmler vom 25.7.1944 (BA Berlin, NS 19/1872).

126 Der Freiheitskampf vom 27.2.1933: „Jammernde Terroristen“. Entsprechende Äußerungen Mutschmanns versuchte das NS-Blatt nachträglich abzuschwächen.

127 Vgl. Wagner, Mutschmann, S. 293.

128 Vgl. Mike Schmeitzner, Ausschaltung – Verfolgung – Widerstand. Die politischen Gegner des NS-Systems in Sachsen 1933–1945. In: Vollnhals (Hg.), Sachsen in der NS-Zeit, S. 183–199, hier 188 f.; Carina Baganz, KZ Hohnstein. In: Wolfgang Benz/Barbara Distel (Hg.), Der Ort des Terrors. Geschichte der nationalsozialistischen Konzentrationslager. Band 2: Frühe Lager, Dachau, Emslandlager, München 2005, S. 129–134, hier 131.

nenderweise Mutschmann, der während des Prozesses intervenierte und schließlich bei Hitler persönlich eine frühzeitige Entlassung der Täter durchsetzte.[129]

Als Partei- und Staatschef Sachsens blieb Mutschmann Garant eines Systems, das immer stärker totalitäre Züge trug und Gewalt gegen Andersdenkende kultivierte. Auf einem Gautreffen fand er im Frühjahr 1935 dafür Worte, die an Deutlichkeit nichts zu wünschen übrig ließen: „Der Staat sind wir, einzig und allein wir; wo diese Einheit unseres Volkes angegriffen wird, da schlagen wir zu."[130]

Der von Juden und politischen Gegnern gesäuberten Volksgemeinschaft zeigte der Gauleiter und Reichsstatthalter indes ein anderes, fürsorgliches Gesicht. So präsentierte sich der stiernackige „Sachsenführer"[131] an der „Basis" und in staatlich subventionierten Hochglanzbroschüren als ein Volksgenosse, der sich durch Fleiß und eigenes Können vom Arbeiter zum Unternehmer „hochgearbeitet" hatte. Durch „häufige Betriebsbesuche und Gespräche am Arbeitsplatz, übrigens bis in die letzte Kriegsphase hinein", bemühte er sich stets um Popularität, die allerdings begrenzt blieb, da seine „protzige Lebenshaltung" (in seiner Dresdner Villa und später auch in seinem Grillenburger „Gaujägerhof") sowie sein „Führergebaren" selbst bei NS-Sympathisanten auf Unbehagen stießen.[132] Auch in Fragen der wirtschaftlichen Konsolidierung vermochte der vormalige Unternehmer keine allzu schnellen Erfolge vorzuweisen, was gewiss nicht nur in seiner Person, sondern in der ebenso recht schwachen sächsischen Wirtschaftslobby in Berlin begründet lag. Darüber hinaus sorgte die „vergleichsweise unbedeutend" erscheinende Branchen- und Betriebsgrößenstruktur des Gaues für „schlechtere Ausgangsbedingungen". Mit einer aktiven Wirtschaftspolitik mittels staatlicher Großunternehmen wie der „Aktiengesellschaft Sächsische Werke" (ASW) ließ sich diese Lage nur bedingt verbessern, obschon ein Mann wie Werner Schmiedel (der ASW-Chef) seinem Freund bis zum bitteren Ende 1945 zu unterstützen versuchte. Es war daher kein Zufall, dass der Gau Sachsen als einer der letzten reichsweit im Jahre 1938 wieder eine Vollbeschäftigung vermelden konnte.[133]

Als Verwaltungschef schien Mutschmann ziemlich überfordert: Die cholerischen Ausfälle des Herzkranken und sein teilweise planloses Agieren waren bei der Beam-

---

129 Vgl. Lothar Gruchmann, Justiz im Dritten Reich 1933–1940. Anpassung und Unterwerfung in der Ära Gürtner, München 1990, S. 368–374. Für den deutschnationalen Reichsjustizminister Franz Gürtner hatten die „an orientalischen Sadismus erinnernden Grausamkeiten" (so Gürtner) der Wachmannschaften den Ausschlag dafür gegeben, das Verfahren bis zum Schluss durchzuführen und Mutschmanns Interventionen immer wieder zurückzuweisen (ebd., S. 369).

130 Der Freiheitskampf vom 27.5.1935: „Die Kampfrede unseres Gauleiters".

131 So die Selbstkennzeichnung in: Der Freiheitskampf vom 16.7.1933: „Kampf, Treue, Sieg! Bekenntnis der sächsischen Nationalsozialisten".

132 Werner Bramke, Unter der faschistischen Diktatur (1933–1945). In: Czok (Hg.), Geschichte Sachsens, S. 480–517, hier 484.

133 Ulrich Heß, Sachsens Industrie in der Zeit des Nationalsozialismus. Ausgangspunkte, struktureller Wandel, Bilanz. In: Werner Bramke/Ulrich Heß (Hg.), Wirtschaft und Gesellschaft in Sachsen im 20. Jahrhundert, Leipzig 1998, S. 53–88, hier 60–65.

Mutschmann mit seinen Vertrauten Georg Lenk und Karl Fritsch auf dem SA-Gepäckmarsch 1938

tenschaft gefürchtet. Wenn sich Untergebene auf etwas einstellen konnten, dann waren es sein Hang zu Ämterhäufung, bestimmte Zentralisierungstendenzen oder seine bizarren Versuche, mit der Schaffung eines „Heimatwerkes Sachsen" sächsische Eigenart, Kultur und Geschichte aufzuwerten, was dem „Sachsenführer" vornehmlich im Erzgebirge Respekt und Anerkennung eingetragen haben mag.[134] Präsent blieb auch das Misstrauen, mit dem der Jagd-Freund Hermann Görings (der als „Gaujägermeister" nun auch zeitweise auf dem Ende der 1930er Jahre gebauten Grillenburger Jagdhaus residierte) potenzielle Konkurrenten verfolgte. Als Stützen des „Systems Mutschmann" erwiesen sich servile Gefolgsleute in der Gauleitung der Partei, allen voran sein Parteistellvertreter, der Innenminister Karl Fritsch, sein zeitweiliger Adjutant, der Oberregierungsrat und SS-Oberführer Richard Loos, und Wirtschaftsminister Georg Lenk. Unterstützung fand Mutschmann auch bei der alten Ministerialbürokratie, die eine sukzessive Umwandlung der Landesministerien in nachgeordnete Verwaltungen der Berliner Zentralbehörden nicht einfach akzeptieren wollte. Ihre „Resistenz" ging mit den Plänen des Gauleiters konform, die sächsi-

134 Vgl. Thomas Schaarschmidt, Regionalkultur und Diktatur. Sächsische Heimatbewegung und Heimat-Propaganda im Dritten Reich und in der SBZ/DDR, Köln 2004, S. 99–274, hier 187–202. Dass es sich bei dieser Aufwertung der Heimatkultur keineswegs um eine unpolitische Marotte Mutschmanns handelte, machte dieser anlässlich einer Festkundgebung seines „Heimatwerkes" 1937 deutlich, als er „völkischen Instinkt" und „Rassebewusstsein" als Eckpfeiler des „Wiederaufbaus" der Kultur bezeichnete (ebd., S. 195).

Mutschmann mit dem Unternehmer und Kulturfunktionär Emil Krauß auf einer Ausstellung in Schwarzenberg 1943

sche Staatskanzlei zum „Kern einer starken regionalen Mittelinstanz" auszubauen;[135] ein Plan, der erst nach Kriegsbeginn zur Realisierung kam. Gegen solche „partikularistischen" Tendenzen schienen selbst Reichsminister wie der schon genannte Franz Gürtner (Justiz) oder Wilhelm Frick (Inneres) und Joseph Goebbels (Propaganda) machtlos. Vornehmlich Goebbels, der sich selbst als kulturelle Instanz verstand, führte mit Mutschmann mehrjährige, im Ganzen aber wenig fruchtbare Auseinandersetzungen über die Entwicklung der Kunst- und Kulturmetropole Dresden und über diverse personelle Eskapaden seines Gegenspielers.

Für den Berliner Gauleiter und Propagandaminister war Mutschmann, der sogar Sachsenwitze verbieten lassen wollte, ein „Fanatiker" und „Don Quichotte" des „Sachsentums", in Kultursachen ein „wahrer Banause", ja ein „Kulturtyrann", ferner ein „Persönlichkeitskiller", „Talenttöter" und ein „autokratischer Zar", der neben sich „keine Götterlein" dulde und mit „richtigen Gangstermethoden" Personalpolitik betreibe.[136]

---

135 So überzeugend Thomas Schaarschmidt, Die regionale Ebene im zentralistischen „Führerstaat" – das Beispiel des NS-Gaus Sachsen. In: Michael Richter/Thomas Schaarschmidt/Mike Schmeitzner (Hg.), Länder, Gaue und Bezirke. Mitteldeutschland im 20. Jahrhundert, Halle 2007, S. 125–140, hier 130.

136 Die Tagebücher von Joseph Goebbels, Teil I, Bd. 3/II März 1936–Februar 1937, München 2001, S. 90 (Eintrag vom 23.5.1936); ebd., S. 294 (Eintrag vom 17.12.1936); ebd., Bd. 4 März –November 1937, München 2000, S. 143 (Eintrag vom 19.5.1937), S. 196 (Eintrag

Mit derart drastischen Urteilen stand Goebbels keineswegs allein: Schon 1935 hatte der vormalige und dann geschasste sächsische Gaugeschäftsführer Hermann Harbauer Mutschmanns Machtgebaren schonungslos enthüllt. Gemeinsam mit seinem Amtsvorgänger, dem zum Reichshauptamtswalter aufgestiegenen Robert Bauer, wollte der aufstrebende junge Funktionär über die Münchner Parteizentrale (vergeblich) Abhilfe schaffen. Die Vorwürfe der beiden Funktionäre berührten die Substanz des „Systems Mutschmann“: Da war die Rede von der völligen Vernachlässigung der Regierungs- und Parteiarbeit zugunsten seiner Jagdleidenschaften; dass die „alte Ministerialbürokratie“ den Staat führe, der „Gaufürst“ aber seinen Ministern und Parteifunktionären mit Desinteresse oder unflätiger Ablehnung begegne; dass sexuelle Eskapaden Fritschs und Loos’ die Autorität der Führung untergraben würden und die Ehefrauen von Mutschmann und Fritsch Privates mit Dienstlichem verquickten.[137] Letztendlich hatten die NS-Funktionäre Harbauer und Bauer wohl auch aus dem Motiv heraus gehandelt, selbst Zielscheibe der Gauleiter-Willkür geworden zu sein.

Zwei Jahre später, Ende 1937, war es dann der vom Gauleiter aus dem Dresdner Oberbürgermeisteramt geworfene Ernst Zörner, der in einer Denkschrift die „unhaltbaren Zustände in Sachsen und Dresden“ der Reichsführung zur Kenntnis gab. Zörner, dessen Pech allein darin bestanden hatte, in Dresden beliebter geworden zu sein als der „Gaufürst“ selbst,[138] listete 25 schwerwiegende Personaleskapaden auf. Über Mutschmanns „schrankenlose Willkür“ hieß es resümierend:

„Ich nehme die Schlussfolgerungen [...] vorweg, wenn ich feststelle, dass das Land Sachsen keinen Anspruch darauf erheben kann, ein Rechtsstaat zu sein. Auch ein Staat der Ehre ist das Land Sachsen nicht, denn die Ehre eines Volkes setzt die Ehre des einzelnen voraus. Hier aber wird die Ehre des einzelnen in [den] Schmutz getreten. Wer irgendwie sich als ein Charakter erweist, wird verfolgt und gedemütigt; die Sicherheit des einzelnen ist nicht mehr gewährleistet. Alles lebt in Angst und unter Druck! [...]

Der Statthalter und der Minister Dr. Fritsch setzen sich ständig über unsere eigenen Gesetze hinweg. Wie soll man da von dem einzelnen Staatsbürger Achtung vor den Gesetzen verlangen. Vom Leistungsprinzip kann hier keine Rede sein! [...] Speichellecker werden gefördert; ja, noch schlimmer, Männer von Ehre werden schikaniert, beleidigt und verfolgt; ausgesprochene Lumpen dagegen werden geschützt und gefördert!

---

vom 25.6.1937), S. 322 (Eintrag vom 22.9.1937), S. 392 (Eintrag vom 5.11.1937); ebd., Bd. 5 Dezember 1937–Juni 1938, München 2000, S. 30 (Eintrag vom 2.12.1937); ebd., Teil II Diktate 1941–1945, Bd. 2 Oktober-Dezember 1941, München 1996, S. 270 (Eintrag vom 11.11.1941); ebd., Bd. 8 April–Juni 1943, München 1993, S. 52 (Eintrag vom 4.4.1943).

137 Hermann Harbauer und Robert Bauer an Rudolf Heß vom 23.3. und 21.3.1935 (BA Berlin, Personalakte Mutschmann, OPG Bauer-Mutschmann).

138 Zur Person Zörners und Mutschmanns Konkurrenzmotiven vgl. Christel Hermann, Oberbürgermeister der Stadt Dresden: Ernst Zörner und Stellvertreter Eduard Bührer. In: Dresdner Geschichtsbuch, Bd. 6. Hg. vom Stadtmuseum Dresden, Altenburg 2000, S. 199–218.

Mutschmann im Kreis seiner braunen Entourage, links neben ihm Karl Fritsch, 1938

Es wird in Sachsen in der Partei bald nur noch Byzantiner und Kriecher geben, aber keine Charakter mehr, ausgenommen die wenigen, die Reichsbeamte oder wirtschaftlich unabhängig sind.“[139]

Bemerkenswert erscheint an dieser Denkschrift vor allem Zörners Hinweis auf den fehlenden Rechtsstaat. Solange der nationalsozialistische „Doppelstaat“ („Maßnahmen- und Normenstaat“) gegen politische Gegner oder schlechthin Andersdenkende in Erscheinung getreten war, hatten gewiss die wenigsten der „alten Kämpfer“, zu denen auch der frühere Braunschweiger NS-Führer Zörner zählte, dem Weimarer Rechtsstaat nachgetrauert; vielmehr hatten sie an seiner Zerstörung selbst kräftig mitgearbeitet. Erst Mutschmanns „schrankenlose Willkür“ gegenüber der eigenen Partei und dem braunen System im Ganzen ließ Parteifunktionären wie Zörner den Wert eines Rechtsstaates wohl in einem neuen Licht erscheinen. Solche Argumente aber konnten zentrale Entscheidungsträger wie Hitler kaum beeindrucken, hatten sie doch selbst immer wieder (wie beim „Röhm-Putsch“) auf Willkür-Methoden zurückgegriffen. Gefährlich werden konnten dem „System Mutschmann“ nur massive Sympathieverluste in der Bevölkerung, die sich

139 Ernst Zörner, Denkschrift über die unhaltbaren Zustände in Sachsen und Dresden, die Partei und Staat aufs schwerste schädigen, von Dezember 1937 (BStU, MfS HA IX/11, AK 520/71, Bl. 43–49, hier 44).

selbst bei Einheitslistenwahlen und Abstimmungen gezeigt haben sollen. Wenn Mutschmann – wie von Zörner angedeutet und von Goebbels für 1938 ansatzweise beobachtet[140] – dem Gesamtsystem durch sein eigenes Machtgebaren einen tatsächlich irreparablen Vertrauensverlust beigebracht hätte, wäre vermutlich seine Auswechslung unvermeidlich geworden. Immerhin scheint der Propagandaminister (und nicht nur er allein) auch vor dem Hintergrund der massiver werdenden Gesundheitsprobleme Mutschmanns[141] eine solche Lösung in Betracht gezogen zu haben; kaum anders ist ein späterer Tagebucheintrag zu verstehen, dass der westfälische Gauleiter Meyer mit seiner „eleganten und verbindlichen Art" der „gegebene Gauleiter für Sachsen" wäre, um dort „wieder eine richtige politische Führung ein[zu]richten".[142]

Solche Gedankenspiele aber hatten gerade im Krieg wenig Chancen auf Erfüllung, gelang es doch Mutschmann jetzt wieder häufiger, mit seinem Organisationstalent selbst seinem Berliner Intimfeind Respekt abzunötigen: Ob in der Frage des Jägerprogramms, der Luftverteidigung oder besonders gefährdeter Rüstungsschmieden – immer öfter schien der Provinzdespot und neu ernannte Reichsverteidigungskommissar[143] für Sachsen neue Initiativen ergreifen zu wollen. In so wichtigen Fragen wie der rücksichtslosen Rekrutierung von weiteren eingeschränkt wehrfähigen Männern konnte er sich bald sogar der besonderen Wertschätzung Berlins erfreuen. Wer – wie Mutschmann – seine Gau-Quoten erfüllte wie nur wenige andere Gauleiter im Reich, gewann nun auch für Goebbels „Format" und war ein „anständiger Nationalsozialist".[144] Zudem genoss der sächsische „Gaufürst" weiter-

140 Ebd.; Die Tagebücher von Joseph Goebbels, Teil I, Bd. 5 Dezember 1937–Juli 1938, München 2000, S. 257 (Eintrag vom 12.4.1938) und S. 275 (Eintrag vom 26.4.1938). Goebbels bezog sich bei seiner Wahlanalyse auf die Volksabstimmung in Deutschland und Österreich, die die legitimatorische Grundlage für die Schaffung des „Großdeutschen Reiches" bildete.

141 Am 20.7.1938 notierte Goebbels: „Er hat einen Herzschlag bekommen und liegt fast hoffnungslos darnieder." (ebd., S. 387). In einer noch im Dritten Reich erschienenen Kurzbiografie hieß es: „Während einer langen und schweren Krankheit M.'s im Sommer 1938 führte Reichsstatthalter Sauckel (Thüringen) vertretungsweise auch die Geschäfte des Reichsstatthalters in Sachsen." Martin Mutschmann. In: Archiv für publizistische Arbeit (Internationales Biografisches Archiv) vom 17.2.1944 (BStU, MfS-HA IX/11, AV 14/79, Bd. 24, Bl. 312).

142 Die Tagebücher von Joseph Goebbels, Teil II, Bd. 8 April–Juni 1943, München 1993, S. 249 f. (Eintrag vom 9.5.1943). Gemeint ist der Gauleiter des Gaues Westfalen-Nord, der promovierte Jurist Alfred Meyer, der mehrere Jahre Staatsminister von Lippe und Schaumburg-Lippe gewesen war und seit 1941 als Staatssekretär im Reichsministerium für die besetzten Ostgebiete arbeitete. Vgl. Höffkes, Hitlers politische Generale, S. 243 ff.

143 Mit Kriegsbeginn 1939 wurden die Gauleiter in ihren jeweiligen Territorien zu „Kriegsbefehlshabern im zivilen Bereich" befördert.

144 Die Tagebücher von Joseph Goebbels, Teil II, Bd. 13 Juli–September 1943, München 1995, S. 41 (Eintrag vom 2.7.1944) und S. 296 f. (Eintrag vom 23.8.1944); ebd. Bd. 14 Oktober–Dezember 1944, München 1996, S. 427 (Eintrag vom 16.12.1944). „Gewisse persönliche Eigenheiten" wollte Goebbels dem sächsischen Gauleiter nun „nachsehen". Ebd.

hin das Vertrauen Hitlers: Mit seinem Schwager Prof. Dr. Martin Hammitzsch,[145] einem bekannten Dresdner Architekten und Ministerialbeamten, wusste Hitler einen besonderen Vertrauten an der Seite Mutschmanns, der sich wiederum im Krieg als Rassefanatiker unentbehrlich machte: Seine von den Rundfunkanstalten übertragenen Hetz-Tiraden gegen die Juden als Urheber des Krieges blieben wegen ihrer Ekel erregenden Darstellung und Demagogie breiten Schichten im Gedächtnis haften.[146]

Die mit Kriegsbeginn gestarteten Zentralisierungsversuche Berlins[147] konterkarierte der Gauleiter in seinem sächsischen Reich auf gewohnte Weise: Er brachte noch einmal die Verwaltung in eine – ganz auf ihn persönlich zugeschnittene – zentralistische Form: Nachdem er 1943 selbst seine engsten Paladine Fritsch und Lenk aus ihren Ministerämtern geworfen hatte (Fritsch wählte ein Jahr später den Freitod), löste er per Verordnung und gegen den Willen Hitlers gleich sämtliche Ministerien auf. Deren Befugnisse übertrug er sieben Abteilungen, die er „seiner" Staatskanzlei direkt unterstellte.[148] Anfang 1944 kommentierte der neue Reichsinnenminister Himmler solche Eskapaden mit dem Hinweis, dass mit Mutschmann „auf die Dauer [...] sehr schwer auszukommen" sei. Dies läge nicht nur an dem „schweren Herzleiden" des Gauleiters, sondern auch an dessen Unkenntnis der Reichsgesetze.[149] Allerdings entsprach Himmlers Aussage, wonach „Reichsrecht an der sächsischen Grenze erlischt", nicht ganz den Realitäten: So zeigte sich der „Sachsenführer" zur Jahreswende 1944/45 „aus vollstem Herzen [damit] einverstanden", dass der Hamburger Gauleiter Karl Kaufmann die Luftschutzbereitschaft seines Gaues überprüfte. Den Auftrag dazu hatte Goebbels, der neue Reichsbevollmächtigte für den totalen Kriegseinsatz, gegeben. Das Ergebnis erwies sich insgesamt als „befriedigend". Nur im Falle Dresdens habe der Gegensatz zwischen Mutschmann und Zörners Nachfolger Hans Nieland zu einem desolaten Zustand geführt.[150]

---

145 Hitlers Halbschwester Angela war seit 1936 mit Hammitzsch verheiratet. Das Ehepaar bewohnte seit 1937 als Mutschmanns Nachbarn ein Villengrundstück in der Dresdner Comeniusstraße. Vgl. Wolfgang Zdral, Die Hitlers. Die unbekannte Familie des Führers, Frankfurt am Main 2005, S. 117.

146 Vgl. z.B. Klemperer, Tagebücher 1933–1941, S. 515 (Eintrag vom 13.4.1940), und Tagebücher 1942–1945, S. 609 (Eintrag vom 30.10.1944). Zur Resonanz allgemein rassistischer Rundfunk-Tiraden Mutschmanns 1940 vgl. Peter Brückner, Das Abseits als sicherer Ort. Kindheit und Jugend zwischen 1933 und 1945, Berlin 1980, S. 96.

147 Zur unterschiedlichen Interpretation von Anspruch und Wirklichkeit solcher Zentralisierungsversuche vgl. Wagner, Mutschmann, S. 302, der einen Einflussverlust Sachsens konstatiert, und Schaarschmidt, Die regionale Ebene, S. 138 f., der die Bedeutung des Sachsen-Gaus als eine wichtige Mittelinstanz auch und gerade im Krieg herausstellt.

148 Vgl. Mike Schmeitzner/Andreas Wagner, Ministerpräsident und Staatskanzlei in Freistaat, Gau und Land. Ein sächsischer Vergleich. In: Dies. (Hg.), Von Macht und Ohnmacht, S. 9–50, hier 37.

149 Zit. nach Wagner, Mutschmann, S. 306.

150 Die Tagebücher von Joseph Goebbels, Teil II, Bd. 14, S. 501 (Eintrag vom 31.12.1944); ebd., Bd. 15 Januar–April 1945, München 1995, S. 87 (Eintrag vom 8.1.1945).

Dresden 1945 – Blick vom Schlossturm auf die Hofkirche und die Neustadt

Endkampf – Flucht – Verhaftung

Die Probe aufs Exempel überlebte das historische Zentrum Dresdens Mitte Februar 1945 nicht, sehr wohl aber der eigentlich Verantwortliche für die völlig unzureichenden Schutzmaßnahmen: Mutschmann. Er hatte den ersten Bombenangriff in einem der wenigen modernen Bunker verbracht – entweder in seinem eigenen, den SS-Pioniere 1943 im Garten seiner Villa angelegt hatten, oder im Bunker unter dem Albertinum, den die örtliche Parteileitung nutzte.[151] Nach den verheerenden Angriffen fand er in Dresdens Oberbürgermeister Nieland rasch einen Sündenbock, den er – wie dessen Vorgänger – entfernte. Auch wenn Nieland selbst weder vor noch nach dem Angriff als besonders durchsetzungsstark in Erscheinung getreten war und ihm so zweifellos eigene Versäumnisse anzulasten sind, folgte der Gauleiter seinen eingeübten Reflexen und dem Prinzip der persönlichen Verantwortungsabwehr.[152] Fast zeitgleich mit der Entlassung Nielands machte er in der Presse einmal mehr klar, wen er für den eigentlich Schuldigen des Bombenangriffes hielt: *die* Juden! Sie setzten ihren „ganzen teuflischen Hass daran", den „Sozialstaat, den wir aufbauen wollen und trotzdem aufbauen werden", zu zerstören. Für den fanatischen Antisemiten verbarg sich hinter den „Luftgangstern" wieder einmal die „wahre Fratze des immer vernichtenden und mordenden Juden". Die Konsequenz bestand für ihn darin, das Hasspotenzial auf deutscher Seite zu steigern: „Es kann keine deutsche Frau, keinen deutschen Mann, kein deutsches Kind mehr geben, das nach dieser entsetzlichen Mordbrennertat den Juden und seine Helfershelfer nicht aus größtem Zorn hasst."[153]

Nach dem verheerenden Luftangriff führte Mutschmann die „Geschäfte als Reichsstatthalter" von seinem „Gaujägerhof" in Grillenburg und die „Geschäfte des Gauleiters" von der Gau-Behelfszentrale im Lockwitzgrund (südlich Dresden) aus.[154] Wegen der Zerstörung seiner Dresdner Villa siedelten er und seine Frau noch

151 Vgl. Taylor, Dresden, S. 169, 297, 325. In seinem ersten deutschen Verhör in Annaberg erklärte Mutschmann, während des ersten Angriffs in seiner Wohnung und während des zweiten Angriffs im Albertinum gewesen zu sein. Vgl. Vernehmung des ehemaligen Gauleiters von Sachsen, Martin Mutschmann, am 17.5.1945 in Annaberg (StA Annaberg-Buchholz, Loc. 20/204, Nr. 230, Verhaftung von Nazi-Gauleiter Martin Mutschmann, Bl. 3).

152 Zur Person Nielands und zu den konkreten Umständen der Amtsenthebung vgl. Christel Hermann, Oberbürgermeister der Stadt Dresden: Hans Nieland und Stellvertreter Rudolf Kluge. In: Dresdner Geschichtsbuch, Bd. 7. Hg. vom Stadtmuseum Dresden, Altenburg 2001, S. 181–200, hier 197.

153 Der Freiheitskampf vom 17./18.2.1945: „Aufruf des Gauleiters an die Dresdner Bevölkerung"

154 Vernehmung des ehemaligen Gauleiters von Sachsen, Martin Mutschmann, am 17.5.1945 in Annaberg (StA Annaberg-Buchholz, Loc. 20/204, Nr. 230, Verhaftung von Nazi-Gauleiter Martin Mutschmann, Bl. 3).

Das Areal von Mutschmanns Jagd- und Gästehaus Grillenburg (Aufn. 1939)

am 15. Februar 1945 nach Grillenburg um, wohin ihn 14 Familien des engeren Parteigefolges begleiteten – unter ihnen der Kreisleiter der Dresdner NSDAP, Hellmut Walter, und der Hitler-Schwager Hammitzsch.[155] Die Zerstörung Dresdens und der eigenen Villa hatten bei Mutschmann allerdings noch keineswegs Züge von Resignation bewirkt, im Gegenteil: Als er am 24. Februar 1945 an der letzten in Berlin stattfindenden Gauleiter-Besprechung mit Hitler teilnahm, genoss er sichtlich die Aufmerksamkeit der hier versammelten politischen Generale, denen er ausführlich über den Dresdner „Massenmord" berichtete.[156] Hitlers letzte Ansprache, so apotheosenhaft sie auch gewesen sein mag,[157] scheint dem sächsischen Gauleiter neue Hoffnung auf den „Endsieg" vermittelt zu haben. So wurde er ein Opfer der eigenen Propaganda, die von immer neuen „Wunderwaffen" schwärmte, um den Widerstand der eigenen Truppen und der Bevölkerung nicht erlahmen zu lassen.

Halt und Unterstützung fand Mutschmann auch beim Chef der inzwischen in Sachsen und Böhmen operierenden Heeresgruppe Mitte, Generalfeldmarschall

155 Vgl. Lebenslauf Minna Mutschmann vom 8.4.1950 (BStU, MfS-HA IX/11, AV 14/79, Bd. 24, Bl. 329 f.); Verhörprotokoll Martin Mutschmann vom 22.5.1945 (HAIT-Archiv, Akte Martin Mutschmann).

156 So jedenfalls äußert sich im Rückblick der Gauleiter von Magdeburg-Anhalt, Rudolf Jordan, Erlebt und erlitten, S. 251 f., der am 24.2.1945 ebenfalls in Berlin war. Zur Rolle Mutschmanns auf der Gauleiter-Konferenz vgl. auch Ian Kershaw, Hitler 1936–1945, Stuttgart 2000, S. 1007 f.

157 Jordan, Erlebt und erlitten, S. 253–258, hat Hitlers Auftritt in weniger glorioser Erinnerung: Hitlers Krankheitsbild und dessen irreale Beurteilung der militärischen Lage hätten bei ihm mehr Ernüchterung als Hoffnung oder letzten Kampfeseifer ausgelöst.

In Grillenburg ist Göring wiederholt Mutschmanns Gast gewesen (im Hintergrund: das alte Jagdschloss)

Ferdinand Schörner, der ihm in Punkto Fanatismus und nationalsozialistischer Gläubigkeit kaum nachstand. Obwohl beide enge Kontakte pflegten, galten Mutschmanns Beziehungen zur Generalität im Allgemeinen als belastet, da er diese – mit Ausnahme Schörners – als unfähig und zu wenig ideologisch linientreu befand. Aus diesem Grund hatte die Berliner Führung im März 1945 mit Korvettenkapitän Werner Vogelsang einen stellvertretenden Gauleiter als Vermittler „abkommandiert".[158] Bei diesem Schachzug hatte sie freilich auf die besondere „Sensibilität" des sächsischen Gauleiters Rücksicht genommen: Vogelsang stammte aus der Annaberger Region und war dort bis zu seiner Einberufung zur Wehrmacht 1939 Kreisleiter der NSDAP gewesen.[159] Der charismatische Offizier und Parteifunktionär, der die Hoffnungslosigkeit der militärischen Lage durchaus zu begreifen schien,[160] bemühte sich in der Folge vergeblich darum, seinem Chef den Ernst der Lage beizubringen. Mutschmann war nämlich noch im April 1945 davon überzeugt, dass „Sachsen

158 Verhörprotokolle Werner Vogelsang vom 9.8.1945 und Minna Mutschmann vom 12.8.1945 (HAIT-Archiv, Akte Martin Mutschmann). Vogelsang agierte zwischen März und Mai 1945 als „Militärberater" und stellvertretener Gauleiter. So die Bezeichnung in der biografischen Skizze Vogelsangs auf der ersten Seite des Verhörprotokolls vom 8.8.1945 (ebd.).

159 Zur Person Vogelsangs und seiner Tätigkeit als Kreisleiter der NSDAP vgl. Francesca Weil, Entmachtung im Amt. Bürgermeister und Landräte im Kreis Annaberg 1930–1961, Köln 2004, S. 39–44.

160 Vgl. Abschrift des Gesprächs zwischen Walter Weidauer und Alexander Mackowski vom 24.6.1965 (SächsHStAD, NL Walter Weidauer, V/2.052.010, unpaginiert). Mackowski war bis 1945 in der Gaugeschäftsführung der sächsischen NSDAP beschäftigt gewesen. Weil, Entmachtung im Amt, S. 39, bezeichnet Vogelsang wohl zu Recht als Charismatiker.

der Aufmarschraum für die entscheidenden Kämpfe sei, welche letzten Endes die Änderung der militärischen Lage und den Sieg Deutschlands" bringen würden.[161] Inwieweit ein solches Wunschdenken von Hitler, Schörner oder einigen erfolgreichen Vorstößen der Wehrmacht im Bautzner Raum inspiriert worden war, lässt sich nicht mehr mit letzter Sicherheit sagen.

Fest steht, dass Mutschmann in den letzten Kriegswochen alles daran setzte, die Kriegsproduktion in Gang zu halten, Volkssturmeinheiten zusammenzustellen und die Lebensmittellage zu stabilisieren. Besondere Aufmerksamkeit schenkte er der Produktion von modernen Panzerfäusten in der Leipziger HASAG. Dabei soll sich der Gauleiter vornehmlich auf die Direktoren der HASAG und der ASW, Paul Budin und Werner Schmiedel, gestützt haben.[162] Für die rüstungspolitische Bedeutung Leipzigs spricht, dass Mutschmann seinen Stellvertreter Vogelsang noch Anfang April 1945 in Marsch setzte, um dem „dortigen Defätismus Einhalt zu gebieten".[163] Ausgerechnet Alfred Freyberg, der Leipziger Oberbürgermeister und SS-Gruppenführer, hatte sich zuvor entschlossen, vor den anrückenden amerikanischen Truppen zu kapitulieren. Als eine Woche später, am 17. April, die amerikanische Armee zum Sturm auf die Messestadt ansetzte, und die Rote Armee bereits in Ostsachsen stand, rief ein fanatisierter Mutschmann die Bevölkerung dazu auf, „Widerstand und Kampf bis zum Letzten" fortzusetzen. Wer sich dem widersetze, werde „aus der Volksgemeinschaft ausgelöscht". Jede „Feindbegünstigung", egal ob es sich um die „Annahme von Geschenken, das Heraushängen weißer Tücher aus den Fenstern oder irgendeine Form der Anbiederung an den Feind" handele, sei „Landesverrat" und ende mit der Todesstrafe. Gegen „Verräter" werde „erbarmungslos vorgegangen".[164]

Für ihn, der bis zuletzt an den „Endsieg" glaubte, waren das keine leeren Worte: Dutzende von Todesurteilen gegen deutsche Soldaten und Zivilisten, die den Krieg nicht mehr bis zum bitteren Ende führen wollten, sprechen eine allzu deutliche Sprache.[165] Bei solchem Vorgehen gegen „Verräter" waren sich Mutschmann und Schörner im Übrigen völlig einig. Selbst gegen hohe SS-Funktionäre, die defätistische Äußerungen gemacht haben sollen, ging der Gauleiter und Reichsverteidi-

161 Verhörprotokoll Werner Vogelsang vom 9.8.1945 (HAIT-Archiv, Akte Martin Mutschmann). Zu vergleichbaren Äußerungen Mutschmanns von Anfang Mai 1945 vgl. Wolfgang Marschner, Die Russen kommen! Zum Kriegsgeschehen in Sachsen und Nordböhmen im April/Mai 1945, Sächsische Hefte 2, Dresden 1995, S. 7.

162 Vgl. ebd.

163 Gerhard Steinecke, Drei Tage im April. Kriegsende in Leipzig, Leipzig 2005, S. 17.

164 Der Freiheitskampf vom 17.4.1945: „Deutschland darf und wird nicht untergehen. Aufruf des Gauleiters Martin Mutschmann".

165 Der Zusammenhang zwischen den fanatischen Durchhalteparolen Mutschmanns und drakonischen Strafen von Wehrmacht- und SS-Gerichten wird anhand verschiedener Beispiele bei Marschner, Die Russen kommen!, S. 6 ff., nachgewiesen. Noch im April 1945 hatte der Reichsverteidigungskommissar überdies ein „Standgericht für Ostsachsen in Bautzen" errichten lassen, das Urteile sofort vollstrecken sollte. Vgl. Wolfgang Fleischer/Roland Schmieder, Sachsen 1945, Riesa 2010, S. 172.

Deutschland darf und wird nicht untergehen

Abwehrkampf im Geiste derer, die ihr Herzblut für das Vaterland gaben — Aufruf des Gauleiters

An die Bevölkerung Sachsens!

Der Feind ist in den Sachsengau eingedrungen und bedroht unsere Heimat mit Hunger und Elend, mit Tod und Verderben. Für jeden deutschen Menschen gibt es da nur eins: Widerstand und Kampf bis zum letzten. In geschlossener Abwehr kämpfen Wehrmacht, Volkssturm und Bevölkerung gemeinsam.

Wer in dieser Not des Volkes gegen die Anordnungen der Partei und des Staates handelt und der nationalen Ehre unseres Volkes Schande macht, wird aus der Volksgemeinschaft ausgelöscht. Jede Feindbegünstigung, sei es die Annahme von Geschenken, das Heraushängen weißer Tücher aus den Fenstern oder irgendeine Form der Anbiederung an den Feind, ist Landesverrat und wird mit dem Tode bestraft.

„Nichtswürdig ist die Nation, die nicht ihr alles freudig setzt an ihre Ehre!" Was Millionen deutscher Männer und Frauen, die ihr Herzblut für Deutschland gaben, vorgelebt und geopfert haben, darf nicht von ehrvergessenen Menschen geschändet und verraten werden.

Die Beispiele aus den anderen europäischen Ländern, die der Feind besetzt und mit Hunger und Elend überzogen hat, geben jedem ein klares Bild, wieviel schlimmer es einem unterworfenen Deutschland ergehen würde.

Gegen Verräter am deutschen Volke wird mit den schärfsten Mitteln erbarmungslos vorgegangen. Wir werden es nicht dulden, daß in diesem letzten Entscheidungskampf um Freiheit und Leben unserer Front in den Rücken gefallen und die Ehre des deutschen Volkes besudelt wird.

Alle aufrechten Männer und Frauen fordere ich auf, wie bisher ihre Pflicht zu erfüllen und sich weder durch verlogene Feindagitation noch durch feige Verräter am deutschen Volke irremachen zu lassen. Mag die Lage augenblicklich noch so bedrohlich erscheinen: Deutschland, unser großes, gemeinsames Vaterland, wird nicht untergehen!

Martin Mutschmann

Dresden, 16. April 1945. Gauleiter und Reichsstatthalter.

Einer der letzten fanatischen Aufrufe Mutschmanns, in: Der Freiheitskampf vom 17.4.1945

gungskommissar entschlossen vor.[166] Ungeachtet des nahenden Endes setzte er auf die „Mobilisierung sämtlicher Bevölkerungsgruppen", sei es mit dem Ausbau von Verteidigungsstellungen (wie z. B. im Verteidigungsbereich Dresden) und dem dafür notwendigen Bau von Panzersperren und Schützengräben oder der Aktivierung der Jugend beiderlei Geschlechts.[167] Noch Ende April 1945 soll sich Mutschmann in einem Vortrag vor seinem Führungskorps in Grillenburg „sehr kampfeslustig" gegeben haben. Seinen Stellvertreter Vogelsang wollte er angeblich davon überzeugen, eine „Widerstandsgruppe" aus „geeigneten und treuen Leuten" zu bilden, um den Kampf nötigenfalls verdeckt weiterzuführen. Als Vogelsang den militärischen Sinn dieses „Werwolf"-Unternehmens bezweifelte, soll ihn Mutschmann

166 Abschrift des Gesprächs zwischen Walter Weidauer und Alexander Mackowski vom 24.6.1965 (SächsHStAD, NL Walter Weidauer, V/2.052.010, unpaginiert).

167 Rainer Behring, Das Kriegsende 1945. In: Vollnhals (Hg.), Sachsen in der NS-Zeit, S. 224–238, hier 232.

in einem kurzen Streit als „Kapitulanten" bezeichnet haben.[168] Noch einen Tag nach Hitlers Tod, demonstrierte Mutschmann am 1. Mai in Meißen öffentlich „Kampfentschlossenheit".[169]

Am 5. Mai 1945[170] versammelte der Gauleiter und Reichsverteidigungskommissar letztmalig die Kreisleiter in der Gau-Behelfszentrale im Lockwitzgrund. Zwei Tage zuvor war die Reichshauptstadt Berlin gefallen und der amerikanisch-sowjetische Ring um die Dresdner Region und das Erzgebirge geschlossen worden. Von den ursprünglich 27 Kreisleitern konnten deshalb nur noch 15 die Zentrale erreichen. Knapp die Hälfte war bereits durch den Vormarsch der Amerikaner und Sowjets überrollt und in Gefangenschaft gegangen oder suchte den Freitod.[171] Dass Mutschmann „keine andere Wahl" sah, als „zu kämpfen und nicht eher zu ruhen, als bis der verhasste und mitleidlose Feind vernichtet oder vertrieben worden" sei,[172] hatte er noch einmal kurz zuvor deutlich gemacht. Auf der Kreisleitertagung selbst will er die „Direktive" ausgegeben haben, die „Ordnung bis zum letzten Tag aufrecht zu erhalten, um die Frage der Flüchtlinge und ihrer Versorgung" zu klären. Darüber hinaus habe er angeordnet, die „zurückgelassenen Dokumente zu verbrennen".[173] Vermutlich dürfte auch hier die Order erteilt worden sein, dass sich das Führungskorps der Partei und der Verwaltung für den Fall, dass die Rote Armee Dresden besetzen würde, in Altenberg sammeln solle, um „dort unsere Arbeit fortzusetzen".[174]

Doch dazu kam es nicht mehr, denn zeitgleich zur letzten Kreisleitersitzung hatte die Wehrmachtführung beschlossen, die „Einstufung Dresdens als Verteidigungsbereich" aufzuheben, die Stadt zu räumen und auf dem Kamm des Erzgebirges eine „allerletzte Verteidigungslinie" zu beziehen.[175] Als die Rote Armee am 6. Mai 1945 zum letzten großen Angriff auf Teile der in Sachsen und Böhmen

---

168 Verhörprotokoll Werner Vogelsang vom 9.8.1945 (HAIT-Archiv, Akte Martin Mutschmann).

169 Steinecke, Unser Meißen, S. 113.

170 Während Mutschmann als Tagungstermin den 4. Mai nannte, datierte ihn der frühere Kreisleiter der NSDAP von Chemnitz, Hans Schöne, auf den 5. Mai. Vgl Verhörprotokolle Martin Mutschmann und Hans Schöne vom 19.5. und 16.8.1945 (HAIT-Archiv, Akte Martin Mutschmann).

171 Kurz bevor amerikanische Truppen das Zentrum Leipzigs erreicht hatten, nahmen sich mehrere hohe NS-Führer der Stadt das Leben, so der Oberbürgermeister Freyberg und der frühere Kreisleiter Walter Dönicke. Am 6.5.1945 endete auch der Meißner Kreisleiter Hellmut Böhme durch Selbstmord, nachdem ihm die letzte verbliebene Fluchtmöglichkeit vor der einziehenden Roten Armee verbaut worden war. Vgl. Steinecke, Unser Meißen, S. 116. Einer der engsten Weggefährten Mutschmanns, der langjährige Kreisleiter von Plauen, Alfons Hitzler, beging am 18.5.1945 ebenfalls Suizid (Auskunft von Martina Röber, Stadtarchiv Plauen, an Günther Heydemann vom 13.1.2010).

172 Der Freiheitskampf vom 2.5.1945: „Jetzt darf es kein feiges Schwanken geben. Aufruf des Gauleiters an die Frauen im Sachsengau"; vgl. auch ebd. vom 3.5.1945: „Der Kampf geht unentwegt weiter. Unser Gauleiter an die Männer und Frauen des Sachsengaus".

173 Verhörprotokoll Martin Mutschmann vom 19.5.1945 (HAIT-Archiv, Akte Martin Mutschmann).

174 Verhörprotokoll Martin Mutschmann vom 22.5.1945 (ebd.).

175 Fleischer, Das Kriegsende in Sachsen 1945, S. 115.

operierenden Heeresgruppe Mitte startete, fiel ihr so die Gauhauptstadt zuerst in die Hand. Am 7. und 8. Mai zogen ihre Verbände in Dresden ein. Die Reste der in Sachsen verbliebenen Heeresgruppe Mitte flüchteten über den Erzgebirgskamm nach Böhmen. Nun stand Mutschmann auf den Trümmern seiner einstmals unumschränkten Herrschaft. In der Gau-Behelfszentrale im Lockwitzgrund, in der er sich am 7. Mai befand, brach für ihn unter den desillusionierenden Schlägen der Roten Armee seine bisherige Welt zusammen. Von einem „Endsieg" in Sachsen oder neuen „Wunderwaffen" konnte keine Rede mehr sein. Der Gauhauptstellenleiter Alexander Mackowski, der die letzten Tage mit ihm verbracht hatte, erlebte – selbst konsterniert – den völligen Zusammenbruch seines bislang so fanatischen Vorgesetzten: „Er stand vor mir – und das hat mich allerdings von so einem Menschen ein bisschen erschüttert – [...] und legte seine Pranken auf meine Schultern und [sagte]: ‚Es ist alles verloren.'"[176]

Für den einstigen sächsischen Provinzdespoten existierten nun nicht mehr viele persönliche Optionen: Er konnte sich das Leben nehmen (so wie es andere Gauleiter taten), er konnte sich den siegreichen Truppen der Alliierten ergeben oder aber versuchen unterzutauchen und zu fliehen. Mutschmann entschied sich für die letztere Variante, wobei ihm eigentlich klar sein musste, dass gerade seine Person einer großen Anzahl von sächsischen Einwohnern bekannt war. Erschwerend kam hinzu, dass er bis zuletzt an seinen beiden „Hauptquartieren" festhielt und daher regelmäßig zwischen ihnen pendelte. Im nun einbrechenden Chaos konnte dies für ihn nur nachteilige Konsequenzen haben. Darüber hinaus zeigte sich rasch, dass seine Direktive, die Gau- und Verwaltungsstäbe in Altenberg zu sammeln, viel zu optimistisch gewesen war. Ganz offensichtlich hatte er das schnelle Tempo des sowjetischen Vormarsches unterschätzt.

Ohnedies scheint Altenberg nicht Mutschmanns eigentliches Ziel gewesen zu sein. Denn schon am 6. Mai hatte er von Grillenburg aus sein „Eigentum auf Lastkraftwagen verladen und nach Oberwiesenthal ins Sporthotel geschickt". Auslöser dafür war die letzte große Offensive der Roten Armee gewesen, die an diesem Tag losbrach. Mit auf die Fahrt gingen sein persönlicher Referent, der Regierungsrat Eugen Schramm, der Leiter der Abteilung Technik der Gauregierung, der Hitler-Schwager Hammitzsch,[177] und eine Stenotypistin.[178] In späteren Verhören verschwieg der einstige Gauleiter, dass dem Transport auch seine Frau Minna Mutschmann angehörte, die seit 1927 ebenfalls Mitglied der NSDAP gewesen war und seit 1934 das gleichgeschaltete sächsische Rote Kreuz geleitet hatte. Ebenso schwieg er sich gegenüber den deutschen und sowjetischen Vernehmern beharrlich über einen

176 Abschrift des Gesprächs zwischen Walter Weidauer und Alexander Mackowski vom 24.6.1965 (SächsHStAD, NL Walter Weidauer, V/2.052.010, unpaginiert).

177 Hammitzschs Frau, die Halbschwester Hitlers, war bereits Tage vorher auf eine Führer-Weisung hin nach Berchtesgaden in Sicherheit gebracht worden. Vgl. Zdral, Die Hitlers, S. 122.

178 Abschrift des Festnahmeprotokolls des Gendarmerie-Postens Oberwiesenthal vom 16.5. 1945 (StA Annaberg-Buchholz, Loc. 20/204, Nr. 230, Verhaftung von Nazi-Gauleiter Martin Mutschmann, Bl. 3 f.).

weiteren prominenten Fluchtgast aus: Die Rede ist von Joseph Grohé, dem bisherigen Gauleiter von Köln-Aachen, der sich seit April 1945 in Mutschmanns Umgebung aufhielt.[179] Grohé hatte sich wenige Wochen zuvor aus dem hart umkämpften Köln abgesetzt[180] und damit in Berlin Verachtung provoziert. Goebbels konstatierte intern, dass dadurch die Partei „im Westen ziemlich ausgespielt" habe.[181]

Vieles spricht dafür, dass Mutschmann weiter in zwei Kategorien dachte: nämlich „Grillenburg" (Regierung und Familie) und „Lockwitzgrund" (Gauführung). Oberwiesenthal stand für die erste Kategorie, Altenberg für die zweite. Vermutlich wollte er über Altenberg den nunmehrigen Zielort Oberwiesenthal erreichen, das zumindest für eine kurze Zeit gewisse Vorteile zu bieten schien: Wie Altenberg lag es an der böhmisch-sächsischen Grenze, allerdings gut 100 Kilometer weiter westlich. Von irgendeiner Besetzung war dieses Gebiet bislang nicht betroffen, verharrten doch die amerikanischen Truppen seit Mitte April 1945 in den westlich gelegenen Landkreisen. Ein einziger Tag Verzug sollte Mutschmann jedoch daran hindern, die neuen „Hauptquartiere" zu beziehen und dort noch einmal seinen Mitarbeitern Anweisungen zu geben.

Während nämlich schon am 7. Mai die führenden Männer der Gauleitung mit ihren Dienstwagen nach Altenberg gefahren waren, hatte sich Mutschmann gemeinsam mit dem ASW-Chef Schmiedel erst an diesem Tag von Grillenburg zurück zum Lockwitzgrund begeben. Sein Begleitkommando, „sechs Kämpfer des Pionierbataillons der SS-Truppe", hatte er zusammen mit „10480 Munitionskörpern und Waffen" (darunter 56 Panzer- und Fliegerfäuste mit 143 Schuss Raketenmunition) in Grillenburg zurückgelassen,[182] da er hoffte, am nächsten Tag zurückkehren zu können. Immerhin wollte er aber in anderer Hinsicht Vorsorge treffen: Nach eigener Aussage ließ er noch schnell die „geheimen Dokumente des Gaus der NSDAP vernichten, welche sich in Grillenburg befanden".[183] Als er jedoch seine Gau-Behelfszentrale erreichte, musste er feststellen, dass Dresden nun fast vollständig von

179 Nur Werner Vogelsang sagte gegenüber seinen sowjetischen Vernehmern aus, dass sich der Gauleiter von Köln-Aachen bei Mutschmann aufgehalten habe. Allerdings nannte Vogelsang dem sowjetischen Geheimdienst nicht den Namen Grohé, sondern [Gustav] Simon, der wiederum Gauleiter von Koblenz-Trier gewesen war. Verhörprotokoll Werner Vogelsang vom 9.8.1945 (HAIT-Archiv, Akte Martin Mutschmann).

180 Vgl. Rolf Zerlett, Joseph Grohé (1902–1987). In: Rheinische Lebensbilder, (1997), Heft 17, S. 247–276, hier 272; Höffkes, Hitlers Politische Generale, S. 113.

181 Die Tagebücher von Joseph Goebbels, Teil II, Bd. 15 Januar–April 1945, München 1995, S. 672.

182 Fleischer, Das Kriegsende in Sachsen 1945, S. 154; Ders./Schmiedel, Sachsen 1945, S. 217; Verhörprotokoll Martin Mutschmann vom 22.5.1945 (HAIT-Archiv, Akte Martin Mutschmann).

183 Ebd. Im Verhör gab Mutschmann an, am 8. Mai Grillenburg verlassen zu haben. Hier dürfte es sich um einen Irrtum handeln, da Truppen der Roten Armee nach harten Gefechten um Wilsdruff und entsprechenden Umgehungsoperationen schon am 7. Mai den Tharandter Wald mit Grillenburg erreichten. Vgl. Fleischer, Das Kriegsende in Sachsen 1945, S. 135 ff.; vgl. auch Gerhard Steinecke, Der letzte „Abwehrerfolg". Das Ende der Ostfront am Tha-

Einheiten der Roten Armee eingenommen worden war. Die Erstürmung des eigenen „Hauptquartiers" vor Augen, setzte er sich zusammen mit Schmiedel am 8. Mai in einem Pkw in Richtung Altenberg ab, ohne allerdings je dort anzukommen und auf die zuvor geflüchtete Gauleitung zu stoßen, die sich inzwischen auf den westlichen Erzgebirgskamm begeben hatte. Da zu allem Überfluss auch noch der Motor des Wagens nach wenigen Kilometern versagte, versuchten die beiden Flüchtlinge in Pirna einen neuen aufzutreiben. Doch der Weg durch das Müglitztal erwies sich aufgrund der eilends abziehenden Wehrmachtpanzer als unpassierbar. So mussten beide in Glashütte übernachten und wurden dort am nächsten Morgen von der einrückenden Roten Armee überrascht. Unter Zurücklassung der wichtigsten persönlichen Gegenstände flüchteten sie gerade noch rechtzeitig in die nahen Wälder, wo sie bis zum Morgen des 10. Mai ausharrten. Zu Fuß machten sie sich nun zurück auf den Weg nach Grillenburg, das jedoch ebenfalls schon unter sowjetischer Besatzung stand. Drei Tage lang versteckten sie sich deshalb außerhalb des Orts in einem Jägerhäuschen. Dort will Mutschmann seine Walther-Pistole entsorgt und mit verschiedenen anderen Unterlagen auch seinen Parteiausweis zerstört haben.[184]

Am Morgen des 14. Mai entschlossen sich Mutschmann und Schmiedel, den versprengten Resten der Gauregierung, der eigenen Frau und dem Kölner Gauleiter Grohé nach Oberwiesenthal zu folgen.[185] Fraglich ist jedoch, ob sie die 90-Kilometer-Strecke zu Fuß zurückgelegt haben, wie der vormalige Gauleiter seinen ersten deutschen Vernehmern noch glaubhaft zu machen versuchte. Dass der psychisch und physisch schwer gezeichnete 66-Jährige in nur einem Tag den Gewaltmarsch geschafft haben soll, erscheint äußerst unwahrscheinlich. Sein beschwörender Hinweis im ersten Verhör, er habe auf diesem Weg „weder mit Polizei- noch mit Wehrmacht-Offizieren in Verbindung gestanden", gibt viel eher zu gegenteiligen Vermutungen Anlass.[186] Wahrscheinlich wollte er Unterstützer schützen, indem er den langen Marsch als Solo-Unternehmen ausgab. Tatsächlich ist davon auszugehen, dass den beiden Flüchtenden zumindest Fortbewegungsmittel zur Verfügung gestanden haben. Fest steht, dass beide Männer am 15. Mai in Oberwiesenthal eintrafen und dort noch eine Nacht inkognito verbrachten.

---

randter Wald (Manuskript vom 2.6.2010). Der Autor dankt Gerhard Steinecke für die Überlassung des Manuskriptes.

184 Ebd.; Abschrift des Festnahmeprotokolls des Gendarmerie-Postens Oberwiesenthal vom 16.5.1945 (StA Annaberg-Buchholz, Loc. 20/204, Nr. 230, Verhaftung von Nazi-Gauleiter Martin Mutschmann, Bl. 3 f.).

185 Den deutschen Vernehmern erklärte Mutschmann, er sei am 15. Mai von Grillenburg aus nach Oberwiesenthal aufgebrochen, dem sowjetischen Offizier, er habe dies am 14. Mai getan. Der 14. Mai 1945 dürfte der wahrscheinlichere Termin gewesen sein. Vgl. ebd. und Verhörprotokoll Martin Mutschmann vom 22.5.1945 (HAIT-Archiv, Akte Martin Mutschmann).

186 Abschrift des Festnahmeprotokolls des Gendarmerie-Postens Oberwiesenthal vom 16.5. 1945 (StA Annaberg-Buchholz, Loc. 20/204, Nr. 230, Verhaftung von Nazi-Gauleiter Martin Mutschmann, Bl. 4).

In der kleinen Stadt an der böhmisch-sächsischen Grenze trafen sie freilich weder auf die versprengten Reste der Gauregierung und Mutschmanns Ehefrau noch auf den Gauleiter-Kollegen aus Köln. Deren Schicksal hatte sich bereits fünf Tage zuvor erfüllt. Die Gruppe, die hier am 7. oder 8. Mai im Sporthotel Quartier bezogen hatte, durfte sich nur noch wenige Tage einer gewissen Autorität erfreuen. Am 10. Mai hatte der Schwarzenberger Landrat Friedrich Hänichen, dessen Territorium unbesetzt geblieben war, ein letztes Mal telefonischen Kontakt mit Mutschmanns persönlichem Referenten Schramm gesucht, um sich mit ihm über finanzielle Fragen zu beraten. Von ihm erfuhr der Schwarzenberger Landrat, dass die „Landesregierung vollkommen zersprengt sei und u. a. auch unbekannt sei, wo sich der Gauleiter bzw. der Reichsstatthalter befindet". Schramm selbst betrachtete laut Hänichens Aktennotiz die „Landesregierung nicht mehr für aktionsfähig und existent und stellt mir anheim, bezüglich des Notgeldes sowie in allen anderen akuten Fragen der inneren Verwaltung selbständig zu handeln".[187] Noch am 10. Mai begannen sich die Reste der kopflosen Gauregierung selbst aufzulösen: Vermutlich aus Angst vor einer sowjetischen Verhaftung griff zuerst Schramm zur Dienstwaffe und beging per „Kopfschuss" Selbstmord. Noch am gleichen Tag endete auch die mitgeflüchtete Stenotypistin durch Suizid. Zwei Tage später wurde überdies der Hitler-Schwager Hammitzsch mit einem „Kopfschuss" tot aufgefunden.[188] Das Ende dieser Gauregierung war in der Tat „kümmerlich".[189] Und sie endete wie sie im Jahre 1933 begonnen hatte – gewaltsam.

Mutschmanns Frau und Joseph Grohé hatten sich an diesen Selbsttötungen nicht beteiligt. Minna Mutschmann war wohl am 10. Mai zuerst in die kleine Gemeinde Tellerhäuser weiter geflüchtet, um dann nach Rittersgrün zu wechseln, wo sie am 14. Mai verhaftet und in sowjetischen Gewahrsam verbracht wurde.[190] Grohé gelang schließlich, was seinem sächsischen „Kollegen" nicht gelingen sollte – unterzutauchen. Im Chaos des Kriegsendes und unter falschen Namen setzte sich der in Sachsen weithin unbekannte Kölner Parteifunktionär in Richtung Westen ab. Allerdings verlor er bei einer Personenkontrolle durch die amerikanische Besatzungsmacht kurzzeitig die Nerven und versuchte vergeblich sich das Leben zu

187 Aktennotiz des Schwarzenberger Landrats Friedrich Hänichen vom 10.5.1945 (KA Aue, Rat des Kreises Schwarzenberg, Nr. 12657, p. 25). Ich danke Lenore Lobeck für den Hinweis auf diese Quelle.

188 Bericht zu den Mitarbeitern des Stabes „Mutschmann" im Mai 1945 im Sporthotel Oberwiesenthal vom 19.11.1981 (BStU, MfS-HA IX/11, AV 14/79, Bd. 24, Bl. 198 f.). Das MfS stützte sich bei seinen Ermittlungen in Oberwiesenthal und im verwandtschaftlichen Umfeld der Getöteten auf Mutschmanns Verhörprotokoll vom 17.5.1945, in dem er die Namen der drei Regierungsmitarbeiter und deren Fluchtweg recht präzise beschrieben hatte.

189 So das spätere Urteil des Gauhauptstellenleiters Mackowski. Abschrift des Gesprächs zwischen Walter Weidauer und Alexander Mackowski vom 24.6.1965 (SächsHStAD, NL Walter Weidauer, V/2.052.010, unpaginiert).

190 Vgl. Lebenslauf Minna Mutschmann vom 8.4.1950 (BStU, MfS-HA IX/11, AV 14/79, Bd. 24, Bl. 330); vgl. auch Artur Ott, Zum Umsturz 1945 in Rittersgrün, o. D. [ca. 1967] (KA Aue, Gemeinde Rittersgrün nach 1945, Nr. 204, Bl. 4).

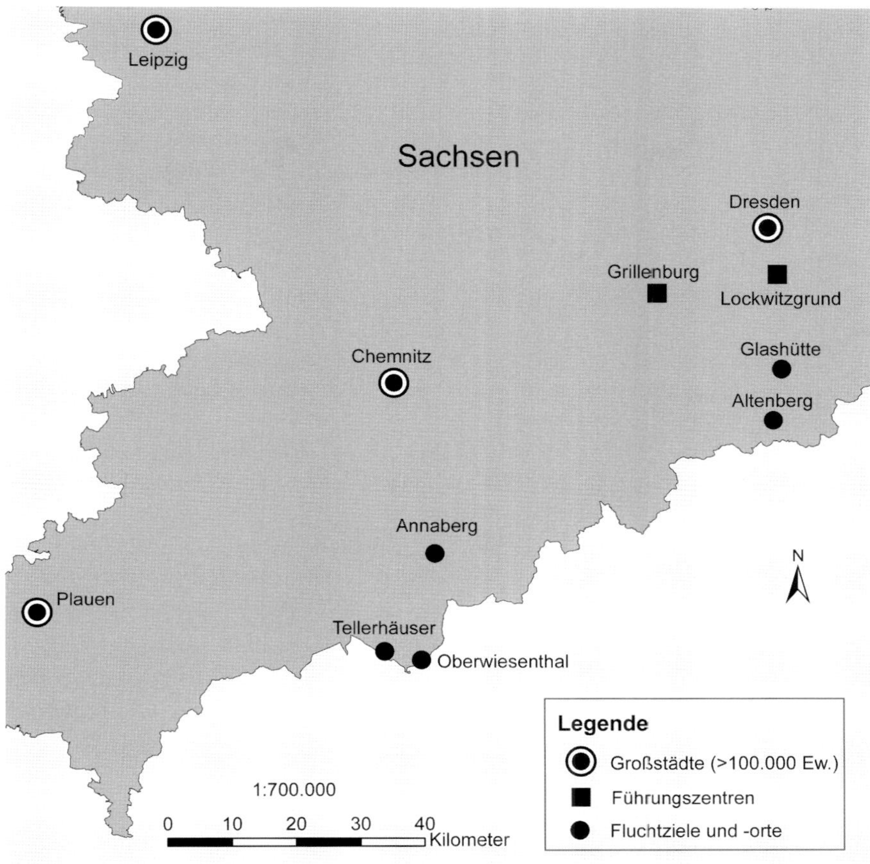

Mutschmanns Fluchtweg im Mai 1945: zuerst in Richtung Altenberg, dann nach Tellerhäuser

nehmen, worauf er seine selbst zugefügten Verletzungen wiederum unerkannt [!] im Stollberger Krankenhaus kurieren konnte. Erst im August 1946 wurde er in der britischen Besatzungszone verhaftet.[191]

Als sich Mutschmann und Schmiedel in Oberwiesenthal aufhielten, dürften sie von der Fluchtroute Minna Mutschmanns Kenntnis erhalten haben. Nur so ist zu erklären, dass beide am 16. Mai zu Fuß in das fünf Kilometer entfernte Tellerhäuser weiter flüchteten, wo der vormalige Gauleiter seine Frau vermutete.[192] In einem

191 Vgl. Zerlett, Joseph Grohé, S. 273; Höffkes, Hitlers Politische Generale, S. 113.

192 So äußerte sich Mutschmann auch in dem Interview mit der sowjetisch redigierten Tageszeitung für die deutsche Bevölkerung vom 2.6.1945: „Der Fronvogt Sachsens, Martin Mutschmann, verhaftet."

etwas abseits gelegenen Bauernhaus kamen sie schließlich unerkannt unter. Doch eine Woche nach Kriegsende musste der prominenteste Kopf der sächsischen NSDAP damit rechnen, bald erkannt zu werden. Und tatsächlich wurde von verschiedener Seite fieberhaft nach ihm gesucht: Bereits am 9. Mai hatte sich eine Gruppe von bewaffneten „ehemaligen KZ-lern" im westlichen Erzgebirge auf die Suche nach Mutschmann begeben. Doch in den von ihnen vermuteten Verstecken, den Jagdhütten im Tellerhäuser, Raschauer und Pöhlauer Revier, wurden sie nicht fündig.[193] Am 15. Mai hatte wiederum die „politische Abteilung" der Chemnitzer „Antifaschistischen Front" die Mitteilung erhalten, dass der Gauleiter zusammen mit dem bisherigen Chemnitzer Kreisleiter auf dem Weg von Annaberg nach Oberwiesenthal gesichtet worden sei. Die Antifa-Front zögerte nicht lange und stellte selbst eine Gruppe zusammen, die mit der Aufgabe betraut wurde, den Aufenthaltsort der Flüchtenden „ausfindig zu machen und sie festzuhalten".[194] Auch im unbesetzten Schwarzenberger Gebiet hatte der dortige „Antifa-Ausschuss" nach dem in der Nähe vermuteten Gauleiter zu suchen begonnen. Die Verhaftung seiner Frau im nahen Rittersgrün dürfte dafür einen zusätzlichen Anhaltspunkt geboten haben. Schwarzenbergs neuer Polizeichef, Paul Korb (KPD), mutmaßte gar, Mutschmann habe sich im Haus des ortsansässigen Industriellen Emil Krauß aufgehalten und sei dann zur böhmischen Grenze geflüchtet.[195]

---

193 Artur Ott, Zusatz zur Mutschmannjagd und noch verschiedenes, o. D. [ca. 1967] (KA Aue, Gemeinde Rittersgrün nach 1945, Nr. 204, Bl. 1).

194 Mitteilung vom 24.5.1945 aus Chemnitz (HAIT-Archiv, Akte Martin Mutschmann). Der mit Mutschmann flüchtige Schmiedel wurde vermutlich von einem Informanten irrtümlicherweise für den Chemnitzer Kreisleiter Schöne gehalten. Dass es sich bei der im Dokument als „politische Abteilung" bezeichneten Formation um eine Untergliederung der ersten Chemnitzer „Antifaschistischen Front" gehandelt haben dürfte, geht aus dem Kontext hervor, zumal für die am 27.5.1945 erneuerte bzw. zweite „Antifaschistische Front" sogenannte „Politische Kommissionen mit Unterabteilungen" nachweisbar sind. Zudem sind in dem ursprünglich deutsch verfassten Dokument Namen von Deutschen genannt, die sich an der Mutschmann-Jagd beteiligten. Zur Genese der Chemnitzer „Antifa" vgl. Jeannette Michelmann, Aktivisten der ersten Stunde. Die Antifa in der Sowjetischen Besatzungszone, Köln 2002, S. 209–244; Rainer Behring, Die Zukunft war nicht offen. Instrumente und Methoden der Diktaturdurchsetzung in der Stadt: Das Beispiel Chemnitz. In: Andreas Hilger/Mike Schmeitzner/Ute Schmidt (Hg.), Diktaturdurchsetzung. Instrumente und Methoden der kommunistischen Machtsicherung in der SBR/DDR 1945–1955, Dresden 2001, S. 155–168, hier 158 ff.; Daniela Schmohl, Antifaschistische Aktionsausschüsse 1945. Ein Vergleich zwischen Chemnitz und Eisleben, unveröffentlichte Magisterarbeit, Leipzig 2003, S. 40–119, hier 80. Ich danke Daniela Schmohl, Rainer Behring und Stephan Pfalzer (Stadtarchiv Chemnitz) für Recherchen in dieser Frage.

195 Paul Korb, Der antifaschistische Aktionsausschuss in Schwarzenberg. In: Republik im Niemandsland. Ein Schwarzenberg-Lesebuch. Hg. von der Rosa-Luxemburg-Stiftung Sachsen, Schkeuditz 1997, S. 28–41, hier 29. Ähnlich auch Wolfgang Kießling, Beierfeld. Erlebnisse in einer Gemeinde der „Freien Republik". In: Ebd., S. 42–57, hier 54. Dass Mutschmann in der Schwarzenberger Krauß-Villa Quartier bezogen habe, hatte u. a. Korb schon 1965 zu Protokoll gegeben. Korb erklärte dort, er habe am 13.5.1945 die Mitteilung erhalten, dass

Diese Vermutung, die sich vor allem auf die Bekanntschaft von Emil Krauß und Mutschmann stützt, widerspricht jedoch der simplen geografischen Logik: Warum sollte der bisherige Gauleiter auf seinem erzgebirgischen Fluchtweg von Grillenburg über Annaberg und Oberwiesenthal nach Tellerhäuser noch einem Umweg über Schwarzenberg genommen haben? Auch in den deutschen und den sowjetischen Unterlagen findet sich kein einziger Hinweis auf ein solches Schwarzenberger Intermezzo.[196] Ungeachtet dessen scheint Paul Korb auch derjenige gewesen zu sein, der dem bekannten Ost-Berliner Schriftsteller Stefan Heym später den Eindruck vermittelt hat, dass Mutschmann sogar von der Schwarzenberger Antifa-Polizei gefasst worden sei.[197] Doch dürfte auch unabhängig von dem Schwarzenberger Polizeichef gerade dieses Gerücht eine frühe Verbreitung gefunden haben, wie ein Bericht aus der zentralen Führung der KPD belegt.[198] Was in der Realität nicht passte, wurde Jahrzehnte später belletristisch passend gemacht: Der von Heym 1984 im Münchner Bertelsmann-Verlag veröffentlichte Schwarzenberg-Roman verschmolz den utopisch überhöhten demokratisch-sozialistischen Neuanfang im unbesetzten Gebiet mit der antifaschistischen Durchschlagskraft der neuen Polizeiorgane: In zwei Kapiteln mit der Überschrift „Die Spur“ und „Der Fang“ wurde der Anschein erweckt, dass Mutschmanns Frau tagelang in der Schwarzenberger Industriellenvilla untergekommen sei und die führenden Männer des hiesigen „Antifa-Ausschusses“ Mutschmann in Tellerhäuser verhaftet hätten. Die Oberwiesenthaler Gendarmen, die ihnen die sowjetische Seite von Annaberg aus geschickt habe, hätten dabei assistiert.[199]

Der Romanerfolg im geteilten Deutschland und der dokumentarische Anschein, der sich gerade in diesen beiden Kapiteln widerspiegelt, schien nicht nur die frühen wissenschaftlichen Arbeiten von DDR-Historikern zu korrigieren,[200] sondern

---

sich Mutschmann in der Krauß-Villa aufhalten würde; Krause behauptete, dieser sei am 9.5.1945 tatsächlich dort gewesen. Vgl. Niederschrift über eine Aussprache mit der Vorsitzenden des Rates des Kreises Schwarzenberg, Jupe, mit Hilde Endt, Paul Korb und Karl Krause am 1.2.1965 (SächsHStAD, NL Walter Weidauer, V/2.052.010, unpaginiert).

196 Im Gegenteil: In einem sowjetischen Geheimdienstbericht wird noch einmal ausdrücklich auf die Route Lockwitzgrund (Grillenburg), Annaberg, Oberwiesenthal, Tellerhäuser Bezug genommen. Vgl. Generalleutnant Meschik an Staatssicherheitsminister Berija vom 24.5.1945 (GARF Moskau, fond 9401, opis 2, delo 96, Bl. 161 f.).

197 Lenore Lobeck, Die Schwarzenberg-Utopie. Geschichte und Legende im „Niemandsland“, Leipzig 2004, S. 28, spricht von „weiteren Details“, die Heym von Korb erhalten habe, da er „offenbar als maßgebend sachverständiger Zeitzeuge angesehen wurde“.

198 Jochen Laufer, „Genossen, wie ist das Gesamtbild?“. Ackermann, Ulbricht und Sobottka in Moskau im Juni 1945. In: Deutschland Archiv, 29 (1996), Heft 3, S. 355–371, hier 360.

199 Stefan Heym, Schwarzenberg, Roman, München 2004 [Erstausgabe 1984], S. 134–161.

200 Noch Werner Groß, Die ersten Schritte. Der Kampf der Antifaschisten in Schwarzenberg während der unbesetzten Zeit Mai/Juni 1945, Berlin (Ost) 1961, S. 52 f., hatte geschrieben: „Am 16. Mai 1945 gelang es Angehörigen der Polizei von Oberwiesenthal, Mutschmann in Tellerhäuser festzunehmen.“ Groß hatte in seinem Buch auch auf die Festnahme- und Vernehmungsprotokolle vom 16. und 17.5.1945 hingewiesen. Der Bericht des Annaberger Tageblattes über die Verhaftung Mutschmanns findet sich im Dokumentenanhang seines Buches (ebd., S. 108 f.).

auch noch die Arbeiten späterer Wissenschaftler zu beeinflussen. Heym selbst bezeichnete bis zu seinem Tod seine Darstellung der Mutschmann-Verhaftung als weitgehend authentisch. Als Beleg dafür präsentierte er eigene Recherchen und Zeitzeugenbefragungen.[201] Dabei waren der DDR-Historiker Werner Groß und selbst Ruth Seydewitz der historischen Realität weitaus näher gekommen als der bekannte Schriftsteller, der mit seinem Roman eine historisch-politische Alternative zur SED-Diktatur skizzieren wollte. Den Führern des Schwarzenberger „Antifa-Ausschusses" gebührt jedenfalls nicht das Verdienst der Mutschmann-Verhaftung, vielmehr prominenten Oberwiesenthaler Nazi-Gegnern und dort beheimateten Gendarmen. Das belegen die Festnahme- und Vernehmungsprotokolle vom 16./17. Mai 1945 und die von Walter Weidauer dokumentierten Zeitzeugenaussagen von 1965. Beide Dokumente ergeben ein übereinstimmendes Bild.

Danach hatte der erst vor wenigen Tagen eingesetzte Oberwiesenthaler Bürgermeister Hermann Klopfer (SPD) am frühen Abend des 16. Mai einen Anruf aus Tellerhäuser erhalten, dass sich Mutschmann im Haus des Kohlenhändlers Kaufmann befinde. Wer der Anrufer war – ob ein „Evakuierter", der im selben Hause wohnte, oder die Frau eines im Ort versteckten „Halbjuden" –, bleibt offen.[202] Fest steht, dass Klopfer sofort reagierte: Nach der Schilderung seines Stellvertreters Max Langer (KPD) nahm er die Sache selbst in die Hand und „organisierte" in kurzer Zeit drei Gendarmen aus dem eigenen Ort und „einige Antifaschisten". Bei den Antifaschisten handelte es sich um Langer selbst und vier andere Ortsansässige, darunter drei SPD-Mitglieder. Kurz nach 20.00 Uhr verließen neun Personen und zwei Autos Oberwiesenthal in Richtung Tellerhäuser. Vor Ort gingen Klopfer und der Oberwiesenthaler Gendarmerie-Chef Kliemann recht umsichtig zu Werke: Während die Gruppe der Antifaschisten gemeinsam mit einem der Gendarmen das Gebäude umstellte, nahmen Klopfer, Kliemann und ein weiterer Gendarm die Verhaftung der NS-Funktionäre vor. Sie wurden gefesselt ins Gemeindeamt Tellerhäuser gebracht und von dort aus kurz vor Mitternacht nach Oberwiesenthal geschafft. Noch während der Fahrt soll der bisherige Gauleiter seine Bewacher mit der Behauptung angegangen sein, dass auch er „schon immer für den Sozialismus

201 Stefan Heym an Andreas Wagner vom 7.3.1998. Vgl. Andreas Wagner, „Machtergreifung" in Sachsen: NSDAP und staatliche Verwaltung 1930–1935, Köln 2004, S. 42, Ders., Mutschmann gegen von Killinger, S. 146. Im Nachlass Stefan Heyms in der Cambridge Library konnten allerdings keine weiteren Rechercheunterlagen und Interviews zu „Schwarzenberg" und Mutschmann gefunden werden. Vgl. Christian Staufenbiel (Cambridge University Library) an Verfasser vom 15.1.2010.

202 Interview Walter Weidauers mit Max Langer, o. D., vermutlich 1965 (SächsHStAD, NL Walter Weidauer, V/2.052.010, unpaginiert). Nach Ansicht Langers hatte der Besitzer des Gebäudes, Kaufmann, Mutschmann nicht bewusst geholfen, als er ihn beherbergte. Kaufmann sei stark religiös gebunden gewesen und habe den beiden Flüchtlingen aus diesem Motiv heraus Quartier angeboten. Vgl. auch Niederschrift über eine Aussprache mit Bürgermeister Illig vom 1.2.1965 (ebd.); Ruth Seydewitz, Die Verhaftung des „Königs Mu". In: Wochenpost, Nr. 45 von 1955, S. 3.

Das Haus im erzgebirgischen Tellerhäuser (oben links), wo Mutschmann am 16. Mai 1945 verhaftet wurde

gekämpft" habe, was von Klopfer mit der mokanten Bemerkung „aber für den falschen!" kommentiert worden sei.[203]

Zehn Jahre später stand freilich nicht mehr Klopfer im Mittelpunkt der DDR-offiziösen Verhaftungswürdigung, sondern sein damaliger Stellvertreter Langer. In einem größeren Beitrag für die damals viel gelesene Zeitschrift „Wochenpost" schrieb Ruth Seydewitz, die Frau des vormaligen sächsischen Ministerpräsidenten, die Erstürmungsaktion dem Kommunisten zu. Er habe mit ungeladenem [!] Revolver und brüllender Stimme Unbeteiligte und Nazi-Funktionäre gleichermaßen überrascht.[204] Blieb Klopfers Rolle deswegen unterbelichtet, weil er als Bürgermeister zwischenzeitlich wegen „Sozialdemokratismus" seinen Hut hatte nehmen

---

203 Interview Walter Weidauers mit Max Langer, o. D., vermutlich 1965 (SächsHStAD, NL Walter Weidauer, V/2.052.010, unpaginiert). Vgl. auch Abschrift des Festnahmeprotokolls des Gendarmerie-Postens Oberwiesenthal vom 16.5.1945 (StA Annaberg-Buchholz, Loc. 20/204, Nr. 230, Verhaftung von Nazi-Gauleiter Martin Mutschmann, Bl. 1). Der Wortwechsel Klopfer-Mutschmann erscheint fast deckungsgleich in: Freie Presse Zwickau vom 5.1.1961: „Nochmals Fall Mutschmann".

204 Seydewitz, Die Verhaftung des „Königs Mu". Der von Seydewitz bei der Verhaftungsaktion besonders herausgestellte Max Langer hat dieser Lesart im Weidauer-Interview übrigens selbst widersprochen. Vgl. Interview Walter Weidauers mit Max Langer, o. D., vermutlich 1965 (SächsHStAD, NL Walter Weidauer, V/2.052.010, unpaginiert).

müssen?[205] Nur einmal noch gelang es Klopfer, die Verhaftungsaktion in einem regionalen Blatt zu beschreiben und damit neuen, weitaus märchenhafteren Darstellungen entgegenzutreten.[206]

In der Nacht zum 17. Mai 1945 stand Klopfer freilich noch im Zentrum des Interesses: Vom Rathaus Oberwiesenthal aus informierte er sofort die Polizei der Kreisverwaltung Annaberg, die ihrerseits rasch reagierte und den „starken Mann“ der Region einschaltete: Paul Schwarzer, den „politischen Kommissar“ der KPD. Schwarzer, der bereits am 10. Mai vom sowjetischen Stadtkommandanten die Erlaubnis erhalten hatte, eine KPD zu gründen, fungierte seither „im Namen“ der Partei als „Alleinherrscher“ des gesamten Gebietes.[207] Von daher war es nur folgerichtig, dass sich Schwarzer zuerst für den „Fang“ (Stefan Heym) interessierte. Zusammen mit mehreren deutschen Begleitern und einem sowjetischen Offizier machte er sich noch in derselben Nacht auf den Weg nach Oberwiesenthal, wo er im Rathaus die Gefangenen um 02.00 Uhr früh von Klopfer und Kliemann übernahm.[208] Während der nächtlichen Übergabe hatte Schwarzer den wichtigsten Gefangenen „nicht besonders verhört“, sich aber „nicht enthalten“ können, ihn „anzuspucken“. Später habe er sich gesagt, dass es „eigentlich ein Fehler von ihm gewesen sei“.[209]

---

205 Zur Person und Beurteilung Klopfers vgl. Weil, Entmachtung im Amt, S. 221 f. und 232.

206 15 Jahre nach der Verhaftungsaktion präsentierten SED-Bezirkszeitungen unter der Rubrik „Episoden aus der Geschichte der deutschen Arbeiterbewegung“ groß aufgemachte fiktive Darstellungen von angeblichen „Zeitzeugen“, die nach Protesten Klopfers widerrufen und durch einen kurzen Bericht Klopfers „ergänzt“ werden mussten. Als eine weitere SED-Bezirkszeitung eine neuerliche fiktionale Darstellung brachte, wurden westdeutsche Zeitungen aufmerksam und schilderten das ostdeutsche „Skandalon“. Vgl. Volksstimme Chemnitz der SED vom 26.11.1960: „Wie wir Mutschmann verhafteten“; Freie Presse Zwickau der SED vom 7.11.1960: „Angst schüttelte den Verbrecher“; Freie Presse Zwickau der SED vom 5.1.1961: „Nochmals Fall Mutschmann“; Die Welt vom 10.2.1961: „Genosse Reinel hatte Phantasie. ‚Arbeiterforscher‘ der Zone erzählen spannende Geschichten“. Zur medialen Auseinandersetzung vgl. ausführlicher Mike Schmeitzner, Martin Mutschmann. In: Matthias Donath/André Thieme (Hg.), Sächsische Mythen. Menschen – Orte – Ereignisse, Leipzig 2011, S. 259–269, hier 266 f.

207 Zur Lage in Annaberg und zur kurzzeitigen Existenz einer „Sowjetrepublik“ unter Schwarzers Regie vgl. Mike Schmeitzner/Stefan Donth, Die Partei der Diktaturdurchsetzung. KPD/SED in Sachsen 1945–1952, Köln 2002, S. 70; Weil, Entmachtung im Amt, S. 119–124.

208 Vgl. Abschrift des Festnahmeprotokolls des Gendarmerie-Postens Oberwiesenthal vom 16.5.1945 (StA Annaberg-Buchholz, Loc. 20/204, Nr. 230, Verhaftung von Nazi-Gauleiter Martin Mutschmann, Bl. 1). Der Festnahmebericht stammte von Kliemann, darunter war auf demselben Blatt der genaue Zeitpunkt vermerkt, an dem Schwarzer die Gefangenen „übernommen“ hatte; Klopfer wiederum bürgte mit seinem Namen für die Richtigkeit der Angaben.

209 Bürgermeister Fritz Ullmann (Annaberg) an Max Seydewitz vom 10.2.1956 (ebd., Bl. 19). Ullmann hatte kurz zuvor Schwarzer um einen Bericht zur Mutschmann-Verhaftung gebeten und diesen in seinen Brief eingebaut.

Erst in Annaberg wurde der bisherige Gauleiter von Schwarzer intensiv vernommen, weil sich dieser ein „Bild über die Ereignisse in Dresden und Mutschmanns Verhalten" machen wollte. Allerdings legte er darüber keine Aufzeichnungen an. So ist das am 17. Mai entstandene Verhörprotokoll des diensthabenden Revier-Oberleutnants der Schutzpolizei Annaberg das einzige schriftliche Zeugnis von deutscher Seite, in dem der Gefangene zu seiner Herkunft, seinen Vermögensverhältnissen und seiner einwöchigen Flucht Auskunft erteilte.[210] Von äußerst zweifelhaftem Wert ist hingegen der Bericht einer gewissen Lotte Kautzner über „Mutschmanns Verhaftung", der gleichfalls in der Annaberger Mutschmann-Akte aufbewahrt wird. Schon Schwarzer war der Meinung, dass „man dem Protokoll der Gen. Kautzer keine Bedeutung beimessen könne, da es Dichtung und Wahrheit und eigenes Empfinden enthalte".[211] Und in der Tat enthielt dieses „Protokoll" allein so viele Klischees über Mutschmann („Jammergestalt", „Trauerkloß", „vollgefressen, mit blöden Augen" usw.) und derart absurde Darstellungen, dass es die Verhaftungsaktion und den weiteren Ablauf des 17. Mai eher verdunkelt als erhellt.[212]

Ein besonders markantes Beispiel für Kautzners „Dichtung und Wahrheit" ist die Zurschaustellung des früheren Gauleiters auf dem Marktplatz von Annaberg, die sich am 17. Mai tagsüber tatsächlich ereignete. „Im Laufe des Vormittag", so berichtete Kautzner, „stürmte die Annaberger Bevölkerung aufs Rathaus und verlangte ‚Zeigt uns den Verbrecher, wir wollen ihn sehen, der das Elend verantworten muss'." Die „Volksmasse" hätte Mutschmann „am liebsten zerrissen". Erst nach einigem Überlegen sei dem Drängen nachgegeben worden, wobei sich zu Mutschmanns Schutz ehemalige Buchenwaldhäftlinge [!] angeboten haben sollen, ein „feines Spalier vom Gefängnis bis zum Marktplatz" zu bilden.[213] Demgegenüber erklärte Schwarzer, dass ihm „nichts bekannt" sei, dass die „Annaberger Bevölkerung verlangt habe, Mutschmann und Schmiedel zu sehen". Er widersprach auch Kautzners Darstellung, wonach noch andere NS-Potentaten wie der Chemnitzer Kreisleiter Hans Schöne zur Schau gestellt worden seien. Erinnerlich waren ihm lediglich die ganz in der Nähe erfolgten Verhaftungen des Chemnitzer Oberbürgermeisters und des früheren sächsischen Wirtschaftsministers Lenk.[214]

Die Tatsache, dass Mutschmann „ausgestellt" worden war, bestätigten aber sowohl Kautzner und Schwarzer als auch das zeitnah erschienene „Annaberger Tageblatt", der sowjetische Geheimdienst und die zentrale Führung der KPD, die Anfang Juni 1945 sogar in Moskau über die „Aktion" berichtete. Die Lokalzeitung

---

210 Abschrift des Vernehmungsprotokolls vom 17.5.1945 (StA Annaberg-Buchholz, Loc. 20/204, Nr. 230, Verhaftung von Nazi-Gauleiter Martin Mutschmann, Bl. 2–5.).

211 Bürgermeister Fritz Ullmann (Annaberg) an Max Seydewitz vom 10.2.1956 (ebd., Bl. 19).

212 Lotte Kautzner, Mutschmanns Verhaftung, o. D. (ebd., Bl. 6–8). Kautzners Bericht muss zeitnah entstanden sein, da ein Landratsstempel mit Datum vom 4.8.1945 auf einer weiteren überlieferten Kopie erhalten ist. (SächsStAC, 30401 Kreistag Annaberg, Nr. 357/3, Bl. 2).

213 Lotte Kautzner, Mutschmanns Verhaftung, o. D. (StA Annaberg-Buchholz, Loc. 20/204, Nr. 230, Verhaftung von Nazi-Gauleiter Martin Mutschmann, Bl. 7).

214 Bürgermeister Fritz Ullmann (Annaberg) an Max Seydewitz vom 10.2.1956 (ebd., Bl. 19).

erklärte ihren Lesern zwei Tage nach dem „Ereignis": „Nun stand er auf dem freien Denkmalsockel des Annaberger Marktplatzes. Diesmal nicht umgeben von dem Kometenschweif seiner Parteibonzen, sondern am Pranger zusammen mit einem Mordgesellen des ‚Werwolf' und zwei weiteren Betrügern seines Schlages; nicht mit goldenen Tressen oder dem Lametta faschistischer Kriegsbemalung, sondern in der ganzen Jämmerlichkeit seiner kümmerlichen Person."[215] Mit anderen Worten: Es waren eher niedrige Chargen, die neben Mutschmann Platz nehmen mussten. Das Lokalblatt enthüllte aber auch, wer denn für die Mutschmann-„Aussstellung" verantwortlich zeichnete: Es war der neue Annaberger Bürgermeister Max Schmitt (KPD),[216] der das „Ereignis" mit einer kurzen Rede auf dem Marktplatz begleitete: Er gab seiner „Genugtuung darüber Ausdruck, dass es der Antifaschistischen Aktion nach langer, mühevoller Fahndung gelungen sei, die Öffentlichkeit von diesen Verbrechern zu befreien". Folgt man dem „Tageblatt", dann hätten die „zahlreich Versammelten [...] begeistert zugestimmt".[217] Wie hoch allerdings der Anteil derer war, die aus eigenem Entschluss an dieser öffentlichen Abrechnung teilnahmen, lässt sich nicht mehr eindeutig sagen. Zu berücksichtigen ist, dass die sowjetische Besatzungsmacht die komplette Aktion kontrollierte, was eine Antwort auf die Frage, ob es sich nun eher um eine spontane und freiwillige Mobilisierung oder um organisierten Distanzierungsdruck handelte, erschwert.

Was aber verbarg sich überhaupt hinter dieser Form der öffentlichen Abrechnung? Und warum hatten Klopfer, Schwarzer oder Schmitt auf Lynchjustiz verzichtet? Zweifellos war es dem Annaberger Bürgermeister als Initiator der Marktplatz-Aktion[218] darum gegangen, den vormaligen Provinzdespoten öffentlich zu demütigen und zu demontieren. Die Art der Abrechnung dürfte dabei vor dem Hintergrund zu sehen sein, dass Annaberg eine der frühen Hochburgen der NSDAP gewesen war und hier sowohl Adolf Hitler (erstmals 1929!) als auch Martin Mutschmann öffentlich gesprochen hatten;[219] Letzterer sogar sehr häufig und

215 Annaberger Tageblatt vom 19./20.5.1945: „Naziverbrecher und Werwolfbanditen am Pranger. Martin Mutschmann mit anderen Mordgesellen und Volksbetrügern zur Schau gestellt".

216 Zur Person Schmitts vgl. Weil, Entmachtung im Amt, S. 138 ff.

217 Annaberger Tageblatt vom 19./20.5.1945: „Naziverbrecher und Werwolfbanditen am Pranger. Martin Mutschmann mit anderen Mordgesellen und Volksbetrügern zur Schau gestellt".

218 Vgl. Generalleutnant Meschik an Staatssicherheitsminister Berija vom 24.5.1945 (GARF Moskau, fond 9401, opis 2, delo 96, Bl. 161 f.).

219 Hitler hatte erstmals am 17.4.1929 in der „überfüllten Festhalle" von Annaberg gesprochen. „Der Nationalsozialismus". Sonderbeilage des Annaberger Wochenblatt vom 23./24.9.1933: „10 Jahre Nationalsozialismus im Obererzgebirge"; zu Mutschmanns Auftritten vgl. u. a. Illustriertes Erzgebirgisches Sonntagsblatt vom 23.7.1933; Dresdner Nachrichten vom 25.9.1933, Allgemeine Zeitung Chemnitz vom 26.9.1933; Obererzgebirgische Zeitung vom 11.6.1934; Illustriertes Erzgebirgisches Sonntagsblatt vom 19.1.1936; Weil, Entmachtung im Amt (Bildteil: Abb. 1 und 4). Zur NS-Entwicklung in Annaberg vgl. ebd., S. 36–49; aus NS-Sicht Erich Lang, Kampf und Sieg der nationalsozialistischen Bewegung im Grenzlandkreis Annaberg/Obererzgebirge! In: Friedrich Köhler (Hg.), Vom silbernen Erzgebirge. Kreis Annaberg. Geschichte, Landschaft, Volkstum. Bd. 1, Schwarzenberg 1938, S. 218–235.

auch auf diesem Platz. Lynchjustiz war hingegen weder von deutscher noch von sowjetischer Seite gewollt. Beide Seiten hatten ein großes Interesse daran, NS-Potentaten vor Gericht zu stellen. Selbst Kautzner resümierte am Ende ihres über weite Strecken hochemotionalen Textes: „Sie [die NS-Führer] werden ordentlichen Gerichten zugeführt, damit sie das verantworten, was sie über das Volk gebracht haben."[220] Sieht man einmal von Schwarzers Spuckattacke bei der Mutschmann-Übernahme ab, dann fällt auf, mit welch erstaunlich großer Disziplin die deutsche Antifa bei der Verhaftung ihrer einstigen Peiniger vorging.[221] Dass der „sächsische Mussolini" wie sein italienisches Vorbild erschossen und aufgehängt worden wäre, ist hier nur schwer vorstellbar.

Die Form der öffentlichen Abrechnung verfehlte ihre Wirkung jedenfalls nicht: Informationen darüber verbreiteten sich wie ein Lauffeuer. Wenige Wochen später hatte die Nachricht sogar Moskau erreicht. Dafür sorgten der sowjetische Geheimdienst sowie die KPD und die Leiter ihrer drei Initiativgruppen (Walter Ulbricht, Anton Ackermann, Gustav Sobottka), die in ihrem Moskauer Rapport gerade diese Aktion erwähnten. Der für Sachsen zuständige Ackermann versuchte hiermit offensichtlich die „antifaschistische" Reife der deutschen Bevölkerung herauszustreichen, als er erklärte: „Die Bevölkerung hilft und hilft gut – das bestätigen sogar die Organe der Roten Armee –, Nazi-Verbrecher zu entlarven und unschädlich zu machen. So den Gauleiter Mutschmann, diesen sächsischen Hitler, wie man ihn nannte – Arbeiter haben ihn im Wald entdeckt. Die Rote Armee war noch nicht da. Einer der Arbeiter erkannte ihn, teilte es den anderen mit, und sie haben ihn festgenommen, ausgezogen und in Unterhosen durch die Stadt geführt, und dann haben sie ihn auf den Sockel gesetzt, wo vorher Hitler stand. Dort versammelten sich riesige Menschenmengen, die ihn beschimpften und bespuckten. Eine ziemlich unangenehme Angelegenheit für Mutschmann."[222] Dass Ackermann nicht selbst in Annaberg gewesen war, lässt dieser Bericht erkennen[223] – zu viele Ungenauigkeiten und Ungereimtheiten ziehen sich durch seine Darstellung, die längst durch Dritte gefiltert war.

Doch es sind nicht diese „Kleinigkeiten", die aufhorchen lassen, sondern die Sprache und die Logik der Argumentation bei Kautzner, Ackermann und dem Lokalblatt. Für das „Annaberger Tageblatt" waren Mutschmann & Co. „verblödete Nazi-Götzen", „Mordgesellen", „Schieber und Volksbetrüger" sowie „gemeine

---

220 Lotte Kautzner, Mutschmanns Verhaftung, o. D. (StA Annaberg-Buchholz, Loc. 20/204, Nr. 230, Verhaftung von Nazi-Gauleiter Martin Mutschmann, Bl. 8).

221 Später beklagte sich Mutschmann darüber, dass er nach der Verhaftung geschlagen worden sei. Inwieweit dies tatsächlich den Gegebenheiten entsprach und wo dies gegebenenfalls passierte (Tellerhäuser, Oberwiesenthal, Annaberg), ließ er offen. Vgl. Protokoll der abschließenden Gerichtsverhandlung des Militärkollegiums des Obersten Gerichts der UdSSR vom 30.1.1947 (HAIT-Archiv, Akte Martin Mutschmann).

222 Laufer, „Genossen, wie ist das Gesamtbild?", S. 362 f.

223 Ackermann betonte sogar ausdrücklich, dass er es „nicht geschafft habe hinzukommen" (ebd., S. 360).

Volksverbrecher". Folgerichtig bedurfte es einer „gründlichen Reinigung des Volkskörpers von den verbrecherischen Elementen des Nazi-Regimes".[224] Hier wurde die Sprache des Dritten Reiches, die LTI[225] (Victor Klemperer), zumindest partiell weiter benutzt. *Die* Bevölkerung oder *die* Arbeiter (Ackermann) aber waren die „Belogenen und Betrogenen" (Kautzner), die „gezwungen" worden waren, die „Nazi-Götzen" anzubeten.[226] Diese Art der sprachlichen und argumentativen Auseinandersetzung kam auch in einem weiteren Artikel des Lokalblatts zum Ausdruck, der ein „Hamsterlager Mutschmanns" thematisierte und so das System und die Person zu delegitimieren versuchte. Mit Blick auf das aufgefundene Grillenburger Lebensmittellager hieß es über den vormaligen Gauleiter: Er habe es verstanden, „sich nach außen hin als verhältnismäßig bescheidener Biedermann zu tarnen", sei aber ein „durchtriebener Gauner, der nicht nur sein kostbares Gauleiterleben rechtzeitig in Sicherheit zu bringen suchte, sondern als krasser Egoist das Wohl seines eigenen Magens weit über das Wohlergehen seiner sächsischen Volksgenossen stellte". Selbstverständlich hatten solche „selbstsüchtigen Nazi-Bonzen" das Volk wieder nur „betrogen und begaunert".[227]

Die Personalisierung und Dämonisierung fand ihren Höhepunkt auf der politisch kriminellen Ebene. So hieß es über Mutschmann: „Er ist nicht nur Mitschuldiger an den entsetzlichen Greuel[n], die auch in sächsischen Arbeits- und Konzentrationslagern verübt wurden, sondern er ist – und das wollen wir niemals vergessen! – auch der Mörder unserer Frauen und Kinder, die er als Reichsverteidigungskommissar von Sachsen gewissenlos in die Vernichtung des Luftkrieges trieb."[228] Nun besteht kein Zweifel daran, dass Mutschmann tatsächlich für solche und andere Taten eine hohe persönliche Verantwortung trug. Doch wurde damit nicht gleichzeitig auch ein großer Teil der Bevölkerung, der ihn und sein System erst möglich gemacht hatte, nachträglich entlastet? Wenn Klemperer im Jahre 1942 Mutschmann als „verhasstesten Mann in Dresden" („auch bei den Ariern, auch bei den Nazis")[229] bezeichnete, so ist das gewiss Ausdruck der historischen Entwicklung, wie sie sich *nach* 1933, mit der Etablierung des „Systems Mutschmann", vollzogen hat. Doch ebenso klar ist auch, dass ein erheblicher Teil der Bevölkerung *vor* 1933 der NSDAP in Chemnitz-Zwickau und ihrem „Aushängeschild" Mutschmann zu Wahlergebnissen verhalf, der ihr sogar reichsweit einen gewissen regionalen Nimbus verlieh.

---

224 Annaberger Tageblatt vom 19./20.5.1945.

225 Lingua Tertii Imperii (LTI).

226 Lotte Kautzner, Mutschmanns Verhaftung, o. D. (StA Annaberg-Buchholz, Loc. 20/204, Nr. 230, Verhaftung von Nazi-Gauleiter Martin Mutschmann, Bl. 6–8).

227 Annaberger Tageblatt vom 24.5.1945. Der Artikel trug den bezeichnenden Titel: „So schwelgten und prassten die Nazi-Schmarotzer".

228 Annaberger Tageblatt vom 19./20.5.1945: „Naziverbrecher und Werwolfbanditen am Pranger. Martin Mutschmann mit anderen Mordgesellen und Volksbetrügern zur Schau gestellt".

229 Klemperer, Tagebücher 1942–1945, S. 190 (Eintrag vom 31.7.1942).

Die öffentliche Delegitimierung des einstigen Gauleiters in Annaberg war freilich nur ein Vorgeschmack auf die weitere Öffentlichkeitsarbeit, die jetzt in den Zuständigkeitsbereich der sowjetischen Militäradministration fiel. Wohl noch am 17. Mai 1945 hatten Vertreter der Chemnitzer „Antifaschistischen Front" mit dem Annaberger Bürgermeister die „Vereinbarung getroffen", Mutschmann nach Chemnitz zu überstellen.[230] Innerhalb von 24 Stunden[231] wurde er tatsächlich in das dortige Polizeigefängnis überführt, wo ihn der sowjetische Geheimdienst übernahm. Unter welchen Umständen diese deutsch-sowjetische Übergabe vonstatten ging, ist nicht überliefert. Ob sich die deutsche Seite sträubte, „ihren" prominenten Gefangenen auszuliefern, wie es der Schriftsteller Heym in seinen Roman zumindest andeutet, bleibt ebenfalls im Dunkeln. Wenn Heym den sowjetischen Offizier zu dem Widerspruch anmeldenden deutschen Kommunisten sagen lässt „*Wir* haben den Krieg gewonnen. Oder?", dann hat er allerdings den alles entscheidenden Punkt getroffen.[232] Wie wichtig dieser Fang für die Besatzungsmacht war, zeigt nicht zuletzt ein Bericht des zuständigen Geheimdienstgenerals der 1. Ukrainischen Front, Pavel Meschik, vom 24. Mai 1945. Sein Bericht über die Verhaftung Mutschmanns war einerseits an den Staatssicherheitsminister Lavrenti Berija adressiert, andererseits standen auf dem Verteiler auch Josef Stalin, Vjatscheslav Molotov und Georgi Malenkov.[233]

Darüber hinaus enthielt der Bericht eine Nachricht, die die neue Situation des Gefangenen schlaglichtartig beleuchtete. Nach der Übergabe an die Besatzungsmacht hatte Mutschmann wohl seine letzten Illusionen über das eigene Schicksal verloren und in der Nacht nach dem ersten Verhör versucht, sich das Leben zu nehmen. In dem Bericht erklärte Meschik dazu: „Im Morgengrauen [des 20.5.] habe ich in einer Kapsel ein Stück einer Rasierklinge eines Sicherheitsrasierapparates gefunden, mit dem er sich bis zu 10 leichte Verletzungen, die keinerlei Gefahr für das Leben darstellen, an den Stellen des Handgelenkes, den Venen der Arme und Beine zugefügt hat."[234]

---

230 Mitteilung vom 24.5.1945 aus Chemnitz (HAIT-Archiv, Akte Martin Mutschmann).

231 Vgl. ebd.

232 Heym, Schwarzenberg, S. 161.

233 Generalleutnant Meschik an Staatssicherheitsminister Berija vom 24.5.1945 (GARF Moskau, fond 9401, opis 2, delo 96, Bl. 161 f.).

234 Ebd.

RUTH SEYDEWITZ

Auf den Spuren einer Zeitungsnotiz

Die Verhaftung des „KÖNIGS MU"

Es war nur eine kleine Notiz, die mir vor einiger Zeit in die Hände fiel, sie war 17 Zeilen lang, und ich fand sie in der obererzgebirgischen Zeitung „Annaberger Tageblatt" vom 17. Mai 1945. Sie enthielt einen Bericht über die Verhaftung des „Königs Mu", wie der verhaßte Nazigauleiter von Sachsen, Mutschmann, im Volksmund genannt wurde. Ich wollte mehr davon wissen. Mich interessierte, unter welchen Umständen Mutschmann verhaftet wurde und ob es darüber und über die Geschehnisse dieser Zeit dokumentarische Berichte gibt.

Von all dem, was sich beim Zusammenbruch der Naziherrschaft ereignete, wissen die Menschen heute nur sehr wenig. Zehn Jahre sind seither vergangen, und wir hatten anderes und Wichtigeres zu tun, als alle Einzelheiten aus der für das deutsche Volk so furchtbaren Zeit des Faschismus aufzuschreiben und alles das gewissenhaft zu notieren, was bei uns nach der Zerschlagung der Naziherrschaft geschah. Mit der Notiz im „Annaberger Tageblatt" hatte ich eine Spur gefunden, die ich an Ort und Stelle verfolgen wollte. Ich will erzählen, was ich dabei erlebte.

Der „unschuldige" Nazistatthalter

Ich versuchte zunächst in der Kreisstadt Annaberg die Aktenunterlagen über den Vorfall zu erhalten. Der Bürgermeister war durchaus bereit, meinen Wunsch zu erfüllen. „Ja", erklärte er, „ich kann tatsächlich einiges zur Aufklärung beitragen; denn mir fiel vor kurzem ein Aktenstück in die Hand, das eingestampft werden sollte. Bei der Durchsicht dieses Aktenstückes fand ich z u f ä l l i g ein Protokoll, das nach der Einlieferung des in Tellerhäuser verhafteten Mutschmann in Annaberg aufgenommen wurde."

Mit Erstaunen las ich in diesem Protokoll, wie „heldenmütig" sich Mutschmann beim anglo-amerikanischen Terrorangriff auf Dresden am 13. Februar 1945 verhalten habe und daß er ebenso wie die Dresdner Bevölkerung die Schrecken dieses Luftangriffs in seiner Wohnung miterlebt hätte. Wörtlich heißt es da: „Nach dem ersten Angriff fuhr ich durch die Stadt, um mich von den Schäden zu überzeugen. Während dieser Tätigkeit erfolgte der zweite Angriff. Ich begab mich ins Albertinum (Befehlsstelle der Polizei). Nach diesem Angriff bin ich wieder in die Stadtgebiete gefahren und habe Dresden nicht verlassen. Meine Familie befand sich ebenfalls in Dresden in meiner Wohnung. Ich wurde bei diesem Angriff ausgebombt ..."

„Donnerwetter!" entfuhr es mir. Jeder Dresdner, der die Tage des anglo-amerikanischen Terrorangriffs in Dresden erlebt hat, weiß, daß an diesen protokollarisch festgehaltenen Angaben Mutschmanns kein Wort wahr ist. Weil Mutschmann durch seine Verbindung mit dem amerikanischen Agenten Noble genau wußte, daß und wann der Angriff auf Dresden erfolgte, hatte der Herr Statthalter rechtzeitig die Möbelwagen bestellt und alle Kostbarkeiten in Sicherheit bringen lassen. Bei Beginn des Angriffs waren er und seine Familie längst über alle Berge und in Grillenburg in Sicherheit.

Auch die übrigen Angaben des Herrn Mutschmann wurden in dem Protokoll ohne jeden Kommentar festgehalten, nicht durch besondere Fragen ergänzt, und nichts, aber auch gar nichts läßt darin erkennen, welcher Verbrecher festgenommen wurde. Nichts habe der Herr Statthalter dafür gekonnt, daß die Bevölkerung hungerte, in seinen eigenen Kellern aber riesige Lager voller Lebensmittel gefunden wurden. Nichts habe der Herr Statthalter auch nur davon gewußt, daß Hunderttausende Menschen in die Konzentrationslager geworfen, schlimmer als Tiere gehalten, ermordet oder vergast wurden. Nichts von all dem Elend habe er verschuldet, so beteuerte Mutschmann in dem Protokoll. Einen wahren Unschuldsengel hatte man in jener Nacht vom 16. zum 17. Mai festgenommen. So hatte es Herr Mutschmann zu Protokoll gegeben und als wahr und richtig abgezeichnet.

Mutschmann nach seiner Festnahme

Ein Nazipolizeioffizier schreibt Geschichte

Inzwischen war auf meine Bitte einer der wenigen Menschen herbeigerufen worden, die damals die Dinge persönlich miterlebt hatten. Der nach dem 8. Mai 1945 eingesetzte Bürgermeister Schmidt betrachtete ebenfalls das Protokoll, das ihm bisher nicht bekannt war. Auch er mußte den Kopf schütteln, als er Mutschmanns Unschuldsbeteuerungen las. „Es ist doch seltsam, daß der Mann, der die Vernehmung zu führen hatte und der das Protokoll gegengezeichnete, keine Fragen stellte, sondern einfach alles akzeptierte, was ihm aufgetischt wurde", stellte ich fest. „Wer war denn dieser Däumig, der das Protokoll hier geschrieben hat?"

Die beiden Männer sahen sich einen Augenblick an und kratzten sich wie auf Verabredung den Kopf. „Revieroberleutnant der Schupo und Kommandeur der Polizei in unserer Stadt. Er war ein Nazi, den wir sechs Wochen später verhafteten."

Einem solchen Mann hatte man es überlassen, die Vernehmung eines der größten Naziverbrecher durchzuführen und das Protokoll aufzunehmen. Und das von dem nazistischen Polizeioffizier unterzeichnete Protokoll war das einzige amtliche Aktenstück, das den Chronisten über jene Vorgänge unterrichtet! Nach unserer Unterredung versprach der Bürgermeister, dafür zu sorgen, daß zu diesem Protokoll ein Zusatzprotokoll geschrieben wird, in dem vermerkt werden soll, wer der Protokollant gewesen ist.

Ein Augenzeuge erzählt

Ich mußte weiterforschen und fuhr nach Tellerhäuser, wo ich Einzelheiten über den Vorfall erfuhr. In diesem nahe dem Fichtelberg lieblich gelegenen kleinen Ort hatte Mutschmann in der Nacht seiner Verhaftung geschlafen. Der dortige Bürgermeister, der zu jener Zeit nicht in Tellerhäuser lebte, war über Einzelheiten nicht unterrichtet. Er mußte mir sagen, daß es bei ihm überhaupt keine Unterlagen darüber gibt. Er selbst hatte auch nur vom Hörensagen Kenntnis von den Vorgängen erhalten. Aber der Bauer Kaufmann, bei dem Mutschmann und sein Kumpan, der Wehrwolfführer Schmiedel, Zuflucht gesucht hatten, konnte darüber etwas erzählen.

Jung ist er nicht mehr, der Bauer, der damals auch zugleich Kohlenhändler war. Aber er erinnert sich sehr gut daran, daß am 16. Mai zwei Gestalten auf sein am Rande des Dorfes liegendes Gehöft zukamen. Ihrer Kleidung nach zu schließen, mußten sie schon längere Zeit in den Wäldern herumgestrolcht sein. Die Schuhe waren verschlissen, und die Hubertusmäntel sahen nicht sehr neu und elegant aus. Die beiden Männer baten den Bauern um ein Nachtlager. Sie erhielten es, und niemand wunderte sich über die beiden Männer und ihr Aussehen. Denn in jenen Tagen zogen Ströme von Flüchtlingen, Soldaten der faschistischen Wehrmacht, ehemalige Insassen von Konzentrationslagern und ausländische Zwangsarbeiter durch das Land und suchten irgendwo in den Gehöften Unterkunft, Wasser zum Trinken und Waschen und irgend etwas zu essen. Im Gasthaus Tellerhäuser gebar eine Frau sogar ein Kind. Und niemand hätte wohl erfahren, wer in dem Gehöft des Bauern Zuflucht und wahrscheinlich den Übergang zu den nicht viel mehr als 40 Kilometer entfernt stehenden Amerikanern suchte, wenn nicht zufällig die Frau eines Halbjuden, der schon längere Zeit bei seinem Schwiegervater im Ort mehr oder weniger illegal gelebt hatte, Milch bei dem Bauer Kaufmann geholt hätte. Sie erkannte Mutschmann und verlangte die Meldung an den Bürgermeister. Sie sorgte auch dafür, daß der Bürgermeister von Oberwiesenthal verständigt wurde, der dann alles Weitere unternehmen sollte.

Das Haus wird umstellt

Ich war froh, soviel in Tellerhäuser erfahren zu haben. Anschließend ging es dann nach Oberwiesenthal. Der ehemalige Bürgermeister Klopfer ist heute schon im Ruhestand, ebenso alle seine Gefährten und Mitarbeiter der damaligen Zeit. Sie waren im Amtszimmer des jetzigen Bürgermeisters zusammengekommen.

Als ich die erste Frage nach den damaligen Geschehnissen stelle, werden sie quicklebendig. Aus der Stimme des ehemaligen stellvertretenden Bürgermeisters Lange klingt beinahe ein wenig Stolz, als er zu erzählen beginnt. „Die Meldung überraschte uns eigentlich nicht so sehr; denn es wurde schon seit Tagen gemunkelt, Mutschmann wäre in der Gegend. Wir hatten nur ein paar Mann zur Verfügung und fürchteten, daß der Kerl einen Haufen SS als Schutzgarde mithatte. Das Gasthaus in Tellerhäuser war überfüllt, und wir nahmen an, daß unter den Menschen aus allen Ländern, die dort Zuflucht gesucht hatten, verkleidete SS-Leute saßen. Mein Revolver war nicht geladen. Aber was half es?. Ich ging ins Gasthaus, brüllte, um mir Respekt zu schaffen, die Leute an und verlangte die Ausweispapiere. Das gleiche machten wir in der Scheune, die ebenfalls voll Menschen steckte. Ich brüllte dermaßen, daß einer der Landser, ein Österreicher, im schönsten Dialekt erschreckt ausrief: „Jessas, da is einer damisch worden!""

Die Alten lachen bei der Erinnerung; denn nun war ja nur noch das Erlebnis und nicht mehr die Schwierigkeit der damaligen Situation übriggeblieben. Und dann berichtet einer nach dem anderen. Wie sie das Haus des Bauern Kaufmann umstellt und dann den ahnungslosen Mutschmann vom Strohsack aufgescheucht hatten; wie der dicke Kerl vollkommen zusammengesackt war, als man ihn verhaftete; wie sie ihn nach Oberwiesenthal transportiert, eine Wäscheleine geholt und im Bürgermeisteramt den Verbrecher an die Zentralheizung festgebunden hatten, und wie sie ihn schließlich in Annaberg ablieferten. „Ein elender Dreckskerl war er", fügte der Fahrer hinzu, der damals das Auto nach Annaberg lenkte. Mutschmann wurde als Kriegsverbrecher verurteilt und ist inzwischen gestorben.

Schreibt das auf, Freunde!

„Und was habt ihr von all dem festgehalten?" fragte ich. „Ihr — nun ihr seid doch nicht mehr die Jüngsten."

Ein verlegenes Lächeln und Schweigen. Nichts, gar nichts ist aufgeschrieben. Alles wird vergessen sein, wenn ...

Es darf und wird nichts vergessen sein. An jede unserer Unterhaltungen schloß sich noch ein ernstes Gespräch an. Ein Gespräch darüber, wie wichtig es ist, jedes einzelne Geschehnis aus der Zeit der tiefsten Barbarei in Deutschland festzuhalten und mit der Chronik, die in jedem Ort jetzt geschrieben werden muß, ein Stück lebendiger Geschichte zu gestalten.

Alle Städte und Dörfer haben etwas zu erzählen über die Verbrechen der Nazis und über den Heldenmut der Männer und Frauen, die gegen den Hitlerfaschismus kämpften, über die großartigen Leistungen der Aktivisten der ersten Stunde und über den Einsatz unzähliger guter Deutscher beim friedlichen Neuaufbau. Forscht aufmerksam, überprüft die bereits vorhandenen Quellen und schließt neue auf. Laßt die Alten von ihren Erlebnissen erzählen, laßt Verschüttetes wiederaufleben. Schreibt jedes Geschehnis auf, aber überprüft die Wahrhaftigkeit aller Angaben.

So kann Stein um Stein zusammengetragen werden zu der Chronik unserer Städte und Dörfer, wie sie der Ministerratsbeschluß unserer Regierung fordert, zu der Chronik des Lebens für unsere Menschen.

Das Haus des Bauern Kaufmann, wo Mutschmann und Schmiedel festgenommen wurden

Fotos: Arch.

Zehn Jahre später: Ein „Wochenpost"-Beitrag von Ruth Seydewitz, der Frau des vormaligen sächsischen Ministerpräsidenten, anhand einer Zeitungsnotiz im „Annaberger Tageblatt" vom 17.5.1945 (in: Wochenpost, Nr. 45 von 1955)

Ein öffentlicher Prozess in Deutschland?

In den ersten Wochen und Monaten nach seiner Verhaftung tat die sowjetische Besatzungsmacht einiges, um den Fall Mutschmann einer größeren Öffentlichkeit bekannt zu machen; Geheimhaltungsgebaren lagen ihr zu dieser Zeit noch ziemlich fern. Ihr ging es zuerst um die öffentliche Abrechnung mit dem nationalsozialistischen System und einem seiner bekanntesten Vertreter sowie um eine juristische Ahndung, wobei in dieser Phase noch nicht klar schien, welches Gericht den Vorzug bekommen sollte. Für die sowjetische Seite war dieser Fang der größte, den sie verbuchen konnte. Außer Mutschmann waren ihr bei Kriegsende nur der brandenburgische Gauleiter Emil Stürtz und der frühere niederschlesische Gauleiter Helmuth Brückner in die Fänge geraten. Erst Mitte 1946 kam – nach Übergabe durch die Briten – der ehemalige Gauleiter Magdeburg-Anhalts, Rudolf Jordan, hinzu. Doch im Vergleich zu Jordan und Brückner (Stürtz starb wohl Ende 1945 in der Haft)[235] hatte der Gauleiter, Reichsstatthalter, Ministerpräsident und Reichsverteidigungskommissar Mutschmann einen ungleich höheren Stellenwert. Zudem konnte die Besatzungsmacht bei ihrer Öffentlichkeitsoffensive davon ausgehen, dass der vormalige Provinzdespot kaum noch über Sympathien in der Bevölkerung verfügte; ja mehr noch, dass er mit seiner protzigen Lebensführung, dem rücksichtslosen Vorgehen in der Endphase des Krieges und den unzulänglichen Luftschutzmaßnahmen in Dresden jetzt als „Buhmann" galt. Hier setzte die sowjetische Propaganda ein, als sie im Mai/Juni 1945 dem Fall Mutschmann erstaunlich breiten Raum einräumte.

Den Hauptstoß führte die Besatzungsmacht über ihr im Mai 1945 in Dresden gegründetes Organ „Tageszeitung für die deutsche Bevölkerung" – ein Parallelblatt der etwa zeitgleich in Berlin aufgelegten „Täglichen Rundschau" der SMAD.[236] Unter der Regie eines sowjetischen Oberstleutnants, der als Chefredakteur fungierte, arbeiteten 20 Redakteure, von denen die Mehrzahl sowjetischer und nur eine Minderheit deutscher Herkunft war. Zu letzteren zählten „umgeschulte" Wehr-

---

235 Nach Höffkes, Hitlers politische Generale (2. überarb. und erweiterte Auflage 1997), S. 346, soll Stürtz am 31.12.1945 „einer unbestätigten Quelle zufolge" in sowjetischer Internierung verstorben sein. Dies könnte mit der mündlichen Mitteilung des Moskauer FSB-Direktors Vassili Christoforov an den Leiter der Dresdner Dokumentationsstelle Klaus-Dieter Müller korrespondieren, wonach keine Verurteilung Stürtz' durch sowjetische Organe vorliege.

236 Beide Blätter deckten zuerst verschiedene Verbreitungsgebiete ab. Während die „Tägliche Rundschau" in ihrer ersten Ausgabe vom 15.5.1945 verkündete, die Zeitung der Roten Armee in Berlin zu sein, galt dies für die „Tageszeitung" mit Blick auf Dresden. Letztere existierte bis Juli 1945; ein Teil der Redakteure kam bei der „Täglichen Rundschau" unter. Vgl. Rudolf Reinhardt, Zeitungen und Zeiten. Journalist im Berlin der Nachkriegszeit, Köln 1988, S. 30.

Preis 15 Pfg.

Tageszeitung

Nr. 11 — für die deutsche Bevölkerung — Sonnabend, 2. Juni 1945

Abschaum der Menschheit

Von W. A. Ruban

Wir bringen in unserer heutigen Nummer den Bericht unseres Mitarbeiters Fritz Sigl über seine Unterredung mit Mutschmann, dem ehemaligen Gauleiter in Dresden. Mutschmann, der Kriegsverbrecher und Kriegsbrandstifter, ist verhaftet und befindet sich in den Händen der russischen Militärbehörden. Ein Abenteurer und Streber von Natur, ein geborener Verbrecher, ein Menschenfeind und Zyniker, war Mutschmann einer von Hitlers nächsten Gehilfen in der Verwirklichung seiner barbarischen Pläne.

Nichts war den Hitlerleuten heilig. Gewissen, Menschenachtung und Ehrlichkeit waren geächtet, ebenso wie all die Menschen geächtet waren, die sich in Deutschland dem Hitlerregime nicht beugen wollten. Gier nach persönlicher Bereicherung, Ehrgeiz, tierischer Egoismus — das waren die Kräfte, die solche Ausgeburten wie Mutschmann um Hitler sammelten.

Sie waren es, die den Krieg vom Zaune brachen, um die Welt zu beherrschen und andere Völker zu knechten. Sie waren es, die unerhörtes Leid über die ganze Welt brachten. Sie opferten Millionen Deutsche, das Leben und den Wohlstand eines ganzen Volkes, um sich selbst gesund zu stellen. Die von ihnen großgezogene SS, dieser Abschaum der Menschheit, verübte bestialische Greueltaten in den von den Deutschen besetzten Gebieten, tötete Greise, schändete Frauen, erschlug Kinder vor den Augen der Mütter. Jahre

Mutschmann verhaftet

Näheres berichten wir auf Seite 3

Ueber Berlin gehißte Siegesfahne nach Moskau gebracht

Am 30. April ging über dem Reichstag in Berlin das rote Banner hoch. Es war die Fahne des Sieges, der Vorbote der völligen und bedingungslosen Kapitulation Hitlerdeutschlands. Noch wurde Unter den Linden gekämpft, noch donnerten die Geschütze auf der Wilhelmstraße und der Leipziger

Generaloberst Bersarin spricht zu den Truppen bei der Uebergabe der Siegesfahne

geworden war für jeden Rotarmisten, Sergeanten und Offizier. In ihren Purpurfarben in der Frühlingssonne schillernd, verkündete sie weithin sichtbar über Berlin: Die Rote Armee hat gesiegt, das Sowjetvolk hat gesiegt. Die auf dem Reichstag gehißte Fahne des Sieges ist zur heiligen Reliquie der Sowjetkrieger geworden.

Dieser Tage wurde beschlossen, diese Fahne als geschichtliches Dokument des Kampfruhmes der Roten Armee nach Moskau zu bringen. Am 20. Mai 1945 nahmen Truppenteile der Roten Armee vor dem Reichstag in Berlin Aufstellung. An der Spitze der Kolonne, in der Infanterie, Sturmgeschütze und Artillerie angetreten waren, stand eine Kapelle. Ueber Beton- und Steintrümmer, über Eisenkonstruktionen kletterten Soldaten auf die Kuppel. Sorgfältig ersetzten sie das rote Banner auf dem Reichstag durch ein neues. Auf der Straße herrschte gespannte Stille. Nur hoch am Himmel in den hellen Strahlen der Maisonne brummte ein Flugzeug. Da ertönte das Kommando:

„Der Fahne unseres historischen Sieges, Achtung!"

Ueber den Reihen der Krieger ertönte die Hymne der Sowjetunion. Eine Gruppe Sowjetoffiziere trägt aus dem Portal des Reichstages die entfaltete Fahne. Sie tragen die Fahne an den Kämpfern um Berlin vorüber und übergeben sie dem Kommandanten der Stadt Berlin, Generaloberst Bersarin.

Der Generaloberst überreicht die Fahne einem Offizier, der sie nach Moskau bringen wird. Die Truppen marschieren an der heiligen Reliquie vorbei. Die Offiziere salutieren, die Soldaten richten sich nach der Fahne aus. Die Kapelle spielt, im Paradeschritt marschiert die ruhmreiche Sowjet-Infanterie vorüber. Die Sturmgeschütze rattern. Kraftwagen mit angehängten Geschützen rollen vorbei. Matt schimmern die Stahlhelme. Im

Mutschmann – der „Abschaum der Menschheit",
in: Tageszeitung für die deutsche Bevölkerung vom 2.6.1945, Dresden

machtsoffiziere, Kommunisten und Sozialdemokraten.[237] Nur wenige Tage nach Erscheinen der ersten Ausgabe, am 31. Mai 1945, gab einer von ihnen mit dem Artikel „‚König Mu'. Enthüllungen eines Dresdners über das Treiben des ehemaligen Nazigauleiters Mutschmann" den Startschuss für die mediale Abrechnung. Darin widmete sich der vermutlich vom Sozialdemokraten zum Kommunisten gewandelte Paul Mochmann[238] der Person des braunen „Sachsenführers", über dessen Verhaftung sich die Zeitung vorerst allerdings ausschwieg.

Für Mochmann und das sowjetische Blatt war der vormalige Unternehmer Mutschmann ein Paradegegner, schien er doch die kommunistische These von der kapitalistischen Urheberschaft des Faschismus geradezu idealtypisch zu personifizieren. In Mochmanns Artikel trat der frühere Gauleiter als ein Mann in Erscheinung, der über Schiebungen im Ersten Weltkrieg sein Unternehmen zu retten versuchte

237 Zur Gründung der Zeitung vgl. ebd., S. 15–31. Reinhardts Buch ist ein autobiographischer Bericht eines der wenigen deutschen Nachwuchsjournalisten der „Tageszeitung".

238 Mochmann stammte aus der SPD und hatte in der Frühzeit der Weimarer Republik sogar für rechtssozialdemokratische Zeitschriften wie „Die Glocke" geschrieben. Vor 1933 war er Redakteur der sozialdemokratischen „Dresdner Volkszeitung" gewesen. Vgl. Handbuch des Vereins Arbeiterpresse. Hg. vom Vorstand des Vereins Arbeiterpresse, Vierte Folge 1927, Berlin 1927, S. 283. Da Reinhardt, Zeitungen und Zeiten, S. 19, ihn als „überzeugten Kommunisten" in Erinnerung hatte, der sich 1945 nur schwer in die vermeintlich überparteiliche Struktur der „Tageszeitung" einzufügen vermochte, muss Mochmann zuvor eine Wandlung vollzogen haben.

und – als das nicht mehr fruchtete – zum „politischen Schieber" aufstieg. Früh unterstützte der Unternehmer Mutschmann die braune „Verbrecherbande", und selbstredend erschien er als derjenige, der Hitler für seine „arbeiterfeindlichen Pläne in kritischen Zeiten der Partei von sächsischen Großindustriellen wiederholt Gelder beschaffte". Da selbstverständlich alles seinen Preis hat, wurde Mutschmann wiederum von Hitler mit dem Gauleiter- und Reichsstatthalterposten belohnt. Zur moralischen Diskreditierung des einstigen „Sachsenführers" führte Mochmann vier größtenteils stichhaltige Punkte an, von denen er annehmen konnte, dass sie bei einem Teil der Dresdner Bevölkerung auf Resonanz stoßen würde: So habe Mutschmann erstens beim Schutz der Dresdner Bevölkerung 1945 versagt und mit dem Bau eines eigenen Bunkers puren Eigennutz bewiesen; er sei zweitens zum „Massenmörder" nicht erst am 13. Februar 1945 geworden, sondern schon vorher – mit dem von ihm beförderten System von Konzentrationslagern, Gefängnissen und der Hinrichtungsstätte am Münchner Platz in Dresden, aus der man die „Schreie der Gemarterten und die Blutgerüche" habe wahrnehmen können; er sei drittens ein „größenwahnsinnig gewordener Spießer" und „Geschäftemacher" gewesen, der sich als „Villenbesitzer von der Comeniusstraße" ein Nachbargrundstück eingegliedert habe und als „Schlossherr von Grillenburg" noch während des Krieges die „Flucht seiner Gemächer neu herrichten ließ". In den Wäldern der Umgebung habe sich „Seine Hoheit" – wie ihn Mochmann ironisch nannte – von der „Menschenschlächterei bei der Jagd auf Tiere" erholt. Ein „Leuteschinder" sei er viertens „bis zuletzt" gewesen, immer bedacht auf selbstherrliche und brutale Auftritte. Am Schluss forderte Mochmann, mit den „letzten Resten der Mutschmannzeit rücksichtslos aufzuräumen". Wer sich gegen den Neuaufbau stelle oder gar das „Rad der Geschichte" zurückdrehen wolle, sei ein „Schandfleck und eine schwere Gefahr für die Allgemeinheit" und müsse „so schnell wie möglich unschädlich gemacht werden".[239] Derartige Drohungen in der Sprache der LTI verband der Dresdner Redakteur mit dem indirekten Hinweis auf ein geplantes juristisches Vorgehen gegen Mutschmann. Und alten NSDAP-Mitgliedern legte er die Behauptung in den Mund, sie hätten nach dem 13. Februar 1945 „heimlich" selbst erklärt, dass „Mutschmann als Massenmörder vor den Staatsgerichtshof gestellt" werden müsste.[240]

Deutlicher als Mochmann wurde nur zwei Tage später eine Ausgabe der „Tageszeitung", die sich dem Thema Mutschmann noch intensiver widmete. Diesmal gab Chefredakteur W. A. Ruban selbst die Richtung vor, als er in seinem Leitartikel „Abschaum der Menschheit" erstmals die Verhaftung des Gauleiters bekanntgab sowie eine neue und härtere Tonart anschlug. Da war die Rede vom „Kriegsverbrecher und Kriegsbrandstifter", vom „Abenteurer und Streber von Natur", vom „geborenen Verbrecher", „Menschenfeind" und „Zyniker". „Gier nach persönlicher Bereicherung, Ehrgeiz, tierischer Egoismus" seien die Triebkräfte solcher „Ausgeburten wie Mutschmann" gewesen. Für den sowjetischen Chefredakteur war klar,

239 Paul Mochmann, König Mu. In: „Tageszeitung" vom 31.5.1945.
240 Ebd.

dass der vormalige Gauleiter der „Hauptschuldige an der Zerstörung dieser Stadt und am Massensterben der friedlichen Bevölkerung" war. Auch Ruban attackierte Mutschmanns eigennütziges Verhalten (Privatbunkerbau bei gleichzeitiger Vernachlässigung des Schutzes der Bevölkerung), doch nannte er auch Gründe, warum Dresden zum Angriffsziel geworden sei: „Er war es, der zusammen mit Hitler Dresden in eine Rüstkammer Deutschlands verwandelte, in ein Pulverfass, d. h. eine Nachschubquelle, die das Material für die Vernichtung friedliebender Völker lieferte."[241]

Sensationeller als dieser Leitartikel musste den ca. 100 000 Dresdner Lesern[242] allerdings ein Interview erscheinen, das im Innenteil der Zeitung fast ganzseitig so überschrieben war: „Der Fronvogt Sachsens, Martin Mutschmann, verhaftet. Das Porträt eines politischen Verbrechers – Selbstgeständnis eines Nazis – Der nazistische Volksbetrug an Dresden und den Sachsen."[243] Das Interview mit Mutschmann führte mit Fritz Sigl ein deutscher Redakteur und Ex-Wehrmacht-Leutnant, der „über das ‚Nationalkomitee Freies Deutschland' den Weg von der Gefangenschaft über die ‚Antifa' bis in militärische Einheiten der Sowjetarmee gegangen" war.[244] Ob es sich dabei wirklich um ein Interview handelte oder um Ausschnitte aus sowjetischen Verhörprotokollen, ist nicht mit letzter Sicherheit zu klären. Obwohl das Frage-Antwort-Muster mit entsprechenden Gefühlsregungen Mutschmanns eine starke Authentizität vermitteln sollte, ist auffällig, dass auf dem abgedruckten Foto nicht etwa Sigl mit Mutschmann zu sehen ist, sondern ein sowjetischer Offizier, der den braunen „Delinquenten" verhört.[245]

Das Interview sollte wohl dort eine besonders große Authentizität vermitteln, wo es um die körperliche Beschreibung Mutschmanns ging. Das Maß an Abscheu, das Sigl mit dieser Beschreibung hervorrufen wollte, wirkt aber nur in Teilen stimmig, da es immer wieder zu klischeehaften Überzeichnungen kam. So schrieb der deutsche Redakteur: „Wer den Kerl" jetzt sehe, „ohne die Maske aufgeblasener, überheblicher Aufmachung eines eingebildeten Herrentums", der fühle sich „vom ersten Augenblick an von dem widerlichen Aussehen dieser Person angeekelt". Sigl porträtierte Mutschmann als eine „schlotternde Jammergestalt" mit „linkischen Verbeugungen" und „wässrigen Glotzaugen", aus denen „etwas Idiotisches [irrt]". Seine „dicke, breite Nase" verleihe seinem Gesicht „unverkennbare Brutalität". Von dem „Gewaltmenschen", von dem „man uns erzählte", sei nichts „mehr geblieben" als ein „kriecherisches, speichelleckerisches Subjekt, an dem nur mehr das stumpfe Gesicht verborgene Bestialität verrät".[246]

---

241 W. A. Ruban, Abschaum der Menschheit. In: Tageszeitung für die deutsche Bevölkerung vom 2.6.1945.

242 Diese Zahl nennt Reinhardt, Zeitungen und Zeiten, S. 31.

243 Tageszeitung für die deutsche Bevölkerung vom 2.6.1945.

244 Reinhardt, Zeitungen und Zeiten, S. 18.

245 Die Bildunterschrift formulierte genau dies. Vgl. Tageszeitung für die deutsche Bevölkerung vom 2.6.1945: „Der Fronvogt Sachsens, Martin Mutschmann, verhaftet".

246 Ebd.

Der Fronvogt Sachsens, Martin Mutschmann, verhaftet[243]

Das Porträt eines politischen Verbrechers — Selbstgeständnisse eines Nazis — Der nazistische Volksbetrug an Dresden und den Sachsen

Unser Berichterstatter, der ehemalige Leutnant der deutschen Wehrmacht Fritz Sigl, sprach mit dem verhafteten Martin Mutschmann, dem ehemaligen Gauleiter und Reichsstatthalter von Sachsen.

Zwanzig lange Jahre hat ein Martin Mutschmann den Gauleiter von Sachsen gespielt. Rücksichtslos und skrupellos, brutal und dreist, wie es sich für einen patentierten Nazibanditen ziemt, hat sich dieser bankrotte Spitzenfabrikant aus Plauen im Laufe der Jahre zum Fronvogt über Sachsen gemacht. Getreu dem Vorbild seines Herrn und Meisters Hitler terrorisierte und knechtete er ein ganzes deutsches Land und führte ein verderbliches, sattes Leben.

Als die Rote Armee sich Dresden näherte und mit den ersten Maitagen das dicke Ende für alle Nazigewalthaber kam, versuchte auch Mutschmann sein verwirktes Leben durch Flucht zu retten. Vergebliches Bemühen! Allzusehr hat dieser raffgierige Gewaltmensch den Haß und die Empörung des sächsischen Volkes herausgefordert. Sachsen waren es, die ihn in seinem Schlupfwinkel aufspürten, Sachsen haben ihn festgenommen, und Sachsen haben ihm, wissend, daß sie jetzt wieder frei sind, die wahre Volksmeinung etwas handgreiflich verspüren lassen.

Die Rote Armee hat Martin Mutschmann jetzt in Haft genommen. Der Kriegsverbrecher und Volksbetrüger Mutschmann sieht seiner harten, aber gerechten und verdienten Bestrafung entgegen.

Man hat mir Gelegenheit gegeben, mit ihm zu sprechen. Wer den Kerl jetzt sieht, ohne die Maske aufgeblasener, überheblicher Aufmachung eines eingebildeten Herrentums, der fühlt sich vom ersten Augenblick an von dem widerlichen Aussehen dieser Person angeekelt.

Als wir eintreten, kauert Mutschmann tief in einem Polsterfauteuil. Er springt auf, und seine schlotternde Jammergestalt versucht eine linkische Verbeugung. Aus seinen wässrigen Glotzaugen irrt etwas Idiotisches. Die dicke, breite Nase verleiht dem Gesicht unverkennbare

Glashütte auf. Dann lief ich zu Fuß über Cunnersdorf, Grillenburg — meinem letzten Wohnsitz — nach Tellerhäuser. Ich suchte dort meine Frau. Bei mir befand sich der Direktor des Elektrizitätswerkes von Dresden. Wir übernachteten bei einem Bauern. Ich glaubte unerkannt zu sein. Plötzlich wurden wir während der Nacht geweckt und von Einwohnern festgenommen. Als mich bei der Ueberführung einige Leute erkannten, gab es sofort einen großen Auflauf. Im Nu hatten sich etwa 500 Personen um mich versammelt. Viele riefen ganz laut: „Da ist das Schwein Mutschmann!" Man spuckte mich an und schlug mich ins Gesicht.

Frage: Sahen Sie darin nicht einen Ausdruck der wahren Volksstimmung?

Mutschmann: Gewiß, die Volksgenossen sehen heute in mir einen Mitverantwortlichen an dem Unglück, das über Deutschland kam.

und sehr zaghaft): Ich glaube, uns wurde dieser Krieg aufgezwungen.

Frage: Hat das Goebbels 1942 nicht anders geschildert? Sagte nicht Goebbels selbst, daß es in diesem Krieg um keine Ideale gehe, sondern um wogende Weizenfelder, um Oelquellen und Kohlengruben? Sagte nicht Goebbels, daß sich Deutschland an diesem Krieg gesundstoßen wolle?

Mutschmann: Goebbels hat Propaganda gemacht, und Propaganda ist für das gewöhnliche Volk da. Goebbels Propaganda war von Anfang an falsch. Es ist gefährlich, wenn man eine Propaganda macht, die sich hinterher als falsch erweisen kann. Ich wußte das wohl, ich mußte aber in der gleichen Propaganda machen. Was sollte ich sonst anderes tun? Wir mußten das Volk zum Kriege aufpeitschen und zum Durchhalten zwingen. Ob für diesen Zweck

Mutschmann gesteht sein Verbrechen gegen die Dresdner ein

Man hat mir Vorwürfe gemacht, weil ich mir in meinem Haus in der Stadt und auf meinem Besitz in Grillenburg Bunker habe bauen lassen. Das waren aber reine Privataufträge, die ich aus privaten Beständen ausführen lassen konnte. Ein Bunkerbau für die ganze Stadt wurde nicht durchgeführt.

Unser Bild zeigt die Vernehmung Mutschmanns durch einen Sowjetoffizier. Aufnahme: Chanow

aller Rassen und Nationen, insbesondere gegen ungezählte Russen, begangen wurden?

Mutschmann: Es ist mir zu Ohren gekommen, daß die Leute in den Konzentrationslagern drangsaliert wurden. Daß die Leute eben . . . wie soll ich da sagen . . . (Denkt lange nach.)

Frage: Sie suchen wohl einen besseren Ausdruck für „unmenschliche Behandlung"?

Mutschmann: Ja, ja, man muß sagen, die Leute wurden dort unmenschlich behandelt.

Mitschuldiger an Dresdens Katastrophe

Frage: Was sagen Sie zu den Luftangriffen auf Dresden?

Mutschmann: Es ist furchtbar, was da in einer Nacht für Werte zerstört wurden. Dresden war eine an Kunstschätzen und vielen anderen Dingen unendlich reiche Stadt. Das ist nun fast alles kaputt.

Frage: An die Menschenopfer denken Sie wohl gar nicht? Sie rechnen anscheinend nur in Sachwerten?

Mutschmann: Menschen sind natürlich auch sehr viele umgekommen. Aber ich meinte nur, die Kunstschätze kann man nicht mehr ersetzen.

Frage: Wie konnte es zu den großen Menschenverlusten kommen?

Mutschmann: Dresden war auf einen Luftangriff nicht genügend vorbereitet. Ich habe mich zwar um den Bunkerbau bemüht, aber ich bekam von oben her keine Arbeitskräfte und kein Material, Zement usw. Man hat mir Vorwürfe gemacht, weil ich mir in meinem Haus in der Stadt und auf meinem Besitz in Grillenburg Bunker habe bauen lassen. Das waren aber reine Privataufträge, die ich aus privaten Beständen ausführen lassen konnte. Ein Bunkerbau für die ganze Stadt wurde nicht durchgeführt. Ich mußte zwar mit einem Großangriff auf Dresden rechnen, aber

Das Mutschmann-Interview,
in: Tageszeitung für die deutsche Bevölkerung vom 2.6.1945, Dresden

Auch das, was als inhaltliche Essenz des Interviews zu bezeichnen ist, trug Spuren von Stimmigkeit *und* gewollter Überzeichnung, die zeigen sollten, auf welchen menschlichen Nenner Mutschmann zu bringen sei – nämlich als „Lügner, Volksbetrüger, Bankrotteur und Kriegsverbrecher in einer Person". Die O-Töne des vormaligen Gauleiters kreisten um seine überhöhten Bezüge, sein vermeintliches Halbwissen über Hitlers „Mein Kampf" bis zu seinem Anteil an den KZ-Verbrechen und seiner Verantwortung für die „Dresdner Katastrophe". Er „gestand" dabei seine „Verbrechen gegen die Dresdner", indem er mangelnde Tatkraft bei der Inangriffnahme von Schutzmaßnahmen für die Bevölkerung einräumte und seine privaten Bunkerbauten erwähnte. Doch diese nun zum Dauerbrenner avancierte Botschaft war nicht die entscheidende des Interviews: Größere Bedeutung erhielt die Botschaft von der ablehnenden Haltung der Bevölkerung, die Mutschmann kurz nach seiner Verhaftung im Westerzgebirge entgegengeschlagen sei. Er habe bis dahin angenommen, dass er „angesehen und beliebt" gewesen sei, jetzt habe er erkennen müssen, dass das „eigene Volk" dies nicht so sehe. Seine Einlassungen gingen soweit, russische Soldaten als Retter vor dem sächsischen „Volkszorn" erscheinen zu lassen. Doch wie glaubwürdig waren solche Aussagen und jene Anflüge von Selbstkritik, die mit den Worten endete: „ich hätte nicht so lange mitmachen dürfen"?[247]

Interessanter als diese Fragen erscheinen freilich die Themen, die in dem Interview wie in anderen Artikeln unerwähnt blieben. Weshalb wurden die Verfolgung der Juden und der Holocaust in all diesen Veröffentlichungen kein einziges

247 Ebd.

Mal erwähnt, obwohl doch die „Judenfrage" das zentrale Thema für Mutschmann selbst gewesen war? Passte die Aufarbeitung dieses Themas womöglich nicht in die propagandistische Linie zur Bearbeitung der Dresdner Bevölkerung, der nach der Katastrophe vom 13. Februar durchaus zugestanden wurde, sich selbst als Opfer zu betrachten, wenn auch als Opfer Mutschmanns? Erschienen deshalb seine „Verbrechen" gegen Deutsche sowie sein pompöser Lebensstil und seine Lebensmittelhortungen auf Kosten Deutscher[248] wichtiger als Verbrechen gegen Juden? Dass der Holocaust für die sowjetische Seite eine nicht völlig untergeordnete Rolle spielte, zeigten – wie noch zu sehen sein wird – die seit 19. Mai 1945 laufenden *internen* Verhöre. Ausgespart blieb zudem im Interview der Umstand, dass sich Mutschmann bei Erscheinen dieser Ausgabe längst nicht mehr in Dresden aufhielt. Er war bereits am 28. Mai 1945 nach Moskau transportiert worden.[249]

Einen wichtigen Hinweis für die deutsche Bevölkerung enthielt Sigls Interview dennoch: Anders als Mochmann, der eine juristische Ahndung nur indirekt angesprochen hatte, erklärte Sigl bereits in der einführenden Kommentierung, dass der „Kriegsverbrecher und Volksbetrüger" Mutschmann einer „harten, aber gerechten und verdienten Bestrafung" entgegensehe. Am Ende des Interviews betonte der Redakteur, dass mit dieser Aussage ein Prozess gemeint sei, hieß es doch nun, Mutschmann werde „bald vom Gericht nach Recht und Gerechtigkeit abgeurteilt".[250]

Mit dieser eindeutigen Information hatte sich die sowjetische Besatzungsmacht gegenüber der deutschen Öffentlichkeit festgelegt. Allerdings ließ die Aussage offen, ob der vormalige Gauleiter vor ein deutsches oder ein sowjetisches Gericht oder vor einen alliierten Gerichtshof gestellt werden würde. In den ersten Wochen nach dem Interview schien manches auf ein deutsches Verfahren in Dresden hinzudeuten. Erstaunlich ist, dass es ein hoher Offizier des sowjetischen Staatssicherheitsdienstes war, der Mutschmann ein solches Verfahren während eines Verhörs androhte. Am 9. Juli 1945 äußerte Generalmajor Sapevalin: „Wenn Sie in der Untersuchung nicht die Wahrheit sagen, werden wir Sie nach Dresden vor ein deutsches Volksgericht bringen."[251] Es sei dahingestellt, inwieweit sich Mutschmann von einer solchen Drohung überhaupt beeindrucken ließ, interessant ist dennoch, dass im sowjetischen NKVD ein solcher Gedanke zumindest erwogen wurde. Hierzu passt, dass sächsische Politiker nur wenige Tage später den Eindruck gewinnen konnten, dass jetzt in Dresden ein Prozess gegen Mutschmann in Aussicht gestellt werden würde: Am 15. Juli 1945 legte der Beauftragte für die Neuordnung der sächsischen Justiz dem Präsidium der gerade neu geschaffenen Landesverwaltung Sachsen

248 Auch dazu publizierte das sowjetische Blatt einen bezeichnenden Artikel unter der Überschrift „Mutschmanns Küchenzettel" (ebd. vom 1.7.1945).

249 Vgl. Vorbeugehaftbeschluss des Leiters der Abteilung „F" des NKVD, Kommissar der Staatssicherheit Sudoplatov, vom 30.6.1945 (HAIT-Archiv, Akte Martin Mutschmann).

250 Tageszeitung für die deutsche Bevölkerung vom 2.6.1945: „Der Fronvogt Sachsens, Martin Mutschmann, verhaftet".

251 Verhörprotokoll Martin Mutschmann vom 9.7.1945 (HAIT-Archiv, Akte Martin Mutschmann).

(LVS) einen Gesetzentwurf „betreffend die Bildung eines Staatsgerichtshofes zur Aburteilung der Kriegsschuldigen, der Kriegsverbrecher und der politischen Verbrecher“ vor.[252]

Doch als am 30. Juli 1945 der Gesetzentwurf im Präsidium der LVS, der provisorischen Landesregierung, erörtert und als Verordnung verabschiedet wurde, enthielt der veränderte Text nun nicht mehr den Komplex „Kriegsschuld und Kriegsverbrechen“. Vermutlich war er auf Anweisung der Besatzungsmacht gestrichen worden, die sich die „Aburteilung dieser Verbrechen vorbehalten wollte“.[253] Was übrig blieb, war der Komplex der „politischen Verbrechen“. Näher bezeichnet wurden hier sowohl „faschistische Verbrecher“, die „an führender Stelle“ tätig gewesen waren, als auch solche, die durch ihr „Wirken in der Öffentlichkeit für die Not und das Elend mit verantwortlich“ seien, die die „nationalsozialistische Herrschaft nicht nur über das deutsche Volk, sondern über große Teile der Menschheit gebracht hat“.[254] Von dem im Gesetzentwurf genannten „Staatsgerichtshof“ war gleichfalls keine Rede mehr, dafür aber von einem „Volksgericht Sachsen“. Ohne eine direkte Interaktion zwischen Präsidium und Besatzungsmacht nachweisen zu können, ist auffällig, wie stark dieser Duktus dem der sowjetischen Mutschmann-Vernehmer ähnelte. Das von der Landesverwaltung zu berufende „Volksgericht“ sollte sich aus zwei berufsmäßigen Richtern und fünf Laien aus den „antifaschistischen Parteien und Gewerkschaften“ zusammensetzen. Als Anklagebehörde waren der Generalstaatsanwalt beim Oberlandesgericht und gegebenenfalls noch ein „öffentlicher Ankläger“ vorgesehen.[255]

Obwohl die sowjetische Besatzungsmacht die sächsische Verordnung vom 30. Juli 1945 nicht bestätigte und stattdessen die Verhandlung einzelner Fälle vor einem solchen „Volksgericht“ für sonderverordnungspflichtig erklärte,[256] konnten die politisch Verantwortlichen in Sachsen weiter auf einen baldigen Prozess gegen Mutschmann hoffen. Die an Deutlichkeit nichts zu wünschen übrig lassenden Beiträge der sowjetischen „Tageszeitung für die deutsche Bevölkerung“ schienen ein solches Verfahren anzukündigen. Und der Brief, der am 11. August 1945 den Schreibtisch des neuen Direktors des Landeskriminalamtes Sachsen verließ, durfte getrost als Bestätigung und Paukenschlag zugleich gedeutet werden: Das Schreiben war an den Leipziger Polizeipräsidenten gerichtet und mit „*Betr. Prozess Mutschmann*“ überschrieben. Es lautete wie folgt:

252 Zit. nach Christian Meyer-Seitz, Die Verfolgung von NS-Straftaten in der Sowjetischen Besatzungszone, Berlin 1998, S. 24.

253 Ebd., S. 25.

254 Verordnung zur Aburteilung faschistischer Verbrecher vom 30.7.1945 (SächsHStAD, LRS, Min.-Präs., Nr. 675, Bl. 43 f.).

255 Ebd., Bl. 44 f.

256 Präsidialsitzung der LVS am 19.9.1945 (SächsHStAD, LRS, Min.-Präs., Nr. 675, Bl. 198). Vgl. auch Andreas Thüsing (Hg.), Das Präsidium der Landesverwaltung Sachsen. Die Protokolle der Sitzungen vom 9. Juli 1945 bis 10. Dezember 1946, Göttingen 2010, S. 136 und 182.

„In nächster Zeit soll der Prozess gegen den ehemaligen Gauleiter Martin Mutschmann stattfinden. Die russische Besatzungsbehörde fordert von uns eingehende Berichte, Zeugenaussagen usw. gegen Mutschmann, Loos[257] und Lenk[258]. Die Berichte müssen sich stützen auf einwandfreie Zeugenaussagen von Zeugen, die evtl. vor Gericht zu erscheinen hätten. Folgende Fragen sollen geklärt werden:
Das Vorleben von Mutschmann, Loos und Lenk. Was ist darüber bekannt? In welchem Zusammenhang ist Mutschmann mit der Vernichtung von Geisteskranken in Anstalten und Krankenhäusern zu bringen (Verordnungen usw.)?
In welcher Weise hat sich Mutschmann persönlich 1933 an der Vernichtung und Verfolgung politischer Häftlinge betätigt? War in Leipzig eine Synagoge? Von wem wurde sie vernichtet? Auf wessen Anweisungen wurden Juden verfolgt? Inwieweit ist Mutschmann an der Enteignung jüdischer Geschäfte beteiligt?
Ist Mutschmann in Zusammenhang mit den Vorgängen in Espenhain, in der Sache Dir. Ockwitz, der damals zum Tode verurteilt wurde, zu bringen? Inwieweit ist in dieser Angelegenheit ein gewisser Bellmann[259] verwickelt?
Die russische Besatzungsbehörde verlangt von uns bereits Dienstag, den 14.8. d. J., Bericht und wir ersuchen Sie, diese Angelegenheit dringend zu bearbeiten und das Material uns sofort zuzusenden."[260]

Aus dem Schreiben des Landeskriminalamtes lassen sich mehrere Schlüsse ziehen: Zum einen konnten die Zeitgenossen nun davon ausgehen, dass ein Prozess gegen den früheren Gauleiter unmittelbar bevorstand, und dass auch andere NS-Funktionäre wie die erwähnten Richard Loos, Georg Lenk und Georg Bellmann angeklagt werden würden. Ungeklärt blieb aber weiterhin, vor welchem Gericht ein solcher Prozess stattfinden sollte. Mitbeteiligte von deutscher Seite durften zwar hoffen, dass der braune „Delinquent" vor ein deutsches „Volksgericht" gestellt werden würde, doch musste es für Insider aus diesem Kreis zumindest auffällig wirken, dass die sowjetische Seite ein erhöhtes eigenes Interesse an den Tag zu legen schien und der Gesamtkomplex Kriegsverbrechen mit keinem Wort Erwähnung fand. Dies deutete auf eine nicht-deutsche Gerichtsbarkeit hin. Zum anderen konnte davon ausgegangen werden, dass dieses Schreiben an eine untergeordnete deutsche Dienststelle nicht das einzige war. In der Mutschmann-Akte befindliche deutsche Zuarbeiten u. a. aus Plauen, Zwickau, Chemnitz und Dresden (fast sämtlich aus den Monaten August/September 1945) erhärten eine solche Annahme.

257 Richard Walter Loos (geb. 1892), SS-Oberführer, 1933 Kommandant des KZ Schloss Osterstein, 1934 Oberregierungsrat und zeitweiliger Adjutant Martin Mutschmanns, 1935 aus der NSDAP ausgeschlossen.

258 Zur Person Georg Lenks vgl. die Kurzbiografie im Anhang.

259 Zur Person Georg Bellmanns vgl. die Kurzbiografie im Anhang.

260 Leiter Landeskriminalamt Sachsen an Polizeipräsident Leipzig vom 11.8.1945 (SächsStAL, SPD-BV Leipzig, Nr. 15, unpaginiert). Die Unterstreichungen im Text entsprechen den Unterstreichungen im Originaltext des Schreibens. Das Schreiben ist zudem überliefert in der sowjetischen Mutschmann-Akte (HAIT-Archiv, Akte Martin Mutschmann) und in einer Akte des Bundesarchivs Berlin (SAPMO-Barch, DY 55/V278/2/72, Bl. 2).

Was sich aber von vornherein als ein schweres Dilemma erweisen sollte, war das von der Besatzungsmacht zugebilligte Zeitbudget. In drei Tagen belastbares Material für eine persönliche Verantwortlichkeit Mutschmanns auf den beschriebenen Feldern beizubringen, erschien weitgehend aussichtslos. Hier deutete sich schon für die deutschen Zeitgenossen an, was für einen geringen Stellenwert die sowjetische Seite intensiver Recherchearbeit beimaß. Dessen ungeachtet soll im Folgenden der Blick auf die Leipziger Reaktionen gerichtet werden, da hier nicht nur der ernst zu nehmende Versuch unternommen wurde, in wenigen Tagen Beweismaterial zusammenzutragen, sondern auch die entsprechende Überlieferung als ausgezeichnet gelten kann.

Dass in Leipzig überhaupt ernsthafte Untersuchungen in die Wege geleitet worden, ist vornehmlich der sozialdemokratischen Rathausspitze zu verdanken. Nur einen Tag nach der Übermittlung des Schreibens, am Vormittag des 12. August 1945, lud der Leipziger Oberbürgermeister Erich Zeigner (SPD) zu einer Besprechung ins Rathaus ein, an der auch der eigentliche Adressat des Briefes, der Leipziger Polizeipräsident Heinrich Fleißner (SPD), teilnahm. Zeigner, der vor 1933 zuerst Richter, dann Justizminister und Ministerpräsident gewesen war und in der NS-Zeit in Gefängnissen und Konzentrationslagern gesessen hatte, stellte eine schnelle Koordinierung sicher: Während er einerseits Fleißner bat, umgehend „Ermittlungen anstellen [zu] lassen", schaltete er andererseits auch noch den Leipziger SPD-Bezirksvorsitzenden Stanislaw Trabalski mit der „Bitte um Bericht" ein. Seine „rechte Hand" im Rathaus, den Leiter der Abteilung Innerer Dienst (ID) im Hauptverwaltungsamt (HVA), Verwaltungsrat Otto Kirmsse,[261] wies er darüber hinaus an, alle aufgelisteten Punkte ebenfalls zu erörtern. Auf Zeigners Wunsch sollte das Verfahren „auf das äußerste beschleunigt" werden, damit der „Bericht bis zum 14.8.45 nach Dresden gegeben werden kann" – wenn möglich durch Kurier.[262]

In einem ebenfalls noch am 12. August entworfenen Katalog regte Zeigner seinerseits gegenüber dem Dresdner LKA an, sofort in Plauen und Zwickau Ermittlungen aufzunehmen, da dort u. a. vor 1933 ein Beleidigungsprozess zwischen Mutschmann und einem Redakteur der „Plauener Volkszeitung" stattgefunden habe, der sicherlich Material zum Vorleben des Gauleiters zu Tage fördern könnte. Darüber hinaus empfahl Zeigner, sich in der Frage der Judenverfolgungen mit der „Organisation der Rasseverfolgten" und der jüdischen Gemeinde in Verbindung zu setzen. In der Frage „Espenhain", bei der es um Schiebergeschäfte in einem ASW-Betrieb ging, wusste das Stadtoberhaupt ebenfalls Sachkundige einzuschalten und bereits am nächsten Tag, den 13. August 1945, erste Ergebnisse einzuholen.

---

261 Zu Kirmsse (SPD), der 1922–1931 im Nachrichtendienst der sächsischen Landespolizei gestanden hatte, und zur Abteilung Innerer Dienst (ID) vgl. Claudia Lang, „Ich bin kein Freund der Diktatur, aber ..." Kontinuität und Wandlungen in Erich Zeigners Wirken als Oberbürgermeister von Leipzig 1945–1949 am Beispiel von Demokratie, Selbstverwaltung und Rechtsstaatlichkeit, unveröffentlichte Magisterarbeit, Leipzig 1997, S. 98 ff.

262 Aktennotiz Zeigners vom 12.8.1945 (SächsStAL, SPD-BV Leipzig, Nr. 15, unpaginiert).

Trotz „größter Beschleunigung“ war er sich aber darüber im Klaren, dass für die Erörterung von „Einzelheiten [...] die zugebilligte Zeit viel zu kurz“ sei.[263] Einer Angelegenheit widmete er freilich all seine Aufmerksamkeit: der Aufklärung des Mordes an seinem früheren Weggefährten Hermann Liebmann (SPD), der vor 1933 sächsischer Innenminister und stellvertretender Ministerpräsident, Vorsitzender der SPD-Landtagsfraktion und Leipziger SPD-Chef gewesen war. Dem eindringlichen Warner vor dem Nationalsozialismus hatten NS-Funktionäre und SA-Schergen ein grausiges Schicksal bereitet. Schon im April 1933 verhaftet, war er in mehrere Konzentrationslager verschleppt worden, wovon der Aufenthalt im KZ Hohnstein sich als der blutigste und Tod bringende erweisen sollte. Eine Mittäterschaft Mutschmanns schien früh festzustehen.

Ungeachtet des geringen Zeitbudgets trafen die ersten Berichte aus sächsischen Städten schon nach den geforderten drei Tagen ein. Allerdings enthielten sie – von dem Bericht Walter Funks über Mutschmanns Vorleben abgesehen – nur wenig wirklich belastbares Material, welches geeignet war, individuelle Verantwortlichkeiten des Gauleiters nachzuweisen. Ein größerer Teil der Berichte ging erst Tage oder Wochen nach der festgesetzten Frist in Dresden ein – darunter auch die umfangreicheren Berichte der Leipziger Rathausspitze. Zeigners Verwaltung schickte zuerst einen Zwischenbericht und zwei Wochen später einen vorläufigen Abschlussbericht.[264] In diesen Zeitraum fielen auch noch direkte Kontakte des Zeigner-Vertrauten Kirmsse zum Dresdner LKA. Am 17. August 1945 hielt er sich sogar persönlich in Dresden auf.[265]

Die Ergebnisse der Recherchen fielen trotz des unternommenen Aufwandes mager aus: Zum Vorleben Mutschmanns konnte nichts weiter in Erfahrung gebracht werden, als dass der Gauleiter ab 1934 eine wohl auch persönlich enge Bekanntschaft zu dem Leipziger Herzspezialisten Prof. Max Hochrein unterhalten hatte, der ihn seitdem ärztlich betreute. Im Fall der Heilanstalt Leipzig-Dösen und der von hier ausgehenden Euthanasiemaßnahmen vermochten weder Aktenmaterial noch Zeugenaussagen beschafft werden; Mutschmanns etwaige Verbindungen nach Dösen blieben ebenso im Dunkeln. Ähnliches galt für die Verfolgung politischer Gegner und der jüdischen Minderheit. Auch hier ließen sich aufgrund der Aktenvernichtung durch die Gestapo kaum brauchbares Material zusammenstellen und auch wenig belastbare Unterlagen zu Mutschmanns Einfluss nachweisen. Immerhin wurden durch die Leipziger Kriminalpolizei Einzelheiten der sogenannten „Reichsaktion“ vom 9. November 1938 ermittelt – so vor allem die Zerstörung von Synagogen, die Inhaftierung von Tausenden Juden und die Tatbeteiligung von

263 Ebd.; handschriftliche Notiz Zeigners, o. D. [ca. 13.8.1945] (ebd.).

264 In der sowjetischen Mutschmann-Akte befinden sich Zwischenberichte der Leipiger Stadtverwaltung über „Misshandlung und Tod Hermann Liebmanns“ vom 13.8.1945 und des Leipziger Polizeipräsidenten Fleißner zu verschiedenen Punkten vom 30.8.1945 (HAIT-Archiv, Akte Martin Mutschmann).

265 Kirmsse an LKA Sachsen vom 27.8.1945 (SAPMO-Barch, DY 55/V278/2/72, Bl. 20).

Leipzigs Oberbürgermeister Erich Zeigner an seinem Schreibtisch

lokalen NS-Funktionären. Einflussnahmen Mutschmanns konnten jedoch ebenso wenig nachgewiesen werden wie im Falle „Ockwitz/Espenhain“. Die Trinkgelage des Gauleiters und dessen „parvenuhafte Jagdleidenschaft“ waren hingegen vielen in Erinnerung geblieben.[266]

Für die sozialdemokratische Rathausspitze blieb hingegen die Ermordung Hermann Liebmanns von zentraler Bedeutung. Sie schlug sich sowohl in dem Zwischen- als auch in dem vorläufigen Abschlussbericht nieder. Der von Kirmsse verfasste und eng mit Zeigner abgestimmte Abschlussbericht macht deutlich, welche Schwierigkeiten gerade im Falle dieses Verbrechens und mit Blick auf den Nachweis

266 Bericht des Leipziger Polizeipräsidenten Heinrich Fleißner vom 13.8.1945 (ebd., Bl. 12); Vorläufiger Abschlussbericht des Hauptverwaltungsamtes beim Oberbürgermeister der Stadt Leipzig (Kirmsse) vom 31.8.1945 (ebd., Bl. 21–25); Bericht des Kriminalkommissars Böhme vom 13.8.1945 (ebd., Bl. 10); Bericht des Kriminalkommissars Böhme vom 18.8.1945 (ebd., Bl. 15). Abweichend von dem Bericht Böhmes (ebd., Bl. 10) erklärte die Israelitische Gemeinde Leipzigs, dass bei der „Reichsaktion“ von 1938 nicht neun, sondern zwei Synagogen zerstört worden seien. Außerdem schilderte sie einen Fall, in dem Mutschmann persönlich dazu beigetragen habe, den Arbeitseinsatz von Leipziger Juden zu verschärfen. Vgl. Israelitische Gemeinde Leipzig an Kirmsse vom 13.8.1945 (ebd., Bl. 11). Vermutlich führten die Ermittlungen der Leipziger Rathausspitze Anfang November 1945 auch zu jenem Prozess vor dem Leipziger Schöffengericht, bei dem mehrere NS-Funktionäre für die Durchführung der Reichspogromnacht in Leipzig zu Zuchthaus- und Gefängnisstrafen verurteilt wurden. Vgl. Volksstimme vom 15.11.1945: „Judenpogrome werden gesühnt. Der erste Prozess in Leipzig – Zuchthaus für die Täter“.

einer individuellen Verantwortung Mutschmanns zu gewärtigen waren. Er ist jedenfalls ein gutes Beispiel dafür, dass es zumindest einem Teil der neuen politisch Verantwortlichen keineswegs um juristisch bemäntelte Rache ging, sondern um Aufklärung persönlicher Verantwortlichkeiten und deren justizieller Ahndung. Der Tathergang selbst wie eine (behauptete) Tatbeteiligung Mutschmanns wurden differenziert beschrieben:

„Der frühere Landtagsabgeordnete und Minister des Innern für Sachsen, Hermann Liebmann, lange Zeit in Haft gehalten auf der ehemaligen Jugendburg Hohnstein, gestorben am 9. Oktober 1934,[267] *ist schwersten Misshandlungen durch Prügeleien und Quälereien ausgesetzt gewesen, die durch die körperlichen Folgewirkungen endlich zu seinem Tode geführt haben. Liebmann hatte ursprünglich eine robuste Konstitution. Kurz vor seinem Tode hatte er unter schweren Herzkrämpfen, teilweise auch unter vorübergehenden Bewusstseinstrübungen, zu leiden. Ein Arzt hat darüber ausgesagt, dass das Herz teilweise schon abgestorben gewesen sei, ehe der Tod eintrat. Andere Kranke würden einen solchen Zustand gewöhnlich nur sechs Stunden aushalten; Hermann Liebmann hat dank seiner an sich früher guten Gesundheit und Verfassung diese Periode elf Tage ausgehalten. Er wusste schon vor dieser Zeit, dass er gesundheitlich vollständig ruiniert war und dass sein Tod bevorstehe. So hat er kurz vor seinem Ableben ihm nahestehenden Menschen gesagt, dass Mutschmann für seine physische Vernichtung verantwortlich sei. An sich hat Liebmann nur widerstrebend und nur Freunden gegenüber über Einzelheiten seiner Erlebnisse gesprochen. In bestimmtester Form hat er aber einmal erzählt, dass er auf Anweisung Mutschmanns in eine Kloake gestellt worden sei, während Bewachungsmannschaften des Lagers ihre menschlichen Bedürfnisse dort verrichtet hätten, sodass er schließlich über und über von menschlichem Kot besudelt gewesen sei.*

Eine Prügelei an Liebmann soll am ersten Pfingstfeiertage 1934 in Hohnstein geschehen sein bzw. an einem der Pfingst-Feiertage des genannten Jahres. Entweder bei dieser oder einer anderen soll M. selbst anwesend gewesen sein; er soll sich diesen Gefangenen besonders haben vorführen lassen. Darüber, ob sich Mutschmann bei der Misshandlung Ls. in nächster Nähe aufgehalten oder nur aus einem nahegelegenen Fenster aus zugesehen hat, gehen die Aussagen auseinander. Mutschmann soll auf Befragen eines Pfarrers der ev.-reformierten Kirche in Dresden diesem auch zugegeben haben, dass ihm von einer ‚tüchtigen Abreibung' Liebmanns etwas bekannt gewesen ist bzw. dass er diese Behandlung mindestens gebilligt hat. Später hat M. zwar den Anschein zu erwecken versucht, dass er sich gegen Maßnahmen in der Gefangenenbehandlung gewandt hat. Wenn er dies mit einer Spitze gegen den früheren Ministerpräsidenten v. Killinger getan hat, dem die Bewachungsmannschaften seinerzeit unterstanden, so aus der tiefgründigen Rivalität heraus, die diese beiden Menschen verfeindet hatte, nicht aber, weil Gefangenenmisshandlungen dem Naturell Mutschmanns widerstrebt hätten. So ist auch zu bezweifeln, dass sich Mutschmann um eine Besserung der Verhältnisse der politischen Gefangenen in seinem Bereiche überhaupt und ernstlich bemüht hat. Öfters belegt ist hingegen die unmittelbare Teilnahme Mutschmanns an Misshandlungen, mindestens durch absichtliche Anwesenheit.

Zur Behandlung Liebmanns ist noch anzufügen, dass L. durch die Misshandlungen einen Pupillenriss erlitten hatte. Immer wieder hatte er wegen dieser Verletzung und auch wegen seines

267 Tatsächlich starb Liebmann am 6.9.1935 im israelitischen Krankenhaus zu Leipzig.

allgemein stark herabgekommenen Zustandes um ärztliche Behandlung gebeten, die ihm aber rechtzeitig nicht gegeben worden ist. Man hat ihn, dem damals geübten Brauche entsprechend, erst aus der Gefangenschaft entlassen, als sein Tod fast unmittelbar bevorstand, um eben diesen Tod nicht direkt verantworten zu müssen. Dass man ihn gewollt und planmäßig herbeigeführt hat, darüber kann kein Zweifel bestehen. – Für die Einzelheiten dieser Darstellung stehen Zeugnisse zur Verfügung. In der Zwischenzeit ist versucht worden, das Material noch auszubauen, doch ist von der Familie Liebmann zur Zeit kein Mitglied mehr in Leipzig aufhältlich."[268]

Die angesprochenen Zeugnisse im „Fall Liebmann" hätten bei einem größeren Zeitbudget und öffentlichen Prozess durchaus vermehrt werden können. Es wäre auch deutlich geworden, dass von einer Mitverantwortung Mutschmanns tatsächlich die Rede sein konnte. Aufzeichnungen von Liebmanns Mithäftlingen hätten dann ebenso einbezogen werden können[269] wie Dokumente über (vergebliche) interne Versuche des katholischen Bistums Dresden-Meißen, Liebmanns Haftentlassung zu erwirken.[270] So wäre schnell klar geworden, dass Mutschmann im Frühjahr 1934 im KZ Hohnstein die Wachmannschaften gegen Liebmann aufgehetzt hatte.[271]

In seinem Abschlussbericht hatte Kirmsse über den „Fall Liebmann" hinaus deutlich gemacht, worin die Grenzen seiner eigenen Untersuchungen und der des Oberbürgermeisters und des Polizeipräsidenten zu sehen waren: Viele Belastungszeugen seien durch „eigene Verhaftung oder durch Flucht aus dem Gebiete einer Befragung entzogen" worden. Darüber hinaus stellte er fest, dass, falls die Zeugen

---

268 Vorläufiger Abschlussbericht des Hauptverwaltungsamtes beim Oberbürgermeister der Stadt Leipzig (Kirmsse) vom 31.8.1945 (SAPMO-Barch, DY 55/V278/2/72, Bl. 21–23). Kirmsse verweist darauf, dass Liebmanns Witwe in Köln wohnt. Die im Abschlussbericht etwas diffus umschriebenen „nahe stehenden Menschen", denen Liebmann vor seinem Tod über die Hohnsteiner Torturen berichtet haben soll, sind auch im Nachhinein identifizierbar: Es handelt sich vor allem um Erich Zeigner, der Liebmann in den letzten Wochen vor dessen Tod gesprochen hatte. Vgl. auch Aktennotiz Zeigners vom 12.8.1945 (SächsStAL, SPD-BV Leipzig, Nr. 15, unpaginiert).

269 Bereits nach seiner Haftentlassung hatte z. B. der Mithäftling Peter Blachstein im Exil auf den „Fall Liebmann" hingewiesen. Er hatte im KZ Hohnstein dessen Torturen bei Mutschmanns Anwesenheit selbst erlebt. Vgl. Nobert Haase/Mike Schmeitzner (Hg.), Peter Blachstein: „In uns lebt die Fahne der Freiheit". Zeugnisse zum frühen Konzentrationslager Burg Hohnstein, Dresden 2005, S. 89 f. und 116.

270 Vgl. Birgit Mitzscherlich, Eine ungewöhnliche Intervention. Dokumente zur nationalsozialistischen Herrschaft in Sachsen. In: Letopis, 51 (2004), H. 2, S. 119–128. Bischof Petrus Legge persönlich hatte nach schriftlicher Bitte der sorbisch stämmigen Historikerin Maria Grollmuß bei der Landesregierung zugunsten Liebmanns interveniert, die jedoch eine Entlassung oder Verlegung des früheren Innenministers brüsk zurückwies (vgl. ebd., S. 127).

271 Vgl. Carina Baganz, Erziehung zur „Volksgemeinschaft"? Die frühen Konzentrationslager in Sachsen 1933–34/37, Berlin 2005, S. 121 f. Die Idee, Liebmanns Anti-Nazi-Reden im Landtag aus der Zeit vor 1933 im Lager von ihm selbst vorlesen zu lassen und diesen dabei zu foltern, stammte allerdings von dem Zwickauer NS-Funktionär Erich Kunz, der zwischen 1930 und 1933 ebenfalls Landtagsabgeordneter gewesen war und Mutschmann für diese besondere Lager-„Attraktion" gewinnen konnte. Vgl. Haase/Schmeitzner (Hg.), Peter Blachstein, S. 89.

„Mitbeteiligte waren", es schwer sei, „verwertbares Material zu bekommen". Leipzig sei zudem „kein Schwerpunkt des Lebens und der Amtstätigkeit Mutschmanns" gewesen, was sich konsequenterweise in den Berichten niederschlage. Gegen die These einer omnipräsenten Tatbeteiligung des Gauleiters führte Kirmsse gute Argumente ins Feld: Es könne kaum angenommen werden, dass Mutschmann „in diesen seinen Leistungen über das Maß der ersten Kriegsverbrecher-Garnitur hinausgegangen" sei, „dazu", so Kirmsse, „war dieser Mensch auch im Bösen nicht groß genug". Das Problem der Dämonisierung brachte der Verwaltungsjurist auch in Fragen von reichsweiten Verfolgungsaktionen zur Sprache. Eine „unmittelbare Einwirkung Mutschmanns über das Eingreifen des Reiches (Goebbels-Himmler) hinaus" bezweifelte er vor allem bei der Reichspogromnacht, da doch die „Absichten der Genannten" von einem regionalen Potentaten „kaum zu überbieten" gewesen seien.[272]

Aus all dem ergab sich für Kirmsse ein Vorschlag, den er selbst für „ungewöhnlich" hielt. Er ersuchte das sächsische LKA und die sowjetische Seite, „im Wege des allgemeinen öffentlichen Aufrufes Material gegen den Reichsstatthalter zu gewinnen, falls das bisher vorhandene nicht ausreicht".[273] Als Kirmsse am 31. August diesen Vorschlag unterbreitete, war jedoch seit zwei Tagen klar, dass es keinen öffentlichen Mutschmann-Prozess in Deutschland geben werde.

Die sowjetische Seite, für die der Prozess vor einem Dresdner „Volksgericht" sicher nur eine von mehreren Prozess-Varianten gewesen sein dürfte, hatte sich in der dritten August-Woche entschlossen, Mutschmann vor das Internationale Militär-Tribunal (IMT) in Nürnberg zu bringen. Innenminister Berija hatte sich gegenüber Außenamtschef Molotov dafür stark gemacht, dass der sächsische Gauleiter als seine „Nummer 2" auf die sowjetische Liste kam. Zur Begründung erläuterte Berija, Mutschmann habe sich als „Anhänger äußerst harter Maßnahmen des faschistischen Regimes, sowohl in Bezug auf die deutsche Bevölkerung als auch hinsichtlich von Kriegsgefangenen und ausländischen Arbeitern" erwiesen.[274] Vor allem nannte der Innenminister die unmenschliche Behandlung sowjetischer Kriegsgefangener in Sachsen. Erste Verhöre von Mutschmann-Getreuen in Moskau hatten diesen Aspekt überhaupt erst ins Bewusstsein der sowjetischen Seite gerückt.[275] Als sich die Alliierten am 29. August 1945 auf die endgültige Liste der Hauptkriegsverbrecher einigten, fehlten bis auf Großadmiral Erich Raeder und Rundfunkleiter Hans Fritzsche alle weiteren sowjetischen Vorschläge. Neben ho-

---

272 Vorläufiger Abschlussbericht des Hauptverwaltungsamtes beim Oberbürgermeister der Stadt Leipzig (Kirmsse) vom 31.8.1945 (SAPMO-Barch, DY 55/V278/2/72, Bl. 23–25).

273 Ebd., Bl. 25.

274 Berija an Molotov vom 27.8.1945. Zit. nach Andreas Hilger, Sowjetische Justiz und Kriegsverbrechen. Dokumente zu den Verurteilungen deutscher Kriegsgefangener, 1941 –1949. In: VfZ, 54 (2006), H. 3, S. 461 – 515, hier 476. Berija konnte sich in seinem Schreiben auf eine entsprechende Zuarbeit seines Ministeriums vom 21.8.1945 stützen.

275 Zu den Verhören vgl. im Einzelnen das nachfolgende Kapitel „Geheimverfahren in Moskau. Verhör und Anklageschrift".

hen SS- und Wehrmacht-Generälen war auch Mutschmann von westalliierter Seite abgelehnt worden – der Grund: „zu wenig bekannt und bedeutend".[276]

Da die sowjetische Seite ihr Unterfangen über die von ihr gesteuerte Presse bekannt gemacht hatte, wirkte die Zurückweisung doppelt peinlich und – da keine öffentliche Klärung folgte – für die Öffentlichkeit unerklärlich. Was mochten wohl Leser der „Sächsischen Volkszeitung" der KPD gedacht haben, als sie am 23. August die Schlagzeile „Zum bevorstehenden Kriegsverbrecher-Prozess in Nürnberg. ‚M.M.' und seine Komplizen – Bild eines ehemaligen Gauleiters" lesen durften, und den „Delinquenten" nur eine Woche später, am 1. September, vergeblich in der gerade veröffentlichten Liste der „Hauptkriegsverbrecher" suchten?[277] Neues über Mutschmann hatte die KPD-Zeitung ohnehin kaum zu berichten gehabt, und das, was sie veröffentlichte, waren Plattitüden, die von der „Tageszeitung für die deutsche Bevölkerung" sogar in weniger grober Form gebraucht worden waren. Der „ungekrönte König von Dresden" erschien hier als „verschlagen und wenig vertrauenserweckend", als „mürrisch und drohend" mit einer „finsteren Boxervisage", „sprichwörtlicher Dummheit" und „konstanter Bosheit". Die Botschaft von seiner persönlichen Verantwortung für die Dresdner Katastrophe durfte wiederum nicht fehlen. Neu war lediglich die Behauptung, er habe sich bei seinen vielen Betriebsbesichtigungen die „hübschesten" der weiblichen Mitarbeiter ausgesucht; seien diese dann schwanger oder geschlechtskrank geworden, habe die Gestapo zugegriffen und diese „kassiert".[278] Judenverfolgung und Holocaust blieben dagegen erneut unerwähnt, ebenso Verbrechen gegen sowjetische Kriegsgefangene, deren Ahndung sich allerdings die Besatzungsmacht vorbehalten hatte, sodass mit einer öffentlichen Diskussion darüber auch nicht zu rechnen war.

Das Scheitern des sowjetischen Antrags, Mutschmann vor das IMT zu bringen, zog ein fast schlagartiges Ende der eigenen und der deutschen kommunistischen Gauleiter-Berichterstattung nach sich. Umso auffälliger erschien es daher, dass die „Sächsische Volkszeitung" der KPD nur eine Woche später, am 8. September 1945, über „Massenmorde im Arbeitslager Radeberg" (bei Dresden) berichtete, das Präsidium der Landesverwaltung bereits am 19. September eine Sonderverordnung zur Aburteilung der Täter vor dem „Volksgericht" Sachsen verabschiedete[279]

---

276 Telford Taylor, Die Nürnberger Prozesse. Hintergründe, Analysen und Erkenntnisse aus heutiger Sicht, München 1994, S. 116. Fritzsche wurde erst nach längerer Diskussion von den Westalliierten akzeptiert, und zwar deswegen, weil man das „Ego der Sowjets streicheln wollte". Tatsächlich hatte Fritzsche im Goebbels-Ministerium keine zentrale Position inne gehabt und musste 1946 in allen Punkten frei gesprochen werden, was die sowjetische Seite beklagte (ebd., S. 117, 689–692).

277 SVZ vom 1.9.1945: „Erste Liste der Kriegsverbrecher. Zum bevorstehenden Prozess in Nürnberg".

278 SVZ vom 23.8.1945: „Zum bevorstehenden Kriegsverbrecher-Prozess in Nürnberg. ‚M.M.' und seine Komplizen – Bild eines ehemaligen Gauleiters".

279 Präsidialsitzung der LVS am 19.9.1945 (SächsHStAD, LRS, Min.-Präs., Nr. 675, Bl. 198). Vgl. auch Thüsing (Hg.), Das Präsidium der Landesverwaltung Sachsen, S. 182.

und wiederum nur eine Woche später mehrere Angeklagte zum Tode verurteilt und hingerichtet wurden – und zwar mit ausdrücklicher Genehmigung der Besatzungsmacht.[280] Welchen Reim durften sich kritische Zeitgenossen auf ein solches Vorgehen machen? Waren Thema, Kurzfristigkeit und Gerichtsverfahren eine Art Ersatzhandlung für den abgesagten Mutschmann-Prozess in Deutschland? Hatten sich Besatzungsmacht und KPD auch vor dem Hintergrund der gerade anlaufenden KZ-Prozesse im Westen[281] veranlasst gesehen, der Abrechnungspraxis der westlichen Besatzungsmächte etwas Adäquates entgegenzusetzen?

Der „Fall Mutschmann" verschwand aus der sowjetisch-kommunistischen Berichterstattung jedenfalls erstaunlich schnell, ja geradezu abrupt. Ausnahmen bildeten lediglich die vermeintlich überparteiliche „Berliner Zeitung", die in einem größeren Beitrag vor allem den Machtergreifungsterror der Mutschmann-Partei und die direkte Beteiligung des Gauleiters thematisierte,[282] sowie die erst im September 1945 gegründete „Volksstimme" der sächsischen SPD. Deren Chefredakteur Hans Block, ein langjähriger Weggefährte Hermann Liebmanns, stellte nur einen Tag nach der Exekution eines Teils der Radeberger Täter einen berechtigten Zusammenhang her: „Der erste Prozess vor dem Volksgericht in Dresden ist beendet. [...] Die Massenmorde von Radeberg aber sind damit nicht abgetan. Die Hauptschuldigen sind noch nicht vom Arm der Justiz erfasst. Das sind die für dieses Mordsystem als Anstifter und Schöpfer Verantwortlichen mit Adolf Hitler an der Spitze [...]. Aus Sachsen gehört dazu Martin Mutschmann, der widerliche Sadist, der Folterungen beiwohnte, um sich an den Qualen der Opfer zu weiden."[283]

Immer wieder versuchte die „Volksstimme" in jenen Wochen, das Thema Mutschmann in Erinnerung zu rufen.[284] Ende Oktober 1945 machte sie sich letztmalig und auch deutlich zurückhaltender für eine juristische Ahndung stark: Vor-

---

280 Vgl. SVZ vom 23.9.1945 („Volksgerichtshof Sachsen"), 25.9.1945 („Prozess gegen die Radeberger Massenmörder") und 26.9.1945 („Gericht des Volkes") sowie Volksstimme vom 1.10.1945 („Der Urteilsspruch des Volksgerichts") und 2.10.1945 („Das Urteil des Volksgerichts ist vollstreckt"). Die SVZ sprach in ihrem ersten Beitrag (s. o.) – und in Anlehnung an die NS-Terminologie – nicht nur vom „Volksgericht", sondern vom „Volksgerichtshof Sachsen".

281 Seit September 1945 lief in der britischen Zone der auf ein großes Echo stoßende „Lüneburger Prozess" an, der die NS-Verbrechen im KZ Bergen-Belsen ahndete; kurze Zeit später folgte der amerikanische „Dachau-Prozess".

282 Arno Voigt, Mutschmann – eine Reichsstatthalterfigur. Aus dem Leben und Wirken eines Nazibonzen. In: Berliner Zeitung vom 3.10.1945. Im Mittelpunkt des Beitrages stand interessanter Weise das KZ-Schicksal des nicht namentlich genannten SPD-Landtagsabgeordneten Hermann Liebmann.

283 Hans Block, Randbemerkungen zum ersten Volksgerichts-Prozess. In: Volksstimme vom 2.10.1945.

284 So berichtete die Zeitung über Mutschmanns geheime Konten, Immobilien und Vorleben. Vgl. Volksstimme vom 13.9.1945: „Mutschmanns Finanzgeschäfte. Die dunklen Konten des Reichsstatthalters"; vom 21.9.1945: „Einst ‚König Mu' – jetzt Jugendheim"; vom 19.10.1945: „Wir erinnern uns! Der ‚König von Sachsen' als Mordschreier und Schieber".

Die ausgebrannte Mutschmann-Villa in Dresden mit dem Plakat der Antifa-Jugend (1945)

dergründig beschäftigte sich das Blatt zwar mit dessen Stellvertreter Fritsch, der sich 1944 umgebracht hatte. Doch stand der frühere Gauleiter als vermutlicher geistiger Urheber der Tat und als „Autokrat schlimmster Sorte“ im Mittelpunkt des Berichts. Ihm wurden „Mordjustiz“, „viele Gewalttaten“ und zu guter Letzt auch die politische Beseitigung seines Amtsvorgängers, des „gewiss nicht einwandfreien ‚Ministerpräsidenten‘ Killinger“, vorgeworfen. Geschickt spann der Autor zudem die Fäden zurück zu dem Interview in der sowjetischen „Tageszeitung für die deutsche Bevölkerung“, um sein eigenes Anliegen zu legitimieren. Im letzten Absatz erhob er dann die alles entscheidende Forderung: „So, nun mag Mutschmann sprechen! Gern wollen wir ihm seine Rechtfertigung lassen – wenn ihm eine möglich ist.“[285] Doch diese Forderung, die zugleich auch eine Aufforderung zu einem öffentlichen Mutschmann-Prozess beinhaltete, blieb unerfüllt. Zeigner, Kirmsse und Block mussten sich den sowjetischen Vorstellungen beugen. Die Mutschmann-Akte der Leipziger Rathausspitze wurde Ende 1945 geschlossen.[286]

285 Volksstimme vom 30.10.1945: „Wo ist Herr Dr. Fritsch?“

286 Zeigner hatte noch Mitte Oktober 1945 Kirmsse gebeten, Zeitungsberichte über den „Prozess gegen Mutschmann“ zu „diesem Aktenstück“ zu nehmen. Aktennotiz Kirmsse vom 15.10.1945 mit handschriftlichen Randbemerkungen Zeigners vom 20.10.1945 (SAPMO-Barch, DY 55/V278/2/72, Bl. 26). Ende 1945 hatte die Leipziger Rathausspitze einen letzten Versuch unternommen, über einen Mitgefangenen Liebmanns an Belastungsmaterial gegen Mutschmann zu gelangen. Vgl. Stadtdirektor Freund an Verwaltungsrat Kirmsse vom 3.12.1945 (ebd., Bl. 27).

Стенограмма

ПРОТОКОЛ ДОПРОСА

арестованного МУЧМАН Мартина

от 22/VI-1945 года.

МУЧМАН М., 1879 г.рождения, уроженец гор.Хиршберг, Тюрингия, немец, член НСДАП, со средним образованием /окончил трехгодичное коммерческое училище/, женатый, в прошлом фабрикант, с 1933 года проживал в гор.Дрезден, Камениусштрассе, 2, до мая 1945 года являлся гауляйтером Саксонии и гор.Дрездена, владеет немецким /слабо/французским и английским языками.

Вопрос: Расскажите свою биографию.

Ответ: Я родился в 1879 г. в г.Хиршберг, в семье монтера Луиса МУЧМАНА. Учился в гор.Плауен 8 лет, затем стал работать на фабрике вместе с отцом. Работая на фабрике, я одновременно учился в торговой школе, которую окончил в 1896 ,. Затем я стал продавцом на кружевной фабрике.

В 1898 г. я переехал в гор.Херфорт, Вестфалия и поступил работать на бельевую фабрику, кладовщиком. В 1900 году переехал в гор.Кельн и стал работать на бельевой фабрике. В октябре 1901 года я был призван в армию в гор.Штрасбург. После двухлетней службы в армии я вернулся на родину в гор.Плауен, поступил на кружевную фабрику в качестве мастера трикотажника. С 1904 по 1907 гг. я работал на другой кружевной фабрике в качестве управляющего. В 1907 г. я основал собственное дело, куда привлек своего школьного товарища АЙЗЕНТРАУТ. В сезонное время у меня работало до 500 рабочих. Моя фирма занималась, главным образом, экспортом продукции в Северную Америку, Канаду и другие страны. Примерный оборот составлял от 750 тыс. до 1 миллиона марок в год. В 1914 году я был мобилизован в армию, находился все время на Западном фронте. Вследствие хронического воспаления почек в 1917 году я был из армии отпущен и вернулся на свое предприятие. С 1918 года в связи со смертью моего компаньона я руководил предприятием один. В 1924 г. я имел возможность быть избранным в ландтаг и позднее в рейхстаг, но я от этого отказывался, во-первых, потому, что

Martin Mutschmann

Verhörprotokoll vom 22.6.1945

Geheimverfahren in Moskau

Verhör und Anklageschrift

In der Zwischenzeit hatte sich die Moskauer Führung entschlossen, den früheren Gauleiter durch die eigenen Justizorgane aburteilen zu lassen. Dafür lassen sich mindestens zwei Gründe anführen: Zum einen die Ende August 1945 erfolgte westalliierte Zurückweisung des sowjetischen Wunsches, Mutschmann als einen Hauptkriegsverbrecher nach Nürnberg zu überstellen, zum anderen der hohe Stellenwert, den der Komplex Kriegsverbrechen für die sowjetische Führung einnahm. Dass in dem bereits erwähnten Schreiben des sächsischen LKA-Präsidenten vom 11. August 1945 dieser Komplex mit keiner Silbe erwähnt worden war, konnte als entsprechendes Signal gedeutet werden. Schon Wochen vorher im Verhör hatte einer der nach Moskau verbrachten Mutschmann-Vertrauten den früheren Gauleiter persönlich für die brutale Behandlung sowjetischer Kriegsgefangener und Zwangsarbeiter in Sachsen verantwortlich gemacht und so die Moskauer Entscheidung über die gerichtliche Zuständigkeit gewiss stark beeinflusst. Wie wichtig dieser Verbrechenskomplex für die sowjetische Seite war, zeigt der interne Schriftverkehr zwischen den Ministern Berija und Molotov vom August 1945, der (mit Blick auf die Aussagen des NS-Kronzeugen) gerade auf die Schwere dieser Verbrechen abhob.[287] Ein deutsches Gericht mit der juristischen Ahndung von Verbrechen an sowjetischen Staatsbürgern zu beauftragen, schien für Moskau jedenfalls 1945 kaum vorstellbar.

Doch geben die innersowjetischen Entscheidungsprozesse noch keine hinreichende Auskunft über das Geheimhaltungsgebaren, das jetzt den Fall beherrschte. Warum also verlor die sowjetische Seite plötzlich jedes öffentliche Interesse? Und warum eigentlich ließ sie Mutschmann nicht vor einem sowjetischen Militärtribunal in Deutschland öffentlich aburteilen? Selbst in diesem Fall hätten ja die Fäden des Verfahrens komplett in den eigenen Händen gelegen. Die Antwort darauf hat wohl mit der Prominenz des Angeklagten selbst zu tun: Wie die Verhörprotokolle zeigen, ging es der sowjetischen Seite – und hier wiederum den verschiedenen Geheimdiensten – darum, die Person des Gauleiters mitsamt seinen Verflechtungen im NS-System genauer auszuleuchten und auf diese Weise wichtige Informationen abzuschöpfen. Es war zudem möglich, gleichfalls verhaftete Mutschmann-Vertraute ausführlich zu verhören. Dabei konnte der Faktor Zeit – wie noch zu sehen sein wird – bewusst vernachlässigt werden.[288]

287 Vgl. Hilger, Sowjetische Justiz und Kriegsverbrechen, S. 476.

288 Wenn z. B. ein öffentlicher SMT-Prozess in Deutschland angesetzt worden wäre, hätte er in relativ kurzer Zeit abgeschlossen werden müssen, wie das Beispiel des „Sachsenhausen-

Davon legen jedenfalls die Protokolle über Mutschmanns Vernehmungen und die seiner ebenfalls verhafteten Vertrauten Zeugnis ab. Sie allein geben Auskunft über die ermittelnden Geheimdienstabteilungen, den zeitlichen Rhythmus der Verhöre, die Art und Weise der einzelnen Verhöre und nicht zuletzt auch über das Verhalten Mutschmanns und dessen Verteidigungsstrategie. Obwohl die Fragetechnik der einzelnen Vernehmungsoffiziere immer wieder einen bestimmten Schematismus erkennen ließ (z. B. „Was wissen Sie über die verbrecherischen Tätigkeiten Mutschmanns als Gauleiter Sachsens?"),[289] können die Ausführungen Mutschmanns und der gleichfalls verhafteten NS-Prominenz durchaus als authentisch gelten. Dies belegen ausführliche Schilderungen zu bestimmten Ereignissen und Personen, aber auch detaillierte Wiedergaben solcher Fälle, in denen sich z. B. der Angeklagte zu Widerspruch veranlasst sah. Keine Auskunft geben die Protokolle hingegen über die Atmosphäre, in denen die einzelnen Verhöre stattgefunden haben. Unklar bleibt deshalb, ob und inwieweit der frühere Gauleiter und die mit inhaftierte NS-Prominenz psychischen und physischen Folterungen ausgesetzt waren.[290]

Ungeachtet dieser offenen Fragen erscheint die Feststellung bemerkenswert, dass Mutschmann keinem einzigen Nachtverhör ausgesetzt wurde, obwohl diese Art der Vernehmung ein Spezifikum sowjetischer Verhörmethoden darstellte und seine sämtlichen Mitgefangenen in der Regel genau solchen Nachtverhören unterworfen wurden. Da in den penibel geführten Protokollen bis auf die Minute genau der zeitliche Rhythmus der Verhöre beschrieben ist, lassen sich auch noch im Nachhinein präzise Tageszeit und zeitlicher Umfang der Vernehmungen bestimmen. So steht fest, dass Mutschmann in der Regel nur für zwei bis drei Stunden vormittags oder nachmittags vernommen wurde. Ausnahmen bildeten lediglich zwei längere Verhöre im Februar und März 1946, die mit einer Dauer von über sieben Stunden deutlich aus dem Rahmen fielen. Ein maßgeblicher Grund für eine solch milde Behandlung dürfte in der körperlichen Verfassung des Herzkranken zu sehen sein. Nicht völlig auszuschließen ist jedoch auch die Überlegung der sowjetischen Führung, den früheren Gauleiter als „unversehrten" Zeugen vor dem Nürnberger IMT aussagen zu lassen, wozu es freilich nie gekommen ist.

Die Tatsache, dass Mutschmann nacheinander gleich von drei verschiedenen sowjetischen Diensten verhört worden ist, scheint auf diese Vorzugsbehandlung keinen sonderlichen Einfluss gehabt zu haben. Kurz nach seiner Verhaftung im Mai 1945 hatten ihn Offiziere der Spionageabwehr „Smersch" („Tod den Spionen!") in Chemnitz und Dresden verhört, bevor er am 28. Mai nach Moskau ausgeflogen und dort von der gerade neu gebildeten Abteilung „F" des NKVD übernommen

---

Prozesses" von 1947 demonstriert. Das aber hätte wegen der eigenen sowjetischen Ankündigungen im Fall Mutschmann noch im Laufe des Jahres 1945 geschehen müssen.

289 Verhörprotokoll Georg Bellmann vom 10.7.1945 (HAIT-Archiv, Akte Martin Mutschmann).

290 Physische Folterungen waren in der Sowjetunion offiziell bis 1953 erlaubt. Vgl. Hilger, Strafjustiz im Verfolgungswahn, S. 116.

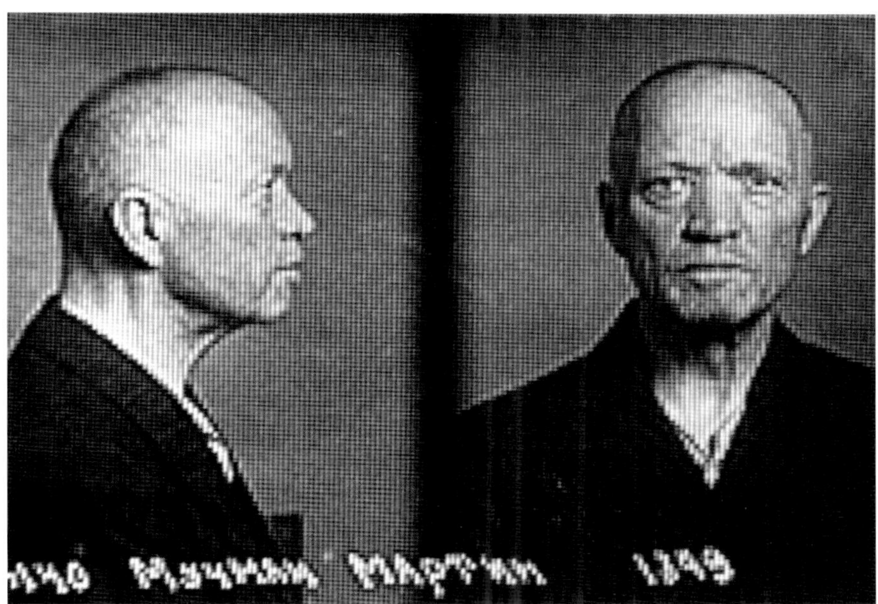

Mutschmann als Gefangener in Moskau

wurde. Die von Generalleutnant Pavel Sudoplatov geleitete Sonderabteilung sollte die „operative Auswertung" des von den Organen des NKVD, NKGB und der „Smersch" gelieferten Materials aus den „befreiten" Gebieten gewährleisten.[291] Da Sudoplatov aber auch noch mit der Leitung der Abteilung „S" (Atom[waffen]spionage) beauftragt war,[292] lagen die Verhöre in den Händen seines Stellvertreters, des Generalmajors M. A. Sapevalin. Gemeinsam mit einem Dolmetscher leitete Sapevalin die Untersuchungen gegen Mutschmann und weitere Mitglieder der sächsischen NS-Prominenz bis zur kurzfristigen Auflösung der Abteilung „F" im August 1945. Ab da hatte das sowjetische Staatssicherheitsministerium NKGB die Untersuchungen an sich gezogen. Neuer Untersuchungsführer wurde der stellvertretende Abteilungsleiter in der 4. Verwaltung („Aufklärung, Terror und Diversion im Hinterland des Gegners") des NKGB,[293] Major Altmann, der trotz deutscher Herkunft mit einem Dolmetscher arbeitete.

---

291 Jan Foitzik/Nikita Petrow, Die sowjetischen Geheimdienste in der SBZ/DDR von 1945 bis 1953, Berlin 2009, S. 14 f.

292 Die Abteilung „S" war schon Anfang 1944 vom Staatssicherheitsminister Berija geschaffen wurden. Vgl. Pawel Sudoplatow/Anatolij Sudoplatow, Der Handlanger der Macht. Enthüllungen eines KGB-Generals, Düsseldorf 1994, S. 230 und 238.

293 A. I. Kokurin/N. Petrow, Lubjanka. Die Organe WTschK – OPGU – NKWD – NKGB – MGB – MWD – KGB 1917–1991, Moskau 2003, S. 196 und 207.

Weder Sapevalin und Altmann noch der in den Sondergefängnissen der SBZ als Verhörspezialist eingesetzte NKGB-Major Seemann mussten sich sonderlich mühen, den früheren Gauleiter und die mit ihm inhaftierte NS-Prominenz zum Reden zu bringen. Das lag nicht nur in der fehlenden anwaltschaftlichen Unterstützung der Gefangenen begründet, sondern vor allem an deren Interesse, den einstigen Gauleiter schwer zu belasten. Lediglich darauf bedacht, die eigene Verantwortung zu relativieren und eigene Handlungen zu beschönigen, lieferten frühere Minister, Parteifunktionäre, Juristen und Wirtschaftsmanager dem NKGB entscheidende Stichworte, Informationen und Zusammenhänge, sodass der einstige „Gaufürst" fast vom ersten Vernehmungstag an in die Defensive geriet. Ein Teil der früheren NS-Gefolgschaft war sogar eifrig darum bemüht, die totale Macht des früheren „Sachsenführers" noch mächtiger erscheinen zu lassen und dessen Einfluss wesentlich zu überhöhen. Keine noch so deftige Übertreibung auf Mutschmanns Kosten schien ihnen abwegig genug, um die eigene Haut zu retten.

Dadurch, dass in Stalins Sowjetunion dem „Geständnis" ein besonderer Stellenwert zukam, erlangten zum einen Mutschmanns eigene Aussagen größeres Gewicht, zum anderen aber auch diejenigen der Mitgefangenen, deren Glaubwürdigkeit zu keinem Zeitpunkt ernsthaft hinterfragt wurde. Etwas in den Hintergrund gerieten so frühzeitig die bereits erwähnten deutschen belastenden Unterlagen aus dem Jahre 1945, die u. a. Aussagen zum Werdegang Mutschmanns, zur Verfolgung und Ermordung von Nazi-Gegnern, zur Judenverfolgung, zu Euthanasieverbrechen und zu Konzentrationslagern beinhalteten. Demgegenüber vermochten sich die sowjetischen Untersuchungsbehörden auf insgesamt 19 Zeugen zu stützen, die in Moskau und der SBZ interniert worden waren. So hatten die sowjetischen Dienste neben Mutschmann noch seinen früheren Intimus und Wirtschaftsminister Georg Lenk, den vormaligen ASW-Chef Werner Schmiedel und den einstigen Hauptgeschäftsführer der IHK, „Sachsens führenden Verbandsfunktionär" und „Chef-Arisierer" Georg Bellmann,[294] nach Moskau verbracht. In einem NKVD-Gefängnis in Dresden verhörte der NKGB-Offizier Seemann unterdessen Minna Mutschmann und Werner Vogelsang, im sowjetischen Speziallager Bautzen die Spitzenjuristen Rudolf Frommhold (Erster Staatsanwalt des Landgerichts Dresden), Alfred Eichler (Präsident des Amtsgerichts Dresden) und Heinrich Lehmann (Staatsanwalt am Landgericht Dresden) sowie Heinz Edelmann (Vogelsangs Annaberger Kriegsstellvertreter). Im Chemnitzer NKVD-Gefängnis wurden u. a. die früheren Mutschmann-Freunde Hans Schöne (der auch NS-Kreisleiter war) und Fritz Hoffmann (ein Chemnitzer Unternehmer) vernommen.

Die Mehrzahl der Verhöre hatte bereits im Juli/August 1945 stattgefunden, in einer Phase also, in der von der Moskauer Führung erwogen worden war, Mutschmann an das IMT nach Nürnberg zu überstellen. Eine zweite Phase, die jetzt auch

---

294 So Carsten Schreiber, Elite im Verborgenen. Ideologie und regionale Herrschaftspraxis des Sicherheitsdienstes der SS und seines Netzwerkes am Beispiel Sachsens, München 2008, S. 201.

Gegenüberstellungen mit Mutschmann einschloss (und sich natürlich nur auf die in Moskau anwesenden Lenk, Schmiedel und Bellmann beschränkte), wurde vom NKGB/MGB[295] im Spätherbst 1945 eingeleitet. Am Schluss der Untersuchungen standen – wie schon im Frühsommer 1945 – nur noch Verhöre Mutschmanns, die im März 1946, wenige Wochen vor der Fertigstellung der Anklageschrift, endeten.

Inhaltlich bestätigten die Einlassungen der einstmaligen Mutschmann-Getreuen die deutschen belastenden Unterlagen. Mehr noch: Sie gingen mit ihren offenkundigen Abrechnungsversuchen z. T. weit über diese hinaus. Deutlich wurde dies zuallererst bei der Charakterisierung des früheren „Sachsenführers", die in den Verhören immer wieder eine Rolle spielte. Von Vogelsang erfuhren die Untersuchungsführer, dass „Mutschmann ein kluger, berechnender Mensch" gewesen sei, der nicht anders als „ein Egoist", als „despotisch und herrschsüchtig [...] grob und grausam" beschrieben werden könne. Der vormalige Gauleiter habe „keine anderen Meinungen" ertragen können und sei wohl eher als ein „Politiker kleinen Maßstabs" anzusehen. Für Vogelsang stand zudem fest, dass Mutschmann danach strebte, „allein zu herrschen" und sich dabei bestimmter „Kreaturen" in Partei und Staat bediente. Die „Wendungen ‚liquidieren, vernichten, verhaften'" hätten zu „seinem Vokabular auf Versammlungen, Sitzungen etc." gehört. Aus „zwei Möglichkeiten der Bestrafung" habe er „stets die härtere" ausgewählt.[296] Vogelsang ging soweit zu behaupten, dass Mutschmann die „SS in der Durchführung notwendiger Maßnahmen für nicht ausreichend grausam und konsequent" gehalten habe.[297]

Mit einem solch vernichtenden Charakterurteil stand der ehemalige NS-Funktionär nicht allein. Auch andere frühere Kreisleiter der Partei gingen nun auf Distanz. Vogelsangs Kriegsstellvertreter Edelmann berichtete dem Verhöroffizier von der Zusammenarbeit mit Mutschmann, der „keine Widerrede oder andere Meinungen" habe ertragen wollen. Folglich habe ihm, Edelmann, die Arbeit „mit ihm niemals Freude bereitet, er schimpfte nur, verdächtigte die Leute wegen irgendetwas".[298] Eine ähnliche Leidensgeschichte mochte zwar der persönliche Mutschmann-Freund Schöne nicht zu präsentieren, doch charakterisierte er seinen früheren Mentor als „treuen und fanatischen" Gefolgsmann Adolf Hitlers; er habe dem „Führer" die „vorbildlichste" NS-Gau-Organisation „in ganz Deutschland" geschaffen.[299] Dagegen bemühte sich der langjährige Arisierungsspezialist Bellmann um eine größtmögliche Abgrenzung, als er – ähnlich wie Vogelsang – auf dessen kriminelle Energie abstellte: „Alle, die gegen ihn waren, steckte er mit Hilfe der Gestapo ins Gefängnis oder in Konzentrationslager."[300] Ähnlich sah dies auch

295 Die Bezeichnung für das sowjetische Staatssicherheitsministerium wechselte zu Beginn des Jahres 1946.

296 Verhörprotokoll Werner Vogelsang vom 8.8.1945 (HAIT-Archiv, Akte Martin Mutschmann).

297 Verhörprotokoll Werner Vogelsang vom 9.8.1945 (ebd.).

298 Verhörprotokoll Heinz Edelmann vom 16.8.1945 (ebd.).

299 Verhörprotokoll Hans Schöne vom 16.8.1945 (ebd.).

300 Verhörprotokoll Georg Bellmann vom 10.7.1945 (ebd.).

der Dresdner Jurist Frommhold, der – anders als Vogelsang – Mutschmann auch noch als „dumm und beschränkt", dazu als „nachtragend, erbarmungslos, grob" und als einen „großen Egoisten" bezeichnete, der „seine Handlungen niemals nach Recht und Gesetz ausgerichtet" habe. Wohl auch, um sich selbst ins rechte Licht zu rücken, wies Frommhold darauf hin, dass Mutschmann „seine Antipathien gegen Juristen" nicht habe verbergen können.[301]

Eine weitgehende Übereinstimmung durften die sowjetischen Untersuchungsführer in der Frage der Judenverfolgung konstatieren: Denn dass der obsessive Antisemitismus den zentralen Kern in Mutschmanns Weltanschauung abgegeben hatte, bestätigten unabhängig voneinander alle ehemaligen NS-Protagonisten. Insofern waren ihre – auch in der Schärfe der Wortwahl – kaum voneinander differierenden Auslassungen wenig erstaunlich. Die Deutlichkeit, mit der sie über Mutschmanns Obsessionen berichteten, durfte dann aber doch als bemerkenswert gelten, selbst wenn man in Rechnung stellt, dass fast alle von ihnen damit *auch* Exkulpationsabsichten verbanden. Schon während seines ersten Verhörs erklärte etwa Vogelsang unumwunden, dass „König Mu's" „Lieblingsthema, auf welchem er ständig herumritt, [...] die Judenfrage" gewesen sei.[302] Der ehemalige Gauleiter, so Vogelsang im nächsten Verhör, habe in der Propaganda unentwegt die Forderung erhoben, „alle Juden zu vernichten" und so die „jüdische Pest" auszurotten.[303] Auch Edelmann wusste zu berichten, dass die „Judenfrage [...] Grundlage aller Auftritte Mutschmanns" gewesen sei.[304] In dasselbe Horn stießen nacheinander Lenk und Frommhold. Für den ehemaligen Wirtschaftsminister war der frühere Gauleiter ein „erklärter Antisemit", dessen Reden „hauptsächlich einen antisemitischen Charakter" gehabt hatten,[305] für den Dresdner Juristen ein „berüchtigter Antisemit", der sich im Gegensatz zu anderen „nicht einmal bemühte, seinen Hass auf die Juden zu begründen". Nicht von ungefähr rückte ihn Frommhold in die Nähe des Nürnberger Judenhetzers Julius Streicher.[306]

Eine größere Bedeutung maßen die sowjetischen Untersuchungsführer den beiden ehemaligen Chemnitzer Unternehmern und persönlichen Freunden Mutschmanns bei, die sich gleichfalls breit über dessen Antisemitismus äußerten. In den von den sowjetischen Verhöroffizieren markierten Protokollstellen bewerteten Schöne und Hoffmann ihren einstigen Förderer direkt als einen eliminatorischen Antisemiten. Für den späteren Chemnitzer NS-Kreisleiter Schöne stand fest, dass Mutschmann der „leidenschaftlichste Gegner der Juden in Deutschland" gewesen sei, der „eine enorme Initiative bei der Verfolgung und Vernichtung dieser Gruppe an den Tag gelegt" habe. In seinen „unzähligen Reden und richtungsgebenden An-

301 Verhörprotokoll Rudolf Frommhold vom 18.8.1945 (ebd.).
302 Verhörprotokoll Werner Vogelsang vom 8.8.1945 (ebd.).
303 Verhörprotokoll Werner Vogelsang vom 9.8.1945 (ebd.).
304 Verhörprotokoll Heinz Edelmann vom 16.8.1945 (ebd.).
305 Verhörprotokoll Georg Lenk vom 6.7.1945 (ebd.).
306 Verhörprotokoll Rudolf Frommhold vom 18.8.1945 (ebd.).

weisungen" habe Mutschamnn zur „vollständigen und unerbittlichen Vernichtung der Juden" aufgerufen.[307] Hoffmann schilderte den einstigen Freund ganz ähnlich als den „bekannten Feind und Verfolger der Juden in Deutschland", der „immer wieder" mit Reden zur Vernichtung der Juden aufgetreten sei. Auch in privaten Gesprächen, so Hoffmann, habe der frühere Gauleiter davon gesprochen, dass es „nötig sei, die in Deutschland ansässigen Juden auszumerzen", indem man das ihnen gehörende Eigentum konfisziere und sie physisch vernichte. Und er fügte hinzu: „Alle repressiven Maßnahmen gegen die Juden in Sachsen wurden von Mutschmann sanktioniert."[308]

Was die konkreten Vorwürfe in der Frage der Judenverfolgung anging, so avancierten jedoch nicht Schöne, Hoffmann oder Vogelsang zu Hauptbelastungszeugen gegen Mutschmann, sondern Lenk, der für Moskau auch noch in weit interessanteren Punkten zum Kronzeugen aufstieg. Gewiss versuchten Schöne, Bellmann und Frommhold, ihr Herrschaftswissen in wirtschaftlichen und juristischen Dingen auszuspielen und die Rolle Mutschmanns bei der Arisierung ebenso eindringlich zu beleuchten wie bei allen entscheidenden Entrechtungsvorgängen seit 1933. Doch konnte Lenk, den seit seinem Sturz als Wirtschaftsminister 1943 wohl auch Rachemotive antrieben, die Vernehmer durch sein spezifisches Insiderwissen und daran geknüpfte Übertreibungen weit mehr beeindrucken. So überraschte er seinen Vernehmer mit der Auskunft, dass unter Mutschmanns Leitung schon vor 1933 die neue Plauener Synagoge geschändet worden sei: Seine Männer hätten die Türen aufgebrochen und tote Schweine auf den Altar geworfen.[309] Zudem habe er bereits am 7. März 1933 alle Juden in Plauen versammeln lassen, um ihnen die Haare zu scheren und sie ins Gefängnis zu pferchen.[310] Nach dem Attentat auf einen deutschen Diplomaten in Paris im November 1938 sei es wiederum Mutschmann gewesen, der „extra deswegen nach Berlin" gefahren sei und Goebbels den „Vorschlag" unterbreitet habe, als Antwort darauf „alle Synagogen in Deutschland" zu verbrennen, was auch prompt geschehen sei. Vier Jahre später habe Mutschmann allen Juden befohlen, ihre Wertsachen dem Staat zu übergeben. Die Frau des Gauleiters und Hitlers Schwester (Hammitzschs Frau) hätten sich dabei kräftig bedient: „Sie nutzten das aus und nahmen sich das, was ihnen von den Wertsachen gefiel."[311]

---

307 Verhörprotokoll Hans Schöne vom 16.8.1945 (ebd.).

308 Verhörprotokoll Fritz Hoffmann vom 14.8.1945 (ebd.).

309 Verhörprotokoll Georg Lenk vom 7.7.1945 (ebd.). Die von Lenk erwähnte Schändung der neuen Plauener Synagoge hatte sich tatsächlich so zugetragen, allerdings nicht – wie im Verhör geäußert – 1927, sondern im Februar 1930, als das Gebäude fast fertiggestellt war. Vgl. Hannes Schmidt, Zur Geschichte der Israelitischen Religionsgemeinde Plauen i.V., Plauen 1988, S. 39.

310 Verhörprotokoll Georg Lenk vom 6.7.1945 (HAIT-Archiv, Akte Martin Mutschmann). Im Gegensatz zu Lenk berichtet Schmidt, Zur Geschichte der Israelitischen Religionsgemeinde Plauen i.V., S. 49 ff., nur von vereinzelten Übergriffen zu dieser Zeit.

311 Verhörprotokoll Georg Lenk vom 7.7.1945 (HAIT-Archiv, Akte Martin Mutschmann). Hintergrund dieser Aussage war die 11. Verordnung zum Reichsbürgergesetz vom 25.11.

Mit Lenks intimen wie zugleich phantasievollen Auslassungen konnten alle anderen NS-Prominenten nicht mithalten. Mutschmanns früherer Duzfreund und Minister wusste die sowjetischen Untersuchungsführer von seiner exklusiven Stellung im einstigen Machtgefüge des NS-Gaues hinreichend zu überzeugen. Mochten andere (wie Edelmann) erklären, dass auf direkte Weisung Mutschmanns schon 1933 ein KZ im Annaberger Kreis für politische Gegner gebaut worden sei;[312] Lenk konnte ihnen dagegen berichten, dass er nach 1933 zusammen mit Mutschmann das KZ Hohnstein besucht und bereits 1923 von dem Unternehmerfreund „erzählt" bekommen habe, dass „unter seiner Führung auf einer Versammlung in Bad Elster ein Angriff auf Max Hoelz", den auch in der UdSSR bekannten kommunistischen Guerillaführer, begangen worden sei.[313] Ähnlich verhielt es sich in der Frage der Euthanasieverbrechen: Mochten Schöne und Vogelsang zu Protokoll geben, dass die Ermordung von „Geisteskranken" in Pirna-Sonnenstein auf Weisung Mutschmanns und von Innenminister Fritsch erfolgte und dass wenigstens einer von ihnen bei einer Kreisleiterkonferenz im Sommer 1939 gehört haben wollte, wie Mutschmann eine „korrekte" Ausführung des zentralen Befehls verlangte;[314] Lenk war ihnen auch hier voraus: Selbstverständlich kannte er auch „diesen Fall genau", weil

---

1941, in der der Vermögenseinzug der nach dem „Osten" deportierten deutschen Juden geregelt wurde. Teile des geraubten Vermögens wurden ab 1941/42 zentral eingezogen, ein anderer Teil regional „verwertet". Profiteure fanden sich fast folgerichtig auch und gerade in den obersten Hierarchien des NS-Systems, wie z. B. in Sachsen. Vgl. Cornelia Essner, Die „Nürnberger Gesetze" oder Die Verwaltung des Rassenwahns 1933–1945, Paderborn 2002, S. 306 ff.; Christiane Kuller, „Erster Grundsatz: Horten für die Reichsfinanzverwaltung". Die Verwertung des Eigentums der deportierten Nürnberger Juden. In: Birthe Kundrus/Beate Meier (Hg.), Die Deportation der Juden aus Deutschland. Pläne – Praxis – Reaktionen 1938–1945, Göttingen 2004, S. 160–179, hier 164 ff.

312 Verhörprotokoll Heinz Edelmann vom 16.8.1945 (HAIT-Archiv, Akte Martin Mutschmann). In der Stadt Annaberg hatte es ab März 1933 tatsächlich ein frühes KZ gegeben, das von der dortigen SA im Gasthof „Schützenhaus" eingerichtet worden war. Im Lager (bzw. im großen Saal des Gasthauses), das auch in regionalen Zeitungen als „Konzentrationslager" Erwähnung fand, wurden über 500 politische Gegner inhaftiert und misshandelt. Vgl. Baganz, Erziehung zur „Volksgemeinschaft"?, S. 87 f.

313 Verhörprotokolle Georg Lenk vom 6.7 und 7.7.1945 (HAIT-Archiv, Akte Martin Mutschmann). Dass die Hoelz-Geschichte von der sowjetischen Seite mit großem Interesse begleitet wurde, zeigt der Umstand, dass sowjetische Verhörspezialisten etwas später Vogelsang danach vernahmen und dieser – auch das typisch für die Verhöre – die Geschichte zumindest indirekt bestätigen wollte. Vgl. Verhörprotokoll Werner Vogelsang vom 8.8.1945 (ebd.).

314 Verhörprotokolle Hans Schöne vom 16.8.1945 und Werner Vogelsang vom 9.8.1945 (ebd.). Erste räumliche Voraussetzungen auf dem Pirnaer Sonnenstein wurden mit einem Erlass des sächsischen Innenministers im Oktober 1939 realisiert; die direkte Mordaktion lief zwischen Juni 1940 und August 1941 ab. Vgl. Boris Böhm/Thomas Schilter, Pirna-Sonnenstein. Von der Reformpsychiatrie zur Tötung psychisch Kranker und Behinderter. In: Nationalsozialistische Euthanasieverbrechen. Beiträge zur Aufarbeitung ihrer Geschichte in Sachsen. Hg. von der Stiftung Sächsische Gedenkstätten, Dresden 2004, S. 30–66, hier 43 ff.; Thomas Schilter, Unmenschliches Ermessen. Die nationalsozialistische „Euthanasie"-Tötungsanstalt Pirna-Sonnenstein 1940/41, Leipzig 1998, S. 65 f. und 83.

„mir von Mutschmann der Befehl gegeben wurde, die Leute, die diese Aufgabe der Vernichtung ausführten, mit Wein, Kaffee und Tabak zu versorgen". So habe er auch mitbekommen, dass der vormalige sächsische Gauleiter die von zentraler Stelle erhaltene Anordnung „auf die grausamste Weise" ausführte: „Er sammelte ungefähr 25 000 Menschen mit deutscher Staatsbürgerschaft in Pirna und vernichtete sie auf verschiedene Art und Weise, einschließlich mit Gas." Verschiedene ärztliche Gesuche, heilbar Kranke zu schonen, habe er brüsk abgelehnt.[315]

Aufmerksam wurden die sowjetischen Untersuchungsbehörden vor allem bei Lenks Hinweis auf eine Beteiligung Mutschmanns hinsichtlich der Behandlung und Unterbringung von sowjetischen Kriegsgefangenen und Zwangsarbeitern im sächsischen Gau. Dieser frühe Hinweis von Anfang Juli 1945 brachte eine neue Dimension in die sowjetische Untersuchungsarbeit, hatten doch bislang lediglich deutsche Opfer (selbst wenn sie Juden gewesen waren) zur Diskussion gestanden; nun ging es augenscheinlich – wie Lenk schilderte – um Hunderttausende Sowjetbürger!

Wie auch schon in anderen Punkten, erweiterte Lenk den realen Kern der Geschichte phantasievoll. So überhöhte er Zahlen und wechselte Orte ganz nach Belieben: Dem sowjetischen Untersuchungsführer erklärte Lenk, dass im Winter 1941/42 „ca. 200 000 russische Kriegsgefangene" auf das „Militärgelände in Dresden" gelangten, die anschließend dort „unter freiem Himmel" und ohne jegliche Lebensmittelversorgung hätten kampieren müssen. Dadurch seien viele von ihnen verstorben, wobei die Sterblichkeitsrate pro Tag bei „180–200 Menschen" gelegen habe.[316] Auch wenn davon auszugehen ist, dass die letzteren Angaben von ihm nur leicht überhöht waren, darf als Schauplatz der Gefangenengeschichte jedoch nicht Dresden, sondern müssen Zeithain und das dort befindliche Mannschaftsstammlager für sowjetische Kriegsgefangene gelten, in dem in der fraglichen Zeit ein monatlicher Bestand von ca. 10 000 von ihnen registriert war. Die hohe Sterblichkeitsrate resultierte zum einen tatsächlich aus der gravierenden Unterernährung und aus den erschreckenden hygienischen Bedingungen vor Ort, zum anderen aus der Fleckfieberepedemie, die sich auch infolge dieser Zustände ausgebreitet hatte.[317] Die Verbindung zwischen diesem entsetzlichen Massensterben und der

---

315 Verhörprotokoll Georg Lenk vom 7.7.1945 (HAIT-Archiv, Akte Martin Mutschmann). Bei der von Lenk genannten Zahl (25 000 Betroffene) handelt es sich um eine stark übertriebene Angabe. Nach neuesten Forschungen wurden auf dem Pirnaer Sonnenstein ca. 15 000 Menschen ermordet; 11 559 Namen sind inzwischen bekannt und in „Form einer Opferdatenbank erschlossen". Boris Böhm, Der Forschungsstand zur NS-„Euthanasie" in Sachsen. In: Sonnenstein. Beiträge zur Geschichte des Sonnensteins und der Sächsischen Schweiz (2010), H. 8, S. 25–40, hier 35.

316 Verhörprotokoll Georg Lenk vom 7.7.1945 (HAIT-Archiv, Akte Martin Mutschmann).

317 Vgl. Jörg Osterloh, Ein ganz normales Lager. Das Kriegsgefangenen-Mannschaftsstammlager 304 (IV H) Zeithain bei Riesa/Sa. 1941 bis 1945, Leipzig 1997, S. 71 und 178 f.; Jens Nagel, Das Kriegsgefangenenlager Zeithain 1941–1945. In: Norbert Haase/Alexander Haritonov/Klaus-Dieter Müller/Jens Nagel (Hg.), Zeithain – Gedenkbuch sowjetischer

Dresdner Ausgabe

Sächsische Zeitung

Stimmlisten einsehen!

ORGAN DER SOZIALISTISCHEN EINHEITSPARTEI DEUTSCHLANDS · LAN[...]N

1. Jahrgang / Nr. 54 — Dienstag, 25. Juni 1946 — Preis 15 Rpf.

Der Totenwald von Zeithain

Riesige Massengräber auf dem Truppenübungsplatz Zeithain entdeckt

Weit über 100 000 Kriegsgefangene durch Hunger und Seuchen gemordet

Dresden (SZ). In der Nähe des ehemaligen Truppenübungsplatzes Zeithain bei Riesa ist vor wenigen Tagen durch einen Zufall ein furchtbares Verbrechen des Hitlerfaschismus entdeckt worden. Dort wurden in einem einsamen Waldgelände umfangreiche Massengräber aufgefunden, in denen nach vorsichtiger Schätzung etwa 140 000 Menschen, zumeist kriegsgefangene Soldaten der Roten Armee, aber auch Zivilinternierte aus den von den faschistischen Armeen besetzten Ländern, verscharrt worden sind.

Die Mitglieder der Landesverwaltung, der Stadtverwaltung von Dresden, die Vertreter der Blockparteien, des FDGB, der Landes- und städtischen Polizei, Geistliche aller Konfessionen, Mitglieder des Frauenausschusses und der Freien Deutschen Jugend, ferner viele Abordnungen aus Betrieben und Werkstätten aus ganz Sachsen besichtigten am Sonnabendvormittag die Ausgrabungsstellen. Es war eine stumme, aber um so eindringlichere Demonstration der Erschütterung wie des Abscheus der sächsischen Bevölkerung über diese Mordtat der Nazis, und es war zugleich eine Ehrung der Opfer des Roten Armee für unsere Befreiung vom Hitlerjoch.

Sicherung des Friedens und der Einheit Deutschlands

Darum dein Ja zum Volksentscheid!

„Ihr dürft nicht länger Verwalter sein!"

Von Pfarrer Friedrich

Eine fehlende Stimme der Frau beim Volksentscheid bedeutet eine Stimme für die Kriegs- und Naziverbrecher und somit gegen den Frieden. So wie der Volksentscheid ausfällt, wird uns die Welt beurteilen.

Grete Groh-Kummerlöw, FDGB

Der Marsch in das Todeslager

Hinter diesen Stacheldrahtzäunen fielden die tierischen Massenmörder die Kriegsgefangenen verhungern. — Tausende wurden geknebelt. Etwa 140 000 Opfer, darunter ... Leichen, wurden im Walde von Zeithain verscharrt

Die „Sächsische Zeitung" berichtet am 25.6.1946 über die aufgefundenen Massengräber sowjetischer Kriegsgefangener in Zeithain.

Tätigkeit Mutschmanns lieferte Lenk mit dem Hinweis auf eine in der Tat bedeutsame zusätzliche Funktion, die der „Sachsenführer" zu Beginn des Krieges von Hitler übertragen bekommen hatte – nämlich die des Reichsverteidigungskommissars. Lenk machte im Verhör darauf aufmerksam, dass Mutschmann Kommissar für den 4. Wehrkreis gewesen war, zu dem außer Sachsen auch Teile Thüringens, des Sudetengebietes und des Raumes um Halle-Merseburg gehört hatten. Und er war es auch, der behauptete, Mutschmann habe von diesen Verhältnissen gewusst und „bewusst keine Maßnahmen zur Verbesserung" eben dieser Situation für die Kriegsgefangenen ergriffen.[318]

Lenk machte den „Sachsenführer" auch persönlich für das Schicksal von Hunderttausenden Zwangsarbeitern verantwortlich. Obwohl er keine konkreten Zahlen nennen konnte, könne er aber sagen, dass „Mutschmann seinen ganzen Eifer darin legte, dass die Sterblichkeit hoch ist, und er erklärte in dieser Frage, dass er dafür niemandem verantwortlich ist und er sein eigener Herr ist und er sich nur selbst Rechenschaft schuldig ist".[319] Diese Sicht bestätigten Mutschmanns frühere Freunde Hoffmann und Schöne. Während Schöne erklärte, dass sein früherer Mentor „zur verstärkten Ausbeutung von Zwangsarbeitern" aufgerufen habe,[320] wollte sich Hoffmann daran erinnern, dass der ehemalige Gauleiter „fehlende Arbeitskräfte in der Kriegsindustrie durch den Einsatz sowjetischer und anderer internationaler Arbeiter" auszugleichen gedachte.[321] Bellmann mochte wiederum das besonders „grausame" Regiment seines früheren Freundes in den von ihm so häufig besuchten Betrieben gern bezeugen. Dort habe Mutschmann einen „noch grausameren Umgang" mit den zur Arbeitssklaverei gezwungenen Zwangsarbeitern und Kriegsgefangenen gefordert.[322] Vogelsang machte dagegen in einem eigens verfassten Schreiben an seinen Untersuchungsführer auf einen der letzten vorgeblichen Mutschmann-Befehle aufmerksam: Dieser habe noch im April 1945 die Liquidierung von 16 000 Zwangsarbeitern (darunter 4 000 Juden) bei der Leipziger Firma HASAG angeordnet.[323]

Kriegsgefangener. Bd. 1: Das Kriegsgefangenenlager Zeithain – vom „Russenlager" zur Gedenkstätte, Dresden 2005, S. 42 –77, hier 66 f. Während des Verhörs hatte Lenk außer auf das „Militärgelände in Dresden" zwar auch auf den Ort Zeithain verwiesen, doch konnte dieser Name von dem Vernehmer wohl vorerst nicht eingeordnet werden. Vgl. Verhörprotokoll Georg Lenk vom 7.7.1945 (HAIT-Archiv, Akte Martin Mutschmann).

318 Ebd.

319 Ebd.

320 Verhörprotokoll Hans Schöne vom 16.8.1945 (ebd.).

321 Verhörprotokoll Fritz Hoffmann vom 14.8.1945 (ebd.).

322 Verhörprotokoll Georg Bellmann vom 10.7.1945 (ebd.).

323 Vogelsang an Untersuchungsführer vom 28.8.1945 (ebd.). Selbstverständlich ließ Vogelsang in seinem Schreiben nicht unerwähnt, dass er gegenüber Mutschmann einen solchen Befehl abgelehnt und als „Wahnsinn" bezeichnet habe. Ob ein solcher Befehl tatsächlich vorlag oder ob ihn Vogelsang erfunden hat, um sich selbst zu exkulpieren, bleibt offen. Anfang 1945 befand sich in den acht Arbeitslagern der HASAG im Leipziger Raum allerdings die genannte Zahl an Häftlingen, nämlich 16 581, darunter im Frauenlager der HASAG

Vogelsang war es auch, der den sowjetischen Vernehmern von der „Endkampf"-Energie seines früheren Chefs berichtete. Gegen die Truppen der Roten Armee habe Mutschmann nicht nur bis zur letzten Minute kämpfen und dafür immer neue „Volkssturm"-Einheiten ausheben lassen, sondern mit der Bildung von „Werwolf"-Gruppen und der Aufstellung eines „Adolf-Hitler-Freikorps" den Kampf noch nach der Niederlage weiterführen wollen.[324] Derartige Aussagen schienen Moskau in ein Delinquenten-Bild zu passen, welches der Unternehmer Hoffmann wenige Tage später abrundete, als er erklärte, Mutschmann habe in Gesprächen vor 1941 bekundet, dass ein Krieg gegen die UdSSR ebenso „notwendig" sei wie deren „Kolonisierung". Hoffmann meinte sich dabei insbesondere an Aussagen des früheren Gauleiters erinnern zu können, in denen dieser für eine Inbesitznahme ukrainischer Manganerzlagerstätten eingetreten sei.[325]

All diese Vorwürfe erfuhren eine bemerkenswerte Ergänzung durch die spezifische Art der „Anklageerhebung", die der sowjetische Verhöroffizier dem im Bautzner Lager inhaftierten Frommhold abnötigte. Auf die Frage, „welches Verhalten und welche Fakten er in Mutschmanns Tätigkeit als verbrecherisch bezeichnen" würde, antwortete der ehemals leitende Staatsanwalt Dresdens:

1.) Terror gegen die Juden, welchen Mutschmann organisiert hat;
2.) Einmischung in die sächsische Rechtsprechung;[326]
3.) „grausame Verfolgung von politisch und religiös Andersdenkenden";
4.) die „völlig mangelhafte Versorgung" Dresdens bei der Luftverteidigung (insbesondere in puncto Luftschutzräumen);
5.) „Betrug am deutschen Volk" durch die Propagierung von „Wunderwaffen" mit dem Ziel einer Kriegsverlängerung;
6.) Krieg verlängernde Maßnahmen Mutschmanns als Reichsverteidigungskommissar (etwa durch die sinnlose Organisation des „Volkssturms" aus „Kindern, Alten, Unbewaffneten").[327]

(Leipzig-Schönefeld) 5288. Die dort inhaftierten Frauen rechneten Mitte April 1945 in der Tat mit dem Schlimmsten, wurden aber dann am 13.4. „evakuiert". Vgl. Felicja Karay, Wir lebten zwischen Granaten und Gedichten. Das Frauenlager der Rüstungsfabrik HASAG im Dritten Reich, Köln 2001, S. 30 f. und 194.

324 Verhörprotokoll Werner Vogelsang vom 9.8.1945 (HAIT-Archiv, Akte Martin Mutschmann).

325 Verhörprotokoll Fritz Hoffmann vom 14.8.1945 (ebd.).

326 Als eine der wichtigsten Eingriffe Mutschmanns führte Frommhold übrigens den weiter vorn bereits erwähnten Dresdner Prozess gegen einen Teil der SA-Wachmannschaft des KZ Hohnstein von 1934/35 an. Vgl. Verhörprotokoll Rudolf Frommhold vom 18.8.1945 (ebd.). Über konkrete Eingriffe in Prozesse an Dresdner Gerichten berichtete auch der Dresdner Staatsanwalt Heinrich Lehmann. Vgl. Verhörprotokoll Heinrich Lehmann vom 17.8.1945 (ebd.).

327 Verhörprotokoll Rudolf Frommhold vom 18.8.1945 (ebd.).

So sehr Frommhold mit dieser Auflistung der deutschen Sicht[328] und vielleicht sogar eigenen Überzeugungen entsprochen haben mag,[329] so sehr entsprach sie allenfalls in Teilen der sowjetischen Sicht, für die seit Lenks Einlassungen der Komplex der Kriegsverbrechen zunehmend Bedeutung erlangte.

Für die sowjetischen Untersuchungsbehörden spielten seit Sommer 1945 nunmehr vier Verbrechenskomplexe eine zentrale Rolle: 1.) Judenverfolgung, 2.) Euthanasieverbrechen, 3.) Verfolgung politischer Gegner und 4.) Kriegsverbrechen (gegen Sowjetbürger und gegen die Sowjetunion). Obwohl alle vier Punkte bis zur Anklageerhebung im Frühjahr 1946 weiter eine Beachtung erfuhren, nahm der Komplex der Kriegsverbrechen doch bald eine Sonderrolle ein. Entsprechend dominierten diese Themen ab Sommer 1945 sämtliche Mutschmann-Verhöre, der in den Wochen zuvor mehr zu biografischen und familiären Fragen sowie zur innerparteilichen NS-Situation in der Kriegsendphase verhört worden war.[330] Die sowjetische Gauleiter-Berichterstattung vom Frühsommer 1945, von der sich Frommhold möglicherweise hatte beeinflussen lassen, durfte jedenfalls als erledigt gelten. Wie aber verhielt sich Mutschmann während der entscheidenden Verhörphase? Wie reagierte er auf die massiven Vorwürfe der früheren Anhänger, die jetzt von den Untersuchungsführern gegen ihn verwendet wurden? Und was sagte er zu den deutschen belastenden Unterlagen, die zumindest teilweise eine Rolle spielten?

Zunächst einmal kam es relativ rasch zu einem Dissens zwischen Mutschmann und seinen Untersuchungsführern über die Kompetenzen und Verantwortlichkeiten, die der vormalige „Sachsenführer" inne gehabt hatte: Die Untersuchungsbehörden gingen wie selbstverständlich davon aus, dass „nicht eine Organisation in Sachsen [...] ohne ihre [Mutschmanns] Anweisung funktionierte". Dass er von bestimmten Ereignissen, Entwicklungen oder Zusammenhängen angeblich oder tatsächlich „nichts wusste", konnten sie nicht ohne Weiteres glauben. Mutschmann dagegen präsentierte sich als ein „lokaler Führer der NSDAP", der von Weisungen und Befehlen der übergeordneten Instanzen – also Hitlers, der Reichsregierung oder der zentralen Parteikanzlei – abhängig gewesen sei. Eigenständige Entscheidungen habe er bei all den in Rede stehenden Verbrechenskomplexen somit gar nicht herbeiführen können.[331] Neben dieser – nach 1945 gebräuchlichen – Argumentation der Schuld- und Verantwortungsabwehr argumentierte Mutschmann, dass er im Frühjahr 1933 staatliche Führungsämter überhaupt nicht angestrebt habe. Zuerst

---

328 Interessanterweise fehlt in dieser Auflistung der Komplex der Euthanasieverbrechen, die Frommhold bekannt gewesen sein dürften.

329 Spätestens seit Ende der 1930er Jahre galt Frommhold, der an Urteilen gegen politische Gegner, Ausländern und Juden beteiligt war, als im Sinne des Nationalsozialismus „zuverlässig", auch wenn er gelegentlich Bedenken gegen die Art und Weise der Einflussnahmen Mutschmanns gehabt haben mag. Vgl. Personalakte Rudolf Frommhold (BA Berlin, R 3001, Nr. 56579).

330 Vgl. Verhörprotokolle Martin Mutschmann vom 19.5., 22.5. und 22.6.1945 (HAIT-Archiv, Akte Martin Mutschmann).

331 Verhörprotokoll Martin Mutschmann vom 9.7.1945 (ebd.).

sei ja Manfred von Killinger Ministerpräsident geworden, erst danach habe er sich von Hitler bei der Besetzung des Postens des Reichsstatthalters in die Pflicht nehmen lassen.[332]

Dieser Sicht wurde selbst bei einer Gegenüberstellung widersprochen, als ihm etwa Bellmann direkt ins Gesicht erklärte, dass in seinen – Mutschmanns – Händen die gesamte politische und wirtschaftliche Führung Sachsens gelegen habe und auch sein Streben nach größtmöglicher Machtzusammenballung immer dahin gegangen sei.[333] Doch auch Mutschmanns Verteidigungsstrategie, von nichts gewusst und gehört zu haben oder nur Befehlen gefolgt zu sein, ließ sich aufgrund der verschiedenen Aussagen und Unterlagen nicht ohne Weiteres durchhalten.

Deutlich wurde dies an dem Komplex der Judenverfolgung, der bis Frühjahr 1946 immer wieder eine Rolle spielte. Nach der Thematisierung der belastenden Unterlagen Walter Funks sah sich Mutschmann genötigt, seine seit Beginn des Ersten Weltkriegs andauernde antisemitische Haltung offen zu legen. In mehreren Verhören bekannte sich der ehemalige Gauleiter zu seiner antisemitischen Gesinnung: Die nach 1933 getroffenen Maßnahmen seien deshalb ins Werk gesetzt worden, weil „wir die Juden zu den Feinden des Staates zählten". Man habe doch nichts anderes getan, als im Programm der NSDAP formuliert gewesen sei! Dabei bestätigte er im Verhör, dass z. B. das reichsweite Judenpogrom von 1938 mit seinem Wissen in Sachsen erfolgte und er auch „einverstanden" gewesen sei, die in Sachsen ansässigen Juden in Ghettos zu verfrachten.[334]

Während der Verhöre zeigte sich allerdings rasch, wie problematisch sich Lenks Einlassungen im Einzelnen ausnahmen, wie nah Dichtung und Wahrheit häufig beieinander lagen. Die aus Insiderwissen, aber auch aus Hören-Sagen und eigenen Übertreibungen gespeisten Angaben mochte Mutschmann nämlich nur z. T. bestätigen. Hin und wieder ließ er seiner empörten Ablehnung freien Lauf, was wohl auf eine gewisse Glaubwürdigkeit hindeuten mochte. Im Falle der Plauener Synagoge, auf die vor 1933 ein von Mutschmann geplanter Schändungsanschlag erfolgt sein sollte, räumte der damalige Gauleiter eine unmittelbare Beteiligung ein: Ja, er habe „die Direktive" zu dieser Aktion gegeben und, ja, es sei tatsächlich ein totes Schwein hineingetragen worden, doch ohne die Türen der Synagoge in irgendeiner Weise beschädigt zu haben![335] Dagegen wies er die ebenso auf Lenk beruhenden Anschuldigen „kategorisch" zurück, am 7. März 1933 befohlen zu haben, alle Juden in Plauen zu versammeln und ihnen die Haare zu scheren. „Kategorisch" stritt er gleichfalls ab, je bei Goebbels eine eigene Initiative entfaltet zu haben, um die verheerende Reichspogromnacht von 1938 zu initiieren. Auch als ihm der sowjeti-

332 Verhörprotokoll Martin Mutschmann vom 14.2.1946 (ebd.).

333 Protokoll der Gegenüberstellung von Martin Mutschmann und Georg Bellmann vom 24.1.1946 (ebd.).

334 Verhörprotokoll Martin Mutschmann vom 14.2.1946 (ebd.).

335 Verhörprotokoll Martin Mutschmann vom 9.7.1945 (ebd.). Schmidt, Zur Geschichte der Israelitischen Religionsgemeinde, S. 39, verweist jedoch darauf, dass das Portal der Synagoge in der fraglichen Nacht tatsächlich „aufgebrochen" wurde.

sche Untersuchungsführer an diesem Punkt mit der Überstellung an ein „deutsches Volksgericht“ in Dresden drohte, blieb er bei seiner Antwort, die „reine Wahrheit zu sagen“, was gewiss zutraf.[336]

Anders verhielt es sich hingegen mit Lenks Insider-Tip, wonach sich Mutschmanns Frau und Hitlers Schwester (Hammitzsch) nach der Ende 1941 ergangenen 11. Verordnung zum Reichsbürgergesetz an den Schmucksachen enteigneter Juden persönlich bereichert hätten. Zwar schränkte Mutschmann ein, er habe eine zentrale Weisung befolgt und die Ausplünderung der Juden in Sachsen lediglich umgesetzt. Aber auf die Nachfrage, ob es denn „richtig“ sei, dass „Ihre Frau“ und die „Schwester Hitlers (Hammitzsch) alle Schmucksachen, die ihnen gefielen, sich ausgesucht und mitgenommen“ hätten, antwortete der einstige Gauleiter: „Das Leihamt [der Stadt], wo die Schmuckstücke gesammelt wurden, sollte sie gegen Bares [Geld] verkaufen, aber da die Juweliere den wirklichen Preis nicht angaben, wurde beschlossen, diese persönlichen Gegenstände zum freien Verkauf zu bringen. Meine Frau und die Schwester von Hitler, Hammitzsch, waren dort und suchten sich Gegenstände aus, die ihnen gefielen und kauften diese.“ Er selbst wollte jedoch mit diesen privaten Geschäften angeblich „nicht einverstanden“ gewesen sein und deshalb seiner Frau auch dafür kein Geld zur Verfügung gestellt haben. Infolgedessen könne er auch nicht sagen, was die verschiedenen Schmucksachen gekostet hätten.[337]

Aber dieses vermeintliche Halbwissen war nur vorgetäuscht, denn sowohl seine Frau als auch er selbst hatten sich bereits seit Anfang des Krieges aus Wertsachen jüdischer Herkunft kräftig bedient. Ausweislich eines Schriftwechsels zwischen der Gaugeschäftsführung der NSDAP und dem Leihamt der Stadt Dresden erwarb das Ehepaar Mutschmann für wenig Geld Dutzende von Silberwaren, die schon aus Beständen der im Zuge der Reichspogromnacht verfolgten jüdischen Bürger gestammt haben dürften. Während dabei der Gauleiter eine besondere Vorliebe für silberne Bilderrahmen und Dosen offenbarte, bevorzugte seine Frau mehrteilige Services, Teller und Schalen[338] – Ausplünderung und Bereicherung als Vorboten des Massenmordes!

Doch über den Holocaust als *das* entscheidende Ereignis schwieg sich Mutschmann beharrlich aus. Er, der noch im Sommer 1944 Himmler schriftlich dazu aufgefordert hatte, die Judenvernichtung weiter voranzutreiben, wollte im Verhör nun

---

336 Verhörprotokoll Martin Mutschmann vom 9.7.1945 (HAIT-Archiv, Akte Martin Mutschmann).

337 Ebd. Ob beide Frauen für den Erwerb des Raubguts tatsächlich Geld gezahlt hatten, muss offen bleiben.

338 Vgl. Leihamt der Stadt Dresden an Gaugeschäftsführer Müller vom 20.5.1939; vgl. auch Aufstellungen und Verzeichnisse von Silberwaren aus jüdischem Besitz aus den Jahren 1939/40 (HAIT-Archiv, Akte Martin Mutschmann). Da die Rechnung des Leihamtes an die Gaugeschäftsführung ging (für Hunderte Silberwaren wurden 9 324 RM „berechnet“), ist nicht einmal sicher, ob das Ehepaar Mutschmann überhaupt Geld für die Stücke gezahlt hat.

nicht mehr wissen, wohin die Juden deportiert worden waren. Auch auf Nachfrage erklärte Mutschmann, dass diese Aufgabe der Gaugeschäftsführer Georg Müller erledigt habe; der allein sei dafür zuständig gewesen! Bei dieser Behauptung blieb er auch dann noch, als ihm der Untersuchungsführer erklärte, dass selbst Georg Bellmann wisse, wohin die Juden gebracht worden seien – nämlich ins KZ. Doch alle Versuche, Mutschmann zum Sprechen zu bringen, fruchteten nichts. Über die Judenvernichtung wollte er „nichts gewusst" haben![339] Erschien ihm dieses Verbrechen dann doch zu monströs, um sich in diesem Punkt der Verantwortung zu stellen oder hatte er sich von vornherein darauf festgelegt, nur über Verantwortlichkeiten zu diskutieren, soweit sie Sachsen betrafen?

Dass die letztere Vermutung vielleicht den Kern seiner Überlegungen treffen könnte, mag der Komplex der Euthanasieverbrechen verdeutlichen, bei dem sich Mutschmann stärker als bei allen anderen Komplexen für die auf sächsischem Boden vollzogene Vernichtung zu rechtfertigen versuchte. Auch weil er wohl noch immer von der Richtigkeit dieser „Lösung" überzeugt war, gelang es dem Untersuchungsführer, eine direkte Verantwortlichkeit nachzuweisen. Zwar verwies Mutschmann zu Anfang des Verhörs wie schon so oft auf zentrale Befehle, doch ließ er schnell durchblicken, dass er diese „Maßnahmen" des Regimes keineswegs für verbrecherisch hielt. Vielleicht auch mit Blick auf den damals bestehenden europäischen Diskurs über die Verminderung angeblicher „Ballastexistenzen"[340] mochte er angenommen haben, mit seiner Verantwortungsübernahme auch auf sowjetisches Verständnis stoßen zu können. Insofern mag es nicht verwundern, dass er konkrete Angaben machte – so etwa zum Zeitpunkt der Aktion T4 in Sachsen, dem Vernichtungsort Pirna-Sonnenstein, der ungefähren Zahl der Opfer[341] und den verwendeten Tötungsmitteln (Kohlenmonoxid/Blaugas). Nach einer kurzen Diskussion mit dem Untersuchungsführer war er bereit, von der zuerst geäußerten Feststellung abzugehen, dass für diese Aktion nur der sächsische Innenminister

---

339 Verhörprotokoll Martin Mutschmann vom 14.2.1946 (ebd.).

340 Die Diskussion über „lebensunwertes" Leben und (Zwangs)Sterilisationen von geistig Behinderten zur Vermeidung „erbungesunden" Nachwuchses hatte in Europa seit 1919 intensiv eingesetzt. In manchen Ländern (wie im sozialdemokratisch regierten Schweden) wurden Gesetze zur Zwangssterilisation eingeführt und jahrzehntelang angewendet, in anderen Ländern (wie in Großbritannien) Gesetze zur Überführung des betreffenden Personenkreises in besondere Heime beschlossen, um auf diese Weise die Fortpflanzung zu unterbinden. Den Schritt von der Zwangssterilisation zur Vernichtung („Euthanasie") ging allerdings nur das nationalsozialistische Deutschland. Begriffe wie „Ballastexistenzen" oder „Defektmenschen" waren aber schon vor 1933 (und zwar auch und gerade von demokratischen Politikern) in die Diskussion eingeführt worden. Vgl. Gunter Mai, Europa 1918–1939. Mentalitäten, Lebensweisen, Politik zwischen den Weltkriegen, Stuttgart 2001, S. 85 ff.; Klaus-Dietmar Henke (Hg.), Tödliche Medizin im Nationalsozialismus. Von der Rassenhygiene zum Massenmord, Köln 2008, S. 20 f.

341 Im Verhör gab Mutschmann die Zahl der Opfer mit 8 000 bis 10 000 an; tatsächlich waren es – wie bereits erwähnt – ca. 15 000. Vgl. Verhörprotokoll Martin Mutschmann vom 9.7.1945 (HAIT-Archiv, Akte Martin Mutschmann).

verantwortlich gewesen sei. Er selbst wollte die Verantwortung tragen, wie auch der weitere Verhördisput zeigt:

„Frage: Welches Ziel verfolgten Sie mit der Vernichtung der Geisteskranken?
Antwort: Diese 10.000 Geisteskranken waren hinsichtlich ihrer Versorgung mit Lebensmitteln Ballast für das deutsche Volk. Für ihre Versorgung brauchte man einen großen Apparat und außerdem waren die Gebäude, die von den Geisteskranken belegt waren, für andere Heileinrichtungen notwendig.
Frage: Befanden sich unter diesen Geisteskranken welche mit der Aussicht auf Heilung?
Antwort: Unter diesen Leuten befanden sich keine heilbaren, weil die Psychiater eine sorgfältige Auswahl durchgeführt hatten.
Frage: Gab es Fälle, in denen sich ein Arzt an Sie wandte und Ihnen sagte, dass es nicht nötig sei, alle diese Menschen zu vernichten, weil sich unter ihnen welche befanden, die man heilen könnte?
Antwort: Nein. Kein einziger Arzt wendete sich in dieser Sache an mich.
Frage: Und wie beurteilen Sie den Fakt der Vernichtung der Kranken unter dem Gesichtspunkt der Menschlichkeit und der deutschen Kultur?
Antwort: Ich halte das für eine ganz normale Erscheinung, weil diese Kranken schon keine Menschen mehr waren, sondern sich wie Tiere benahmen.
Frage: Aber sie waren keine Tiere, sondern Kranke, und jeden Kranken [muss man heilen].
Antwort: Ich bleibe bei meinem Standpunkt.
[...] Ich kann das nicht als Verbrechen betrachten. Es war, wie ich sagte, eine Erleichterung für das deutsche Volk.“[342]

Auch in weiteren Verhören blieb er bei seiner Überzeugung, dass es sich bei dieser „Aktion“ keineswegs um ein Verbrechen gehandelt habe. In einer späteren Vernehmung machte er deutlich, dass er sogar persönlich involviert gewesen war, als er dem Untersuchungsführer erklärte, zu Beginn der „Aktion“ 1939 in Pirna-Sonnenstein gewesen zu sein. Auf die Frage nach dem genauen Ablauf der Tötung berichtete Mutschmann aus eigenem Erleben: „Zur Tötung der Geisteskranken wurden diese in kleinen Gruppen von 20 bis 25 Personen in den Baderaum geführt. Dann wurden die Türen geschlossen und Gas eingelassen. Ich habe durch ein speziell in der Wand eingelassenes Fenster beobachtet, wie die Personen nach drei bis vier Minuten eingeschlafen sind. Ich denke, dass das die humanste Methode der Tötung von Menschen ist.“[343]

342 Ebd. Der Text der Übersetzung in eckiger Klammer bezieht sich auf eine z. T. unleserliche Textstelle im russischen Original.

343 Verhörprotokoll Martin Mutschmann vom 14.2.1946 (ebd.). Die Tötung der Betroffenen hatte sich tatsächlich genau so abgespielt. Nur irrte Mutschmann in der Frage seines Besuchstermins. Er war nicht 1939, sondern 1940 auf dem Sonnenstein gewesen, und zwar vordergründig mit der Absicht, dass nur wenige Meter entfernt liegende Umsiedlerlager für Volksdeutsche aus Südosteuropa zu besuchen, worüber auch die regionale Presse berichtete. Wie aus dem Verhörprotokoll ersichtlich wird, hatte er diesen Besuch genutzt, um die angelaufene „Euthanasie“-Aktion selbst in Augenschein zu nehmen. Vgl. Böhm/Schilter,

Ähnlich freimütig mochte sich Mutschmann in der Frage der Verbrechen gegen politische Gegner keinesfalls äußern. Da es dabei fast ausschließlich um die Verfolgung kommunistischer und sozialdemokratischer Funktionäre ging, war ihm wohl klar, mit welchen Konsequenzen er im Falle weit reichender Geständnisse vor einem sowjetischen Gericht rechnen müsste. Im Falle des bekannten kommunistischen Guerillaführers Max Hoelz wollte er sich beispielsweise nur an eine indirekte Verbindung erinnern: Er habe natürlich keinen Anschlag auf eine Versammlung mit Hoelz geplant, aber es sei ihm bekannt, dass er für eine solche Versammlung in Bad Elster einen Ko-Referenten gegen die Kommunisten schicken sollte, was er freilich unterlassen habe. Erinnern könne er sich nur noch daran, dass er einen Tag später die Mitteilung über eine Schlägerei auf der fraglichen Versammlung erhielt, auf der Hoelz verletzt worden sei.[344] Ebenso sehr bestritt er Aussagen seines ehemaligen Annaberger NS-Kreisleiters Edelmann, 1933 die Weisung erteilt zu haben, im dortigen Kreis ein KZ zu errichten.[345]

Schwieriger wurde seine Argumentation in den Fällen, in denen weder die Existenz von frühen Lagern noch seine dortige Anwesenheit zu leugnen waren, und darüber hinaus nicht nur auf umstrittene Zeugenaussagen von NS-Mitwissern, sondern auch auf belastende deutsche Unterlagen zurückgegriffen werden konnte. So sah sich Mutschmann veranlasst einzuräumen, dass „Gegner der nationalsozialistischen Bewegung im großen Maßstab verhaftet und ohne Gerichtsurteil in Konzentrationslagern festgehalten“ worden seien. Weiter räumte er ein, NS-Gegner verfolgt zu haben, die auch „mit meinem Einverständnis verhaftet waren“. Namentlich erwähnte er den ehemaligen Landtagsabgeordneten und Redakteur der Plauener Volkszeitung, Eugen Fritsch (SPD), den früheren sächsischen Innenminister Hermann Liebmann (SPD) und zwei weniger bekannte Stadtverordnete. Im weiteren Verhörverlauf gestand Mutschmann weiterhin ein, Fritsch und Liebmann im KZ Hohnstein auch gesehen zu haben. Minuten später räumte er noch ein, statt ein einziges Mal (nämlich nur im Sommer 1933) mehrfach in diesem Lager gewesen zu sein. Doch an Folterungen wollte er nicht teilgenommen haben.[346]

Als der Untersuchungsführer in dieser Frage nicht locker ließ, machte Mutschmann ein neues Zugeständnis: Ja, es stimme, dass Liebmann geschlagen worden sei, aber er habe die Misshandlung unterbunden! Nun berichtete er ausführlicher, in welcher Weise Liebmann gefoltert worden war: Er habe sich, so Mutschmann, mit Innenminister Fritsch und einigen Landtagsabgeordneten der NSDAP auf „Inspektion“ im Lager Hohnstein aufgehalten, als einer seiner Abgeordneten (Erich Kunz) Liebmann gezwungen habe, aus (vermutlich mitgebrachten) alten Landtagsreden

---

Pirna-Sonnenstein, S. 47 f., 57 und 65; Schilter, Unmenschliches Ermessen, S. 230. Zur persönlichen Involvierung Mutschmanns in das Mordgeschehen vgl. ebd., S. 102, 135 und 142.

344 Verhörprotokoll Martin Mutschmann vom 9.7.1945 (HAIT-Archiv, Akte Martin Mutschmann).

345 Vgl. Verhörprotokoll Martin Mutschmann vom 10.11.1945 (ebd.).

346 Verhörprotokoll Martin Mutschmann vom 14.2.1946 (ebd.).

vorzutragen. Als dieser zu leise gesprochen habe, sei er misshandelt worden. So, wie er diese Folterung sofort „verboten" habe, so habe er auch später, bei entsprechenden Mitteilungen, Mitarbeiter ins KZ geschickt, um Folterungen zu unterbinden. Bei dieser Version blieb er auch dann noch, als der Untersuchungsführer direkt auf den Brief des Leipziger Oberbürgermeisters Zeigner vom 13. August 1945 verwies, in dem von einer aktiveren Rolle Mutschmanns bei Liebmanns Folterung die Rede gewesen war.[347] Dass im Falle der frühen Lager der frühere Gauleiter überhaupt so weit in die Enge getrieben werden konnte, war sicherlich den belastenden deutschen Unterlagen zuzuschreiben, vor allem aber den Leipziger Bemühungen.

Es darf mit Recht bezweifelt werden, dass es dem einstigen Gauleiter in einem öffentlichen Prozess in Deutschland und in Anwesenheit von überlebenden Häftlingen so einfach gelungen wäre, das Kapitel Folterungen derart phantasievoll zu seinen Gunsten auszumalen. In einem solchen Prozess hätte auch viel intensiver die Anzahl der frühen sächsischen Lager, die persönlichen und politischen Verantwortlichkeiten von NS-Führern wie Mutschmann oder die Gesamtzahl der dort inhaftierten Häftlingen hinterfragt werden können. Dann wäre deutlich geworden, dass dieses KZ-System nicht nur aus zwei Lagern bestanden hatte (wie die sowjetischen Untersuchungsbehörden aufgrund eigener geringer Kenntnisse annahmen), sondern aus über 20 Lagern.[348] Vermutlich wären auch Mutschmanns Untertreibungen in Bezug auf die Häftlingszahlen in den KZ Hohnstein und Sachsenburg zur Sprache gekommen: So konnte Mutschmann dem sowjetischen Vernehmer unwidersprochen erklären, dass in Hohnstein nur 150 bis 200 Personen und in Sachsenburg 500 bis 600 Personen inhaftiert gewesen seien.[349] Die tatsächliche Häftlingszahl hatte aber allein in Hohnstein (1933/34) bei 5 600 Personen gelegen![350]

Hatte sich der vormalige Gauleiter schon in der Frage der Verfolgung politischer Gegner zurückhaltend gezeigt, war das, was er zum Komplex Kriegsverbrechen äußerte, noch weniger aussage- und geständnisfreudig. Da er wusste, dass es in diesem Punkt um rein sowjetische Belange ging, können seine Zurückhaltung, sein Taktieren und hartnäckiges Leugnen nicht wirklich verwundern. So wollte er zwar in Fragen der Außen- und Kriegspolitik (vor allem bei Verbrechen gegen andere Völker) eine gewisse „Mitverantwortung" übernehmen, aber trotz seiner wichtigen Funktionen und der Tatsache, „naher Freund und Mitstreiter Hitlers" gewesen zu sein, nicht dieselbe Verantwortung tragen wie die einzelnen Mitglieder der Reichsregierung.[351]

---

347 Ebd. Dass die Idee mit der Verlesung der Reden Liebmanns tatsächlich von Kunz stammt, wurde bereits erwähnt, allerdings auch die Tatsache, dass dies ohne Mutschmanns Einverständnis und dessen Mittun nicht hätte stattfinden können. Vgl. Haase/Schmeitzner (Hg.), Peter Blachstein, S. 89.

348 Vgl. Baganz, Erziehung zur „Volksgemeinschaft"?, S. 119.

349 Vgl. Verhörprotokoll Martin Mutschmann vom 14.2.1946 (HAIT-Archiv, Akte Martin Mutschmann).

350 Vgl. Baganz, Erziehung zur „Volksgemeinschaft"?, S. 93

351 Verhörprotokoll Martin Mutschmann vom 27.2.1946. In: Unbekannte Kapitel, S. 43.

Als ihn der Untersuchungsführer auf Hitlers Konzept der Erweiterung deutschen Lebensraumes festlegen wollte, wich Mutschmann geschickt aus: Er habe die Lebensraumthese „tatsächlich unterstützt", doch darunter den Anschluss deutschsprachiger Gebiete (Österreich, das Sudetenland) an das Deutsche Reich verstanden. Dass sich das Lebensraumkonzept auf Osteuropa bezogen haben sollte, mochte er ebenso wenig zugestehen wie ein mögliches Wissen über Hitlers Angriffspläne auf die Sowjetunion und andere „aggressive Pläne Hitlers". Da passte es ins Bild, dass er sich zu seiner „antisowjetischen Propaganda" ab 1941 bekannte, sich aber nicht daran erinnerte, von der „Notwendigkeit der Verwandlung slawischer Völker in Sklaven und der Kolonisierung des Sowjetlandes" je gesprochen zu haben. So nützte es dem Vernehmer wenig, die Zeugenaussagen von Hoffmann und Schöne ins Spiel zu bringen, da Mutschmann jetzt soweit differenzierte, dass er zwischen der temporär nötigen Ausbeutung der Manganerzlagerstätten in der Ukraine und einer direkten „Kolonisierung" sowjetischen Territoriums unterschied, der er natürlich nie das Wort geredet habe. Als der Vernehmer einen weiteren Anlauf unternahm und ihm erklärte, es könne ihm doch „unmöglich nicht bekannt" gewesen sein, was Hitler in „Mein Kampf" gefordert habe, nämlich die Eroberung von Lebensraum im Osten, in der Sowjetunion, antwortete Mutschmann: „Ich habe das Buch ‚Mein Kampf' nicht gelesen."[352] Doch als „Dummenfang" war diese Antwort nicht zu deuten, viel eher als kaltschnäuziger Selbstschutz. Denn nur wenn er eine solche Unkenntnis vortäuschte, konnte er behaupten, geglaubt zu haben, dass sich das Lebensraumkonzept auf rein deutsche Gebiete beziehe.

Eine radikale Verantwortungsabwehr betrieb der ehemalige Gauleiter auch in der Frage des Umgangs mit sowjetischen Kriegsgefangenen und Zwangsarbeitern in Sachsen. Der erst von Lenk thematisierte Komplex betraf die Gerichtsmacht Sowjetunion noch unmittelbarer als die Kontroverse um den Lebensraum, entsprechend breit wurde er von den Untersuchungsführern diskutiert. Doch statt auf eigene Recherchen vor Ort (in Zeithain) zu vertrauen, stützten sie sich in der ersten Zeit auf Lenks Zeugenaussage, die noch dazu höchst oberflächlich zur Kenntnis genommen wurde. So machten sie es Mutschmann gar zu einfach, Sachverhalte zu entkräften oder völlig zu leugnen. Paradox erschien bereits der Umstand, dass nicht der Vernehmer, sondern Mutschmann selbst das „Städtchen Zeithain" als den eigentlichen Ort des Geschehens nannte. In der Sache selbst blieb er freilich wortkarg: Über die Zahl der Kriegsgefangenen, deren Versorgung und Sterblichkeit wusste er nichts zu sagen. Einräumen wollte er lediglich, ein einziges Mal in einem

---

352 Ebd., S. 45 ff. In dem Interview mit der sowjetisch redigierten Tageszeitung für die deutsche Bevölkerung vom 2.6.1945: „Der Fronvogt Sachsens, Martin Mutschmann, verhaftet", hatte Mutschmann bereits die Richtung seiner Verteidigung vorgegeben, auch wenn er damals noch die auf den Osten bezogene Lebensraumthese in Umrissen gekannt haben wollte: „Sicher steht in ‚Mein Kampf', dass Deutschlands Kolonien im Osten liegen. Aber ich muss gestehen, dass ich mir niemals richtige Gedanken darüber gemacht habe, wie wir zu diesen Gebieten eigentlich kommen sollten, dass das ohne Krieg gar nicht gut möglich ist. Ich habe überhaupt sehr wenig gelesen und mich mit vielen Gedankengängen gar nicht beschäftigt."

solchen Lager (vermutlich in Zeithain) gewesen zu sein. Doch dort habe er alles „in beispielhafter Ordnung" vorgefunden: „Der Umgang war gut", der Speisesaal tadellos und mit Geld alles zu kaufen. Dass diese Angaben vielleicht für die dort mit einsitzenden Italiener gegolten hatten, nicht aber für die sowjetischen Gefangenen, erwähnte er nicht – und die sowjetischen Vernehmer wussten es nicht! Auch in der Frage des Massensterbens berichtete Mutschmann nur Relativierendes: Gewiss habe er vom hier grassierenden Flecktyphus gehört, doch habe der nicht auch „das medizinische Personal" getroffen?[353]

Was seine eigenen Verantwortlichkeiten betraf, so machten es ihm die Vernehmer auch noch leicht zu leugnen. Obwohl ihnen Lenk in seiner Aussage Mutschmanns Zuständigkeiten als Reichsverteidigungskommissar zu erklären versucht hatte, hoben sie immer wieder auf dessen Gauleiter-Funktion ab: Fragen des Untersuchungsführers, ob er nicht als „Gauleiter das Recht" gehabt habe, die Tätigkeiten der Militärbehörden zu kontrollieren und Einfluss auf die Behandlung der Kriegsgefangenen zu nehmen, konnte Mutschmann mit der Bemerkung abbügeln, dass er doch in seiner parteipolitischen Funktion als „Gauleiter" keine derartigen Direktiven geben konnte.[354] Erst Monate später, nach einer Gegenüberstellung mit Lenk, brachte der Untersuchungsführer die Funktion des Reichsverteidigungskommissars ins Spiel. Nun änderte auch Mutschmann die Taktik und erklärte, er habe die verantwortlichen militärischen Stellen über das Massensterben informiert, nur hätten die nichts unternommen! Als ihm der Vernehmer darauf vorhielt, von Amts wegen verpflichtet gewesen zu sein, hiergegen einzuschreiten, bezog er eine neue Verteidigungslinie: Er habe die Militärbehörden über das Massensterben nur informieren können, aber auch als Reichsverteidigungskommissar keine „Berechtigung" besessen einzugreifen.[355]

Nur bei der Verwendung sowjetischer Zwangsarbeiter und Kriegsgefangener für die Kriegsproduktion räumte er eigene Aktivitäten ein: Bei der Ersetzung deutscher Arbeitskräfte habe er mitgewirkt, aber auch hier nur „Anweisungen" der Reichsregierung erfüllt, diese allerdings „pünktlich und exakt". Ja, er habe sich sogar „nach Kräften bemüht, sie zu erfüllen".[356] Doch die entscheidende Verantwortung dafür unterstellte er sowohl dem Landesarbeitsamt als auch dem Reichsarbeitsministerium. Sie allein hätten die Arbeitskräftelenkung organisiert und von ihm natürlich keinerlei „Direktiven" erhalten. Die ausländischen „Arbeiter" hätten sich im Übrigen „freiwillig in ganz Deutschland beworben"; von gewaltsamer Versklavung wisse er nichts.[357] Genau das dürfte aber zweifellos der Fall gewesen sein, wurden doch ent-

353 Verhörprotokoll Martin Mutschmann vom 9.7.1945 (HAIT-Archiv, Akte Martin Mutschmann).

354 Ebd.

355 Verhörprotokoll Martin Mutschmann vom 11.3.1946 (ebd.). Die Gegenüberstellung mit Lenk hatte am 12.1.1946 stattgefunden.

356 Verhörprotokoll Martin Mutschmann vom 27.2.1946. In: Unbekannte Kapitel, S. 48.

357 Verhörprotokoll Martin Mutschmann vom 9.7.1945 (HAIT-Archiv, Akte Martin Mutschmann).

scheidende Kontingente sowjetischer Kriegsgefangener in den größten sächsischen Waffenschmieden wie der HASAG seines Freundes Paul Budin (Leipzig) oder den Mitteldeutschen Stahlwerken Friedrich Flicks (Gröditz) ebenso eingesetzt wie in der Landwirtschaft und in vielen sächsischen Städten und Gemeinden.[358] Durch seine ständigen Betriebsbesuche ist ihm die Situation auch im Einzelnen wohl recht vertraut gewesen. Entsprechende Bemerkungen Lenks müssen ebenso als authentisch angesehen werden wie dessen Hinweise auf die Kompetenz des Reichsverteidigungskommissars in Fragen der Kriegsgefangenenbehandlung. Mutschmanns gebetsmühlenartig wiederholte Aussagen, dass die Kriegsgefangenen in die alleinige Zuständigkeit der Militärbehörden gefallen seien, waren unhaltbar. Die Reichsverteidigungskommissare hatten – gerade in der letzten Phase des Zweiten Weltkrieges – in diesem Punkt entscheidend mitzubestimmen.[359] Sie waren in die „systematische Unrechts- und Vernichtungspolitik des NS-Systems gegen bestimmte Bevölkerungsgruppen [...] verantwortlich eingebunden", insbesondere bei der Behandlung von Kriegsgefangenen und Zwangsarbeitern in Lagern und Betrieben.[360]

Wenn jüngst Christopher R. Browning mit Blick auf die Beteiligung des deutschen Auswärtigen Amtes an der Judenverfolgung zwischen „aktiver Komplizenschaft" (den „Auftragsverbrechen") und „passiver Komplizenschaft" (den „Unterlassungsverbrechen") unterschieden hat,[361] dann sind dem sächsischen Reichsverteidigungskommissar mit Blick auf die Behandlung sowjetischer Kriegsgefangener und Zwangsarbeiter mindestens „Unterlassungsverbrechen" vorzuwerfen.

Bezogen auf alle vier bereits erwähnten Verbrechenskomplexe gingen die sowjetischen Untersuchungsbehörden allerdings nicht nur von einer passiven, sondern von einer „aktiven Komplizenschaft" aus. Nachdem Mutschmann in einem letzten Verhör Ende März 1946 auch noch 27 Fotos erklären musste, auf denen er zumeist mit prominenten NS-Führern (wie Hitler, Goebbels oder Göring) zu sehen war,[362] stellte der Untersuchungsführer Altmann im April 1946 eine Liste mit Beweismaterial zusammen, die als Grundlage für die wenig später angefertigte Anklageschrift diente. Darin machte er deutlich, dass er Mutschmann für eine zentrale Figur der gesamten NS-Diktatur hielt: So war für ihn der „Sachsenführer" nicht nur Geld-

---

358 Vgl. Nagel, Das Kriegsgefangenenlager Zeithain, S. 57 f.; Osterloh, Ein ganz normales Lager, S. 74 ff.

359 Vgl. Klaus-Dietmar Henke, Die amerikanische Besetzung Deutschlands, München 1995, S. 823; Karl Teppe, Der Reichsverteidigungskommissar. Organisation und Praxis in Westfalen. In: Dieter Rebentisch/Karl Teppe (Hg.), Verwaltung contra Menschenführung im Staat Hitlers. Studien zum politisch-administrativen System, Göttingen 1986, S. 278–301, hier 291; Andrzej Strzelecki, Der Todesmarsch der Häftlinge aus dem KL Auschwitz. In: Ulrich Herbert/Karin Orth/Christoph Dieckmann (Hg.), Die nationalsozialistischen Konzentrationslager – Entwicklung und Struktur. Bd. II, Göttingen 1998, S. 1093–1112, hier 1098.

360 Teppe, Der Reichsverteidigungskommissar, S. 291.

361 Christopher R. Browning, Das Ende aller Vertuschung. In: FAZ vom 10.12.2010.

362 Vgl. Verhörprotokoll Martin Mutschmann vom 26.3.1946 (HAIT-Archiv, Akte Martin Mutschmann).

beschaffer Hitlers und der NSDAP, sondern auch der persönliche Verfolger von „Kommunisten, Sozialdemokraten und demokratisch eingestellten Personen in Sachsen“, der dortige Inspirator und Organisator von Judenpogromen und Euthanasieverbrechen sowie der billigende Mitwisser der „brutalen“ Ausbeutung sowjetischer Kriegsgefangener, darüber hinaus der NS-Agitator „zur Eroberung fremder Gebiete durch Deutschland und zur Fortführung des Krieges gegen die UdSSR“.[363]

Dass die sowjetischen Untersuchungsbehörden nur unzureichend gewillt waren, den Fall Mutschmann nach individuellen Schuldkriterien zu beurteilen und seine konkreten Verantwortlichkeiten aufzuhellen, zeigte letztendlich die Anklageschrift, die Mitte Mai 1946 vom Chef der 4. Verwaltung des MGB, Generalleutnant Sudoplatov, und vom stellvertretenden Staatssicherheitsminister, Generalleutnant Stolzov, bestätigt worden war. Sie enthielt bereits in ihrer Überschrift einen gravierenden juristischen „Webfehler“: Darin hieß es nämlich, dass „im Untersuchungsfall Nr. 8041 gegen den Angeklagten Martin Mutschmann und dessen Verbrechen [...] Ukaz 43, Teil I, in Betracht“ komme.[364] Was jedoch besagte der Ukaz 43? Der auf den 19. April 1943 datierte Erlass des Präsidiums des Obersten Sowjet der UdSSR beinhaltete „Maßnahmen zur Bestrafung der deutsch-faschistischen Übeltäter, die der Tötung und Misshandlung sowjetischer Zivilbevölkerung und gefangener Rotarmisten schuldig sind, sowie für Spione und Vaterlandsverräter unter den Sowjetbürgern und deren Helfer“. Der oben angezogene erste Teil der „Maßnahmen“ sah bei erwiesener „Tötung und Misshandlung“ sowjetischer Zivilisten und Rotarmisten durch deutsche oder verbündete „faschistische Verbrecher“ die Bestrafung mit der Todesstrafe durch Erhängen vor.[365] Aus dem Kontext des Erlasses wird jedoch deutlich, dass es sich bei den in Rede stehenden Straftaten allein um solche handelte, die auf dem zeitweilig besetzten Territorium der Sowjetunion begangen worden waren.[366] Genau das traf aber auf den vorliegenden Fall nicht zu. Insofern wäre es wesentlich zielführender gewesen, Mutschmann nach dem im Dezember 1945 von den Alliierten beschlossenen Kontrollratsgesetz (KG) Nr. 10 zu behandeln. Die dort vorgesehenen Tatbestände („Kriegsverbrechen“, „Verbrechen gegen den Frieden“, „Verbrechen gegen die Menschlichkeit“) hätten – anders als der Ukaz 43 – auch all diejenigen konkreten Deliktvorwürfe erfasst, die ja von der sowjetischen Seite im vorliegenden Fall zusammengetragen worden waren.[367]

---

363 Beschluss der 4. Abteilung des MGB, Major Altmann, vom 20.4.1946 über die schriftlichen Beweismittel im Fall Mutschmann (HAIT-Archiv, Akte Martin Mutschmann).

364 Anklageschrift des MGB gegen Martin Mutschmann vom 16.5.1946 (HAIT-Archiv, Akte Martin Mutschmann).

365 Der komplette Ukaz 43 ist abgedruckt in: Zeidler, Stalinjustiz contra NS-Verbrechen, S. 55 f.

366 Vgl. Friedrich-Christian Schroeder, Rechtsgrundlagen der Verfolgung deutscher Zivilisten durch Sowjetische Militärtribunale. In: Hilger/Schmeitzner/Schmidt (Hg.): Sowjetische Militärtribunale, Bd. 2, S. 37–58, hier 47.

367 Vgl. dazu auch die Bewertung von Nikita Petrov in einem Schreiben an den Autor vom 15.2.2010.

In der Anklageschrift selbst wurden all jene Verbrechen aufgelistet, die dem MGB auf der Grundlage der deutschen belastenden Unterlagen, der Zeugenaussagen von NS-Mitgefangenen, der Aussagen Mutschmanns und mehrerer Zeitungsartikel aus deutschen und sowjetischen Periodika[368] als solche erschienen. Neben tatsächlichen „Auftrags- und Unterlassungsverbrechen" (Browning) kamen *wegen* der Art und Weise der „Voruntersuchung" allerdings auch eine ganze Reihe von Überhöhungen, Fehlzuschreibungen und sachlichen Fehlern zum Tragen. Allein die Formulierung, dass die Aussagen der 19 namentlich aufgeführten Zeugen Mutschmann „überführt" hätten,[369] zeigt, welch hohen Stellenwert die vermutlich kaum geprüften Aussagen für den MGB gehabt haben müssen. Im Einzelnen hieß es über Mutschmann:

„Die Untersuchung hat in diesem Fall festgestellt, dass Mutschmann im Range eines Offiziers der deutschen Armee am ersten imperialistischen Krieg teilnahm. Nach der Demobilisierung aus der Armee 1920 trat er der antisemitischen Organisation ‚Deutsch[-völkischer] Schutz- und Trutzbund' bei und war ‚Inspirator' von Judenpogromen. 1922 trat er in Plauen der ‚nazistischen' Partei NSDAP bei und leitete die faschistische Organisation ‚Völkischer Sozialer Block' in Sachsen.
Als ergebener Faschist und einer der engsten Mitstreiter Hitlers war er einer der ersten, die Hitler materielle Hilfe leisteten und die nationalsozialistische Bewegung finanzierten. Er wurde 1925 durch Hitler zum ‚NSDAP-Gauleiter' von Sachsen berufen und 1930 als Abgeordneter der NSDAP in den Reichstag gewählt. Als einer der Organisatoren der NSDAP in Deutschland betrieb er aktive faschistische Agitation in Sachsen und warb bis 1933 250.000 NSDAP-Mitglieder.
Mutschmann betrieb mit Hilfe der von ihm 1925 geschaffenen Sturmabteilung ‚SA' in Sachsen bis 1933 eine erbitterte Verfolgung von Kommunisten und anderen demokratischen Kräften Deutschlands, überfiel antifaschistische Versammlungen, Kundgebungen und Demonstrationen und organisierte terroristische Akte gegen Führer demokratischer Parteien. Beispielsweise wurde im Jahre 1925 ein Anschlag auf den Führer der Kommunistischen Partei, Max Hoelz, von Mutschmann organisiert. Nach unvollständigen Angaben wurden allein im Kreis Chemnitz bis

---

368 Bei den in der Anklageschrift nicht näher spezifizierten Artikeln handelt es sich vor allem um Beiträge aus der „Pravda" (1946), der „Tageszeitung für die deutsche Bevölkerung" in Dresden (1945), dem „Freiheitskampf" (1945), der „Chemnitzer Zeitung" (1945) und dem „Nationalsozialistischen Gaudienst" Sachsen (1939), in dem Mutschmanns Gauleiter-Vorgänger Fritz Tittmann einen Artikel zum 60. Geburtstag des „Sachsenführers" veröffentlicht hatte. Diese sind in dem der Anklageschrift zugrunde liegenden Beschluss des MGB aufgeführt. Vgl. Beschluss der 4. Abteilung des MGB, Major Altmann, vom 20.4.1946 über die schriftlichen Beweismittel im Fall Mutschmann (HAIT-Archiv, Akte Martin Mutschmann). In der Akte Mutschmann befindet sich überdies der von Martin Mutschmann gezeichnete Artikel „Sachsen zu Dank verpflichtet. 1938 – das Jahr Großdeutschlands" (Allgemeine Zeitung Chemnitz vom 31.12.1938), in dem er vornehmlich gegen die „jüdischen Parasiten" hetzte.

369 Anklageschrift des MGB gegen Martin Mutschmann vom 16.5.1946 (HAIT-Archiv, Akte Martin Mutschmann). In einer der Anklageschrift enthaltenen „Mitteilung" wurde zudem festgehalten, dass Mutschmann auch durch Dokumente und Fotografien „überführt" worden sei. Bei folgender Zitierung fehlen die Blattangaben aus dem Original.

1933 von der SA und SS 80 Menschen ermordet und zu Tode gebracht. In seinen öffentlichen Reden im Radio und in der Presse forderte Mutschmann zur Ausrottung der Kommunisten und Antifaschisten in Sachsen und in ganz Deutschland auf.
Weiterhin in seinem Amt als Gauleiter Sachsens verbleibend, wurde Mutschmann nach dem faschistischen Staatsstreich in Deutschland im April 1933 auch zum Reichsstatthalter für Sachsen ernannt und führte bis zur Kapitulation Deutschlands die Partei- und Regierungsgewalt in Sachsen aus, unter erbarmungsloser Vernichtung aller antifaschistischen Elemente. Mit seinem Wissen führten SA und SS massenhafte Verhaftungen von Kommunisten und Mitgliedern anderer demokratischer Parteien durch und inhaftierten diese in die Konzentrationslager in Hohnstein und Sachsenburg, die auf Anweisung Mutschmanns in den Jahren 1934 und 1935 errichtet worden waren und in welchen massive Folter und die Vernichtung der Gefangenen betrieben wurden.
Auf Anordnung Mutschmanns wurden im Jahre 1939 ca. 10.000 Geisteskranke, die sich in Krankenhäusern in Pirna befanden, durch Gas vernichtet.
Auf Initiative Mutschmanns und auf der Grundlage seines Aufrufes zur Ausrottung aller Juden wurden 1938 alle jüdischen Synagogen in Sachsen niedergebrannt und massive Pogrome organisiert. Teile der konfiszierten Wertsachen und des Vermögens der Juden erwarben Mutschmann und seine Frau Minna für sich selbst bzw. verschenkten es an Aktivisten der faschistischen Partei. Nach 1938 wurden die in Gettos zusammengepferchten Juden auf Anweisung Mutschmanns aus Sachsen in Konzentrationslager deportiert, in denen sie der Vernichtung ausgesetzt waren.
Durch seine Tätigkeit förderte Mutschmann die Durchführung der deutschen Aggressionspolitik, die Vorbereitung und Auslösung des imperialistischen Krieges und den verräterischen Überfall auf die Sowjetunion. Zum Zwecke des Erwerbes von ‚Lebensraum' gab Mutschmann als Abgeordneter des Reichstages und als Statthalter Sachsens sein Einverständnis zur Eroberung Österreichs, zur Okkupation der Tschechoslowakei, Polens und einer Reihe anderer Länder, darunter auch der Sowjetunion.
In der Kriegszeit von Hitler zum Reichsverteidigungskommissar und zum Verantwortlichen für die Durchführung von Görings Vierjahresplan in Sachsen ernannt, stellte Mutschmann die gesamte Industrie Sachsens auf Kriegsproduktion um, mit dem Ziel, sie vollständig den Erfordernissen der Frontsituation unterzuordnen. Ungefähr eine Million russische Kriegsgefangene, ausländische Arbeiter und friedliche sowjetische Bürger, die in die Sklaverei nach Deutschland verschleppt worden waren, wurden auf Befehl Mutschmanns zwangsweise in Rüstungsbetrieben in Sachsen eingesetzt und grausam ausgebeutet. In den Konzentrationslagern Sachsens fanden Folter, massive Erschießungen sowie die Vernichtung der Gefangenen durch die Verbreitung von Infektionskrankheiten Anwendung. Allein im Lager Zeithain starben aufgrund von Erschöpfung, Hunger und Infektionskrankheiten täglich 180 bis 200 russische Kriegsgefangene und ausländische Arbeiter. Dennoch verlangte Mutschmann eine noch strengere Behandlung der Betreffenden.
Im Zusammenhang mit der Evakuierung der Deutschen aus Sachsen gab Mutschmann im April 1945 den Befehl zur Vernichtung von 16.000 Kriegsgefangenen, darunter 4.000 Juden, die im Leipziger Konzentrationslager gefangen waren.
Mit dem Ziel, das faschistische Reich zu erhalten, verlangte Mutschmann bis zum Tag der deutschen Kapitulation vom deutschen Volk neue Opfer, rief zur Fortführung des Krieges gegen die Sowjetunion auf und leitete in Sachsen die Vervollständigung und Bewaffnung der Volkssturm-Abteilungen, die an den Kämpfen gegen die Rote Armee teilnahmen. Außerdem organisierte

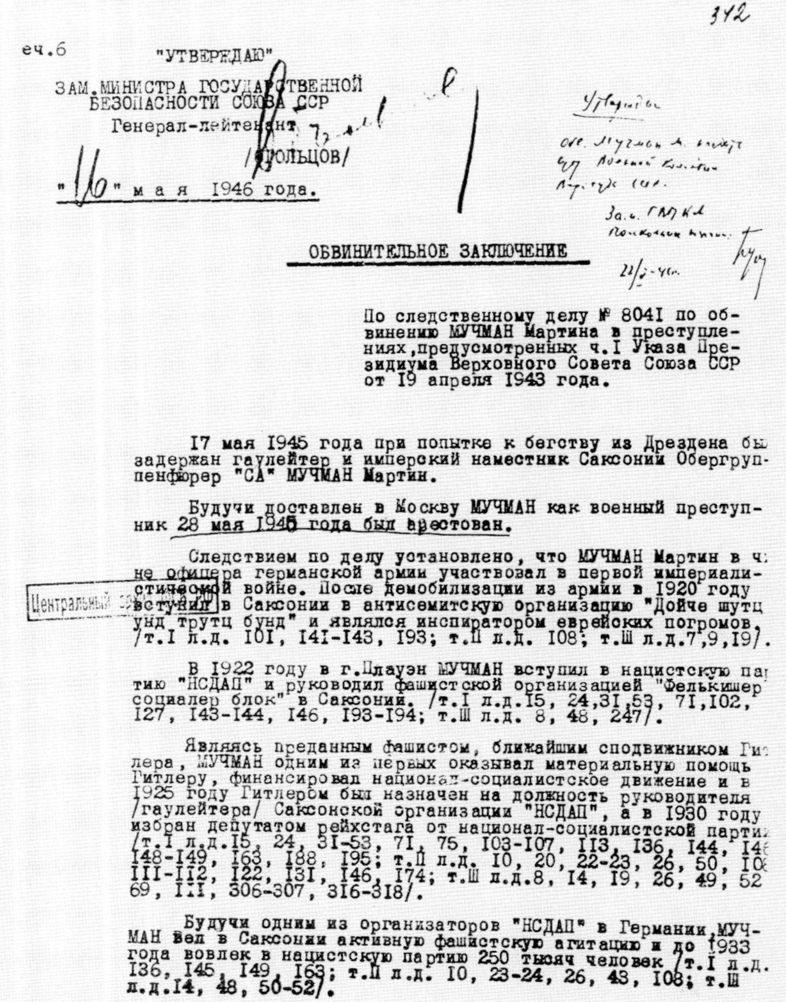

342

еч.6

"УТВЕРЖДАЮ"

ЗАМ.МИНИСТРА ГОСУДАРСТВЕННОЙ
БЕЗОПАСНОСТИ СОЮЗА ССР
Генерал-лейтенант
/[illegible]ОЛЬЦОВ/

"16" м а я 1946 года.

ОБВИНИТЕЛЬНОЕ ЗАКЛЮЧЕНИЕ

По следственному делу № 804I по обвинению МУЧМАН Мартина в преступлениях, предусмотренных ч.I Указа Президиума Верховного Совета Союза ССР от I9 апреля I943 года.

I7 мая I945 года при попытке к бегству из Дрездена бы[л] задержан гаулейтер и имперский наместник Саксонии Обергруппенфюрер "СА" МУЧМАН Мартин.

Будучи доставлен в Москву МУЧМАН как военный преступник 28 мая I945 года был арестован.

Следствием по делу установлено, что МУЧМАН Мартин в ч[и]не офицера германской армии участвовал в первой империалистической войне. После демобилизации из армии в I920 году вступил в Саксонии в антисемитскую организацию "Дойче шутц унд трутц бунд" и являлся инспиратором еврейских погромов. /т.I л.д. I0I, I4I-I43, I93; т.II л.д. I08; т.III л.д.7,9,I9/.

В I922 году в г.Плауэн МУЧМАН вступил в нацистскую па[р]тию "НСДАП" и руководил фашистской организацией "Фелькишер социалер блок" в Саксонии. /т.I л.д.I5, 24,3I,53, 7I,I02, I27, I43-I44, I46, I93-I94; т.III л.д. 8, 48, 247/.

Являясь преданным фашистом, ближайшим сподвижником Ги[т]лера, МУЧМАН одним из первых оказывал материальную помощь Гитлеру, финансировал национал-социалистское движение и в I925 году Гитлером был назначен на должность руководителя /гаулейтера/ Саксонской организации "НСДАП", а в I930 году избран депутатом рейхстага от национал-социалистской парти[и] /т.I л.д.I5, 24, 3I-53, 7I, 75, I03-I07, II3, I36, I44, I4[illegible] I48-I49, I63, I88, I95; т.II л.д. I0, 20, 22-23, 26, 50, I0[illegible] III-II2, I22, I3I, I46, I74; т.III л.д.8, I4, I9, 26, 49, 52 69, III, 306-307, 3I6-3I8/.

Будучи одним из организаторов "НСДАП" в Германии, МУЧМАН вел в Саксонии активную фашистскую агитацию и до I933 года вовлек в нацистскую партию 250 тысяч человек /т.I л.д. I36, I45, I49, I63; т.II л.д. I0, 23-24, 26, 43, I08; т.III л.д.I4, 48, 50-52/.

Die erste Seite der sowjetischen Anklageschrift vom 16.5.1946

Mutschmann die illegale Gruppe ‚Werwolf' in Sachsen, die im Hinterland der Roten Armee Sabotage-, Diversions- und Terrorakte ausüben sollte.

Die Untersuchung hat darüber hinaus ergeben, dass von allen nazistischen Parteiorganisationen in Deutschland die sächsische die vorbildlichste und treueste gegenüber Hitler war. In der Person Mutschmanns hatte Hitler eine zuverlässige und beständige Stütze in Sachsen, wofür Hitler ihn wiederholt auszeichnete und ihm Dank aussprach. Hitler zeichnete Mutschmann mit dem

Coburger und dem Goldenen Parteiabzeichen aus, sowie mit den Ehrenkreuzen der 1., 2. und 3. Klasse[370] *und mit zwei ausländischen Orden. Mutschmann erkennt seine Schuld teilweise an.“*[371]

In der sich anschließenden Kurzdarstellung, in der Mutschmann „des folgenden beschuldigt“ wurde, fehlten die Komplexe der Euthanasieverbrechen und Judenverfolgung völlig. Übrig geblieben waren seine funktionellen Verantwortlichkeiten sowie Kriegsverbrechen und Verbrechen gegen politische Gegner:

„Er war einer der Organisatoren der NSDAP in Deutschland, finanzierte Hitler und die nationalsozialistische Partei und wurde als einer der engsten Mitstreiter Hitlers von diesem in die Ämter des Gauleiters und Reichsstatthalters von Sachsen berufen; seit 1922 und insbesondere nach dem faschistischen Staatsstreich arbeitete er, in vollständiger Durchsetzung der Partei und Staatsgewalt, unerbittlich an der Zerschlagung der antifaschistischen Parteien in Sachsen, indem er die Mitglieder dieser Parteien in die auf seine Anweisung hin gegründeten Konzentrationslager inhaftierte, wo sie massiver Folter und der Vernichtung ausgesetzt waren; er trug bei zur Vorbereitung und Entfesselung des Weltkriegs durch Deutschland, zum Überfall auf die Sowjetunion und zur vorsätzlichen Ausrottung russischer Kriegsgefangener und Zivilisten, welche gewaltsam in die Sklaverei nach Deutschland verschleppt worden waren. Bis zum Tag der Kapitulation Deutschlands rief er zur Fortführung des Krieges gegen die Sowjetunion auf und gründete Abteilungen des Volkssturm in Sachsen, die an den Kämpfen gegen die Rote Armee teilnahmen, und organisierte die illegale Gruppe ‚Werwolf‘, die im Hinterland der Roten Armee Sabotage-, Diversions- und Terrorakte ausüben sollte. Ihm werden somit Verbrechen nach Ukaz 43, Teil 1, zur Last gelegt.“[372]

370 Im Original ist nur von „Kreuzen der 1., 2. und 3. Klasse“ die Rede, doch dürfte es sich dabei um die „Ehrenkreuze des Weltkrieges“ handeln.

371 Ebd.

372 Ebd.

Während eines Besuchs im Krieg bei Radio-Mende Dresden noch ein einträchtiges Paar: Mutschmann und Georg Lenk (rechts), der sich in Moskau als Hauptbelastungszeuge gegen den ehemaligen Gauleiter profilierte

Das Urteil:
„Tod durch Erschießen"

Nachdem Mitte Mai 1946 die Anklageschrift des MGB vorlag, schien alles auf einen zügig verlaufenden Prozess hinzudeuten: Denn schon zwei Wochen später übernahm das Militärkollegium des Obersten Gerichts der Sowjetunion den Fall in die eigene Regie. Auf einer Sitzung am 29. Mai 1946 wurde die bisherige Voruntersuchung überprüft und der Angeklagte in die Zuständigkeit des Gerichts übernommen. Als Vorsitzender des Militärkollegiums fungierte mit dem gebürtigen Deutschbalten Vasili Ulrich ein Spitzenkader der Bolschewiki, der über reichhaltige Schauprozesserfahrungen verfügte. Mehrere der berüchtigten „Moskauer Prozesse" der 1930er Jahre gegen prominente Vertreter der Führung der eigenen Partei waren von dem Generalmajor der Justiz geleitet worden.[373] Unter seinem Vorsitz bestätigte das dreiköpfige Gremium in Anwesenheit des stellvertretenden Hauptmilitärstaatsanwalts der Streitkräfte der UdSSR die wesentlichen Details des juristischen Vorgehens: die „hinreichend" durchgeführte Untersuchung durch den Staatssicherheitsdienst, die Stichhaltigkeit der Beweise für eine Anklage Mutschmanns, die Tatsache, dass die „Anklageschrift vollständig den Unterlagen der Akte" entspreche und den vorgesehenen Paragraphen Ukaz 43 als in Frage kommende Rechtsgrundlage der Anklage. Das Gericht entschied des Weiteren, den Fall „zur Durchführung" anzunehmen und ihn „in einer geschlossenen gerichtlichen Sitzung des Militärkollegiums [...] ohne die Teilnahme eines Anklägers, eines Verteidigers und von Zeugen" abzuhandeln.[374]

Mit diesem Diktum hatte sich die Moskauer Führung endgültig gegen einen öffentlichen und außerhalb des sowjetischen Einflussbereiches gelegenen Prozess entschieden. Ja, mehr noch: Mit der Entscheidung, das höchste Militärgericht des Landes einzuschalten und den Angeklagten in einer geheimen Gerichtssitzung abzuurteilen, wollte sie wohl nunmehr einen schnellen und sicheren Schlussstrich ziehen. Ein (öffentlicher) Schauprozess gegen eine einzelne Person schien aus Sicht der Moskauer Führung wenig sinnvoll, war doch die sowjetische Schauprozesstradition immer mit der Anklage gegen eine bestimmte Gruppe verbunden gewesen.[375] Selbst der Hinweis darauf, dass mit Mutschmann zusammen auch seine ehemaligen Vertrauten in einen Gruppenprozess verurteilt hätten werden können, übersieht,

373 Vgl. K.A. Zalesskij, Imperija Stalina. Biografičeskij enziklopedičeskij slovar', Moskva 2000, S. 453; V.A. Torčinov/A.M. Leontjuk, Vokrug Stalina. Istoriko-biografičeskij spravočnik, Sankt-Peterburg 2000, S. 509 f.; http://mair.in.ua/help/show/id/2564.

374 Entscheidung des Militärkollegiums des Obersten Gerichts der UdSSR unter Vorsitz von Generalmajor Ulrich vom 29.5.1946 (HAIT-Archiv, Akte Martin Mutschmann).

375 Vgl. Petrov an Schmeitzner vom 15.2.2010.

dass für einen solchen Prozess gegen Deutsche, die insbesondere wegen Verbrechen in Deutschland angeklagt waren, zwar ein deutsches, aber kein sowjetisches Publikum existierte. Gruppenprozesse gegen deutsche NS-Täter wurden nur dann in der UdSSR und vor sowjetischem Publikum abgehalten, wenn die Betreffenden in einer bestimmten sowjetischen Gegend ihre Verbrechen begangen hatten. Die zwischen 1943 und 1947 abgehaltenen Schauprozesse gegen deutsche NS- und Kriegsverbrecher bestätigen diese Moskauer Linie.[376] Als beispielhaft dafür kann der öffentliche Prozess gegen den SS-General Friedrich Jeckeln und weitere sieben Angeklagte gelten, der Anfang 1946 in Riga über die Bühne ging. Jeckeln hatte ursprünglich genau wie Mutschmann auf der sowjetischen Liste für das Nürnberger IMT gestanden, konnte aber anders als dieser wegen der in Riga verübten Judenmassaker mit weiteren Offizieren dort öffentlichkeitswirksam angeklagt und anschließend vor einer großen Menschenmenge gehängt werden.[377]

Obwohl noch im Mai 1946 die Details des juristischen Vorgehens geklärt worden waren, kam der geheime Mutschmann-Prozess so schnell nicht zustande. Die Verzögerung ist umso erklärungsbedürftiger, als die Gerichtssitzung erst Anfang 1947 stattfand und weitere Mitangeklagte und Kronzeugen gegen Mutschmann in Parallelverfahren ohne Aufschub ihrem Schicksal entgegensahen. So wurden Werner Schmiedel und Georg Bellmann schon am 10. Juni 1946 vom Militärkollegium der UdSSR nach Ukaz 43 und 58-11[378] zum Tode verurteilt und hingerichtet. Am 4. Juli folgte mit Georg Lenk der Hauptbelastungszeuge gegen Mutschmann. Auch Sachsens ehemaliger Wirtschaftsminister wurde vom Militärkollegium der UdSSR auf der Basis von Ukaz 43 und 58-11 zum Tode verurteilt und exekutiert.[379] Zwei Wochen später, am 27. Juli 1946, ereilte es Mutschmanns letzten Parteistellvertreter,

---

376 Gemeint sind die in diesem Zeitraum durchgeführten Prozesse gegen z. T. hohe deutsche Offiziere auf sowjetischem Territorium. Der im Herbst 1947 in Berlin-Pankow durchgeführte „Sachsenhausen-Prozess" gegen Teile der vormaligen KZ-Wachmannschaft war dagegen (und anders als der Fall Mutschmann) ein von Moskau politisch gewollter Prozess, der in dieser Form und zu Beginn des Kalten Krieges singulär blieb. Vgl. Mike Schmeitzner, Unter Ausschluss der Öffentlichkeit? Zur Verfolgung von NS-Verbrechen durch die sowjetische Sonderjustiz. In: Jörg Osterloh/Clemens Vollnhals (Hg.), NS-Prozesse und deutsche Öffentlichkeit. Besatzungszeit, frühe Bundesrepublik und DDR, Göttingen 2011, S. 149–166; Winfried Meyer, Stalinistischer Schauprozess gegen KZ-Verbrecher? Der Berliner Sachsenhausen-Prozess vom Oktober 1947. In: Dachauer Hefte, 13 (1997), H. 13, S. 153–180.

377 Vgl. Hilger, Sowjetische Justiz und Kriegsverbrechen, S. 478; Zeidler, Stalinjustiz contra NS-Verbrechen, S. 28; Tägliche Rundschau vom 31.1.1946: „Der Rigaer Prozess"; Tägliche Rundschau vom 5.2.1946: „Kriegsverbrecherprozess in Riga".

378 Bei dem Artikel 58 handelte es sich um einen „Gummiparagraphen" aus dem sowjetischen Strafgesetzbuch, der gegen „konterrevolutionäre Verbrechen" zielte; Artikel 58–11 richtete sich explizit gegen eine „Mitgliedschaft in einer konterrevolutionären Organisation". Vgl. Hilger/Schmeitzner/Schmidt (Hg.), Sowjetische Militärtribunale. Bd. 2, S. 781.

379 Vgl. die Einträge zu Werner Schmiedel, Georg Bellmann und Georg Lenk in den Datenbanken des HAIT und der Dokumentationsstelle der Stiftung Sächsischer Gedenkstätten.

Werner Vogelsang.[380] Andere kamen als Internierte in einem sowjetischen Speziallager auf deutschem Boden ums Leben. Ohne Urteil blieb ebenso Mutschmanns Ehefrau Minna, die nicht mit nach Moskau verlegt worden war. Auch sie wurde in einem SBZ-Lager weiter inhaftiert, aber vier Jahre später (1950) den Behörden der gerade gegründeten DDR übergeben. Ihr weiteres Schicksal ist eng mit den Waldheimer Prozessen verbunden, in denen vordergründig NS-Verbrechen geahndet werden sollten.[381]

Mutschmann selbst blieb auch nach seiner Übernahme durch die Justiz in Moskauer Haft. Weshalb die sowjetischen Behörden bis Anfang 1947 warteten, um eine neue und ebenfalls geheime Gerichtsverhandlung anzuberaumen, bleibt unklar. Möglich ist, dass sie erst das Ende des Nürnberger Hauptkriegsverbrecherprozesses (Oktober 1946) abwarten wollten. Vielleicht hatten sie sich ja von diesem Prozess weiteres belastendes Material erhofft[382] oder – was wahrscheinlicher sein dürfte – eine mögliche Zeugenschaft des Angeklagten in Nürnberg für realistisch erachtet.[383] Nicht auszuschließen ist weiterhin, dass Mutschmanns prekärer Gesundheitszustand einen Aufschub nötig gemacht hat. Dass selbst das MGB darauf Rücksicht zu nehmen bereit gewesen war, zeigt die Tatsache der ausschließlichen Tagverhöre. Doch auch systemimmanente Gründe könnten den Prozess verzögert haben: Zum einen hatte sich Vasili Ulrich im Sommer 1946 mit dem Prozess gegen den Sowjet-„Verräter" General Andrej Vlassov einem für Moskau wesentlich bedeutsameren Fall zu widmen, zum anderen fiel der Generalmajor der Justiz noch im Laufe desselben Jahres bei der eigenen Führung in Ungnade.[384]

Auffällig ist jedenfalls die neue personelle Zusammensetzung des hohen sowjetischen Militärgerichts bei der Weiterverhandlung der Causa Mutschmann. Denn als am 30. Januar 1947 die „abschließende Gerichtsverhandlung" stattfand, tauchte keiner von der ursprünglichen dreiköpfigen Besetzung auf; lediglich der Sekretär, ein Major der Justiz, war auf seinem Posten belassen worden. Statt des bisherigen Vorsitzenden Ulrich amtierte jetzt der Generalmajor der Justiz A. D. Dmitriev. Auch er war kein Unbekannter, hatte er doch schon mit Ulrich gemeinsam Schauprozesse

---

380 Im Falle Vogelsangs existiert nur das Todesdatum. Ob der frühere NS-Kreisleiter nach einem geheimen Gerichtsverfahren oder infolge Lagerhaft zu Tode kam, ist nach wie vor unklar.

381 Der Fall Minna Mutschmann wird in einem Epilog am Ende dieses Bandes behandelt.

382 In einem der letzten Verhöre vor Erstellung der Anklageschrift war Mutschmann in der Tat mit neuen Ermittlungsergebnissen des sowjetischen Anklägers beim IMT in Nürnberg, Roman A. Rudenko, konfrontiert worden. Vgl. Verhörprotokoll Martin Mutschmann vom 11.3.1946 (HAIT-Archiv, Akte Martin Mutschmann).

383 Bei der Befragung des Zeugen Max Jüttner, Chef des Hauptamtes der Führung der SA, am 16.8.1946 in Nürnberg kam das sächsische Führungsduo Mutschmann/Killinger wegen der Bestrafung der Hohnsteiner KZ-Wachmannschaft 1934/35 kurz zur Sprache. Vgl. Der Prozess gegen die Hauptkriegsverbrecher vor dem Internationalen Militärgerichtshof (IMT) Nürnberg vom 14.11.1945 bis 1.10.1946. Bd. XXI, Verhandlungsniederschriften, Nürnberg 1948, S. 255.

384 Vgl. Zalesskij, Imperija Stalina, S. 453; Torčinov/Leontjuk, Vokrug Stalina, S. 509 f.; http://mair.in.ua/help/show/id/2564.

geleitet, wovon derjenige gegen die bürgerliche polnische „Heimatarmee" (1945) der bekannteste gewesen sein dürfte.[385] Dem Angeklagten Mutschmann stellte das Gericht eine Übersetzerin, der die „Verantwortung für eine Falschübersetzung mitgeteilt wurde", wie es im Protokoll der Sitzung formal bürokratisch hieß. Schon zu Beginn der Gerichtssitzung machte der Vorsitzende klar, dass er streng rechtsförmig vorgehen werde: Zuerst verlas er im Beisein des Angeklagten die Zusammensetzung des Gerichts, sodann erläuterte er ihm „sein Recht, Einspruch gegenüber einzelnen Gerichtsvertretern oder dem gesamten Gremium gegenüber einzulegen". Als der Angeklagte hiervon keinen Gebrauch machte, erläuterte ihm der Vorsitzende „seine Rechte während des Gerichtsverfahrens" und fragte ihn, „ob er irgendwelche Gesuche oder Anträge" zu Beginn der Verhandlung habe, was Mutschmann verneinte.[386] So rechtsförmig sich der Auftakt der Verhandlung auch gestaltete, so wenig Zweifel können darüber bestehen, dass es sich hierbei um kein rechtsstaatliches Verfahren handelte: Es wurde – um mit Nikita Petrov zu sprechen – sogar nur ein „vereinfachtes Procedere" angewandt, „ohne Beteiligung eines Anklägers oder Verteidigers".[387]

Überdies verhandelte das Gericht unter Ausschluss der Öffentlichkeit und ohne Beteiligung von Zeugen, sondern „lediglich" auf der Basis von zweifelhaften Geständnissen der bereits exekutierten NS-Kronzeugen und unter Zuhilfenahme von im Sommer 1945 angefertigten deutschen Beweismitteln einschließlich erbeuteter Fotos.

Trotz eingeschränkter Möglichkeiten hielt Mutschmann seine bisherige Verteidigungslinie konsequent durch. Er gab nur das zu, was ihm ohnehin bewiesen werden konnte. Eigene Verantwortung lehnte er mit Blick auf höher angesiedelte Instanzen (Hitler, Reichsministerien), fehlende Zuständigkeiten oder mangelhafte Informationen rundweg ab. Dabei kam es auch – wie noch zu sehen sein wird – zu einem grotesken Schlagabtausch mit dem Gerichtsvorsitzenden. Dass Mutschmanns Selbstbewusstsein weitgehend unerschüttert geblieben war, zeigte schon ganz zu Anfang seine Antwort auf die Frage des Gerichtsvorsitzenden, ob er die vorgelegte Anklage verstanden habe, sich schuldig bekenne und seine Aussagen und Angaben während der Voruntersuchung bestätigen könne. Aus Mutschmanns Einlassung sprach eine große Selbstsicherheit: „Die mir vorgebrachte Anklage habe ich verstanden. Die Fakten, welche in der Anklageschrift dargelegt sind, bestätige ich, aber ich bekenne mich nicht für schuldig. Meine Aussagen und Angaben während des Prozesses der Voruntersuchung bestätige ich gänzlich."[388]

Nachdem der Gerichtsvorsitzende zu Anfang der Verhandlung biographische Einzelheiten des Beschuldigten erfragt hatte, widmete er sich neben den Kompe-

---

385 Vgl. http://www.runivers.ru/doc/d2.php?CENTER_ELEMENT_ID=461903.

386 Protokoll der abschließenden Gerichtsverhandlung des Militärkollegiums des Obersten Gerichts der UdSSR vom 30.1.1947 (HAIT-Archiv, Akte Martin Mutschmann).

387 Petrov an Schmeitzner vom 15.2.2010.

388 Protokoll der abschließenden Gerichtsverhandlung des Militärkollegiums des Obersten Gerichts der UdSSR vom 30.1.1947 (HAIT-Archiv, Akte Martin Mutschmann).

Совершенно секретно
Отп.2 экз.

ПРОТОКОЛ

ЗАКРЫТОГО СУДЕБНОГО ЗАСЕДАНИЯ ВОЕННОЙ КОЛЛЕГИИ ВЕРХСУДА СССР

30-го января 1947 г. гор. Москва

Председательствующий-Генерал-майор юстиции ДМИТРИЕВ
Члены: Полковник юстиции-СОЛЬДИН и
Подполковник юстиции ДОБРОВОЛЬСКИЙ
Секретарь-майор юстиции МАЗУР

Судебное заседание Военной Коллегии ведется при посредстве переводчика немецкого языка тов.ИВАНОВОЙ, предупрежденной об ответственности за неправильный перевод, о чем отобрана подписка.

В 12 часов 10 минут Председательствующий открыл судебное заседание Военной Коллегии и об"явил, что подлежит рассмотрению дело по обвинению МУЧМАН Мартина, преданного суду Военной Коллегии Верхсуда СССР по ст.1-й Указа Президиума Верховного Совета СССР от 19-го апреля 1943 года.

Председательствующий удостоверяется в самоличности подсудимого, который на поставленные вопросы дал о себе следующие биографические данные:

МУЧМАН Мартин, 1879 года рождения, уроженец гор.Химберг /Германия/, по национальности немец, член нацистской партии Германии с 19[illegible]2 года, со средним образованием.

Копия обвинительного заключения мне об"явлена дважды.

Оглашается состав суда и раз"ясняется подсудимому право отвода кого-либо из состава суда или состава суда в целом при наличии к тому оснований.

Отвода составу суда подсудимым заявлено не было.

Председательствующий раз"ясняет подсудимому его права во время судебного следствия и спрашивает его, имеет ли он какие

Die erste Seite des Prozessprotokolls vom 30.1.1947

tenzen und Verantwortlichkeiten Mutschmanns zwei der vier Verbrechenskomplexe, die schon in der Voruntersuchung gewürdigt worden waren: der Verfolgung politischer Gegner und der Kriegsverbrechen (gegen sowjetische Zwangsarbeiter und Kriegsgefangene und gegen die Sowjetunion). Völlig ausgespart blieben die in der Voruntersuchung und in der Anklageschrift noch breit behandelten Euthanasieverbrechen und die Judenverfolgung. Damit hatte sich die sowjetische juristische Ahndung vor allem auf den Verbrechenskomplex konzentriert, der für sie der relevante war – die Behandlung des sowjetischen Gegners bis Kriegsende. Inwieweit hingegen die vollständige Vernachlässigung des Holocaust als Resultat des ständig fortschreitenden sowjetischen Antisemitismus betrachtet werden muss, kann nicht mit letzter Sicherheit beantwortet werden, erscheint aber durchaus möglich, ja mit Blick auf entsprechend deutliche Tendenzen in der Sowjetunion nur konsequent.[389] Wenig überzeugend erscheint auch der Einsatz der während der Voruntersuchung vorgelegten Beweismittel. Statt von der durchaus vorhandenen Bandbreite des Materials einen umfassenden Gebrauch zu machen, stützte sich der Gerichtsvorsitzende immer wieder auf die problematischen Aussagen des längst exekutierten Kronzeugen Lenk, die der frühere sächsische Gauleiter – mit einigem Recht – als belang- und wertlos bemängelte.

Mit Blick auf seine eigenen früheren Kompetenzen und Verantwortlichkeiten bemühte sich Mutschmann bis an die Grenze des Grotesken, seine ehemals uneingeschränkt erscheinende Herrschaft zu verniedlichen, Abhängigkeiten geltend zu machen oder sich als bloßen Befehlsempfänger auszugeben. So erklärte er dem Gerichtsvorsitzenden auf Nachfrage, dass er sich im Frühjahr 1933 Hitler gegenüber geweigert habe, das Amt des sächsichen Ministerpräsidenten zu übernehmen, da ihm für einen solchen Posten die „entsprechende Bildung" gefehlt habe. Und selbst die Funktion des Reichsstatthalters, die ihm Hitler einige Wochen später übertrug, wollte er ursprünglich nicht bekleiden; dies sei „ohne seinen Willen" geschehen. Zudem habe er nicht gewusst, „welche Verpflichtungen der Statthalter Sachsens hat". Im Übrigen sei er in diesem „administrativen Amt" lediglich „oberster Beamter in Sachsen" gewesen, habe dem Ministerpräsidenten (Killinger) Bericht über die geleistete Arbeit erstattet und „manchmal [...] in dieser oder jener Frage mitsprechen" können. Bis 1935, dem Jahr der endgültigen Absetzung Killingers, habe er als Gauleiter der Partei und Reichsstatthalter keine entscheidenden Vollmachten gehabt. Und selbst zum Amt des Ministerpräsidenten sei er lediglich durch Ernennung gelangt.[390]

Ein brutaler Machtinstinkt schien ihm nach all diesen Auslassungen wahrlich nicht eigen gewesen zu sein. Im Gegenteil: Von Terrorakten seiner Partei und der Repressionsorgane habe er nichts mitbekommen. Zur Kenntnis gelangt seien ihm viele dieser Gewalttaten erst in sowjetischer Haft. Es waren diese Auslassungen, die zwischen ihm und dem Gerichtspräsidenten einen Schlagabtausch provozierten, die Mutschmanns Verteidigungslinie in einem bizarren Licht erscheinen ließen:

---

389 Vgl. Andreas Hilger, „Die Gerechtigkeit nehme ihren Lauf"? Die Bestrafung deutscher Kriegs- und Gewaltverbrecher in der Sowjetunion und der SBZ/DDR. In: Norbert Frei (Hg.), Transnationale Vergangenheitspolitik. Der Umgang mit deutschen Kriegsverbrechern in Europa nach dem Zweiten Weltkrieg, Göttingen 2006, S. 180–246, hier 184.

390 Protokoll der abschließenden Gerichtsverhandlung des Militärkollegiums des Obersten Gerichts der UdSSR vom 30.1.1947 (HAIT-Archiv, Akte Martin Mutschmann).

„*Vorsitzender:* *Ist es denn möglich, dass Sie darüber nichts im Radio gehört haben?*
Angeklagter: *Ich hörte keine Radiosendungen.*
Vorsitzender: *Warum nicht?*
Angeklagter: *Weil ich mit Arbeit überlastet war.*
Vorsitzender: *Sie waren Minister[präsident] und lebten ohne Informationen?*
Angeklagter: *Ja.*"[391]

Auf die Frage, welchen Kampf er als Gauleiter bis 1933 „gegen die demokratischen Parteien" geführt habe, antwortete Mutschmann ausweichend und Tatsachen verharmlosend. Ihm sei es lediglich um die organisatorische Stärkung der NSDAP gegangen; die „hauptsächliche Aufgabe" habe demzufolge in der Agitation und Mitgliederwerbung gelegen. Allerdings habe er „persönlich alles Notwendige getan, damit Hitler und seine Partei an die Macht kommen". Repressionen gegen die linken Gegner habe er aber „selbst nie geführt". In der Anklageschrift werde, so Mutschmann, „darauf hingewiesen, dass ich terroristische Akte gegen Aktivisten der demokratischen Parteien organisierte". Das entspreche „nicht der Wahrheit", da er doch „nur mit der Agitation und der Propaganda unserer Idee" beschäftigt gewesen sei. Als ihm darauf der Gerichtsvorsitzende Lenks Aussage entgegenhielt, wonach z. B. im März 1933 von ihm persönlich durch „Einheiten der SA" der „Landtag auseinandergetrieb[en]" sowie kommunistische und sozialdemokratische Abgeordnete geprügelt worden seien, gab er empört zu Protokoll:

„Die Aussage Lenks, dass von mir der Sächsische Landtag auseinandergetrieben worden sei, bestätige ich vollständig. Aber ich weise den Teil seiner Aussage zurück, indem er sagt, dass Abgeordnete des Landtages geprügelt wurden."[392] Eine solche Falschaussage blieb für ihn ohne Konsequenzen, existierten doch neben dem bereits exekutierten Lenk keine weiteren Zeugen, die das Gegenteil aussagen konnten. Tatsächlich hatte er mit seiner Einheit Jagd auf einzelne Abgeordnete gemacht, die nachher ins Krankenhaus eingeliefert werden mussten. Allein dieses Beispiel zeigt eindrücklich, wie problematisch sich eine Prozessführung ausnehmen musste, die hauptsächlich „Geständnisse" von zweifelhaften NS-Kronzeugen verwertete, aber wenig oder keinen Wert auf die Anwesenheit von Zeugen und schriftliche Beweise (z. B. aus der NS-Zeit) legte.

Deutlicher noch wurde dies in jener Frage, die für das Gericht die zentrale war – die Verbrechen Mutschmanns gegen die Sowjetunion und gegen sowjetische Staatsbürger. Für das Militärkollegium stand von vornherein fest, dass der Gauleiter aufgrund seiner Funktion als Reichsverteidigungskommissar aktiv an den Angriffsplänen gegen die UdSSR teilgenommen hatte und ebenso aktiv gegen sowjetische Zwangsarbeiter, Kriegsgefangene und Rotarmisten vorgegangen war.

Alle Versuche Mutschmanns, seine – in der Tat einflusslose – außenpolitische Rolle zu erläutern und die tatsächliche Funktion eines Reichsverteidigungskommis-

---

391 Ebd.
392 Ebd.

sars zu minimieren, mussten unter diesen Umständen scheitern. Geradezu bizarr mutete sein Bemühen an, die eigenen Gefühle zu beschreiben, die ihn bei der Nachricht vom Überfall deutscher Truppen auf die Sowjetunion am 22. Juni 1941 beschlichen hätten: „Ich selbst war fürchterlich erstaunt, als Deutschland die UdSSR angriff. Als ich davon hörte, fing mein Herz vor Schreck an zu klopfen, denn auf diese Weise hatte Deutschland gegen den Nichtangriffspakt verstoßen."[393]

Solche Gefühlsregungen verfingen bei den Militärrichtern ebenso wenig wie Mutschmanns beständig vorgetragene Beteuerungen, dass ihm Vernachlässigungen, Übergriffe oder Tötungen nicht bekannt gewesen seien. Von der Vorbereitung des Krieges wusste er angeblich nichts, irgendwelche „Beziehungen" zu sowjetischen Kriegsgefangenen habe er nicht gehabt, denn dies sei ja schließlich „Angelegenheit" des Militärs gewesen und „nicht der Administration"; auch zu ausländischen – speziell: sowjetischen – Zwangsarbeitern habe er „in keiner Beziehung" gestanden, denn für diese sei doch die Deutsche Arbeitsfront (DAF) zuständig gewesen, demzufolge konnte er natürlich über „Prügel und Misshandlungen [...] persönlich nichts" wissen; auch mit „den Lagern" zu Kriegsende habe er „nicht das Geringste" zu tun, da dies ja Sache der SS gewesen sei. Als ihm der Gerichtsvorsitzende vorhielt, während der Voruntersuchung zugegeben zu haben, „Kader für Sabotage und Terrorarbeiten im Rücken der sowjetischen Truppen" ausgebildet zu haben, erklärte Mutschmann, da sei er wohl „falsch verstanden" worden: Ende März 1945 sei ihm aus Berlin die Direktive zugegangen, 100 Freiwillige für den „Werwolf" zusammenzustellen. Doch diese Aufgabe habe er seinem Partei-Gaugeschäftsführer Georg Müller übertragen und sich selbst „nie mehr für diese Gruppe interessiert".[394]

Da sich in diesen zentralen Punkten der sowjetische Gerichtspräsident immer wieder auf Lenks umstrittene „Kronzeugenschaft" stützte, konnte in keiner Phase der Verhandlung die tatsächliche Beteiligung Mutschmanns an den erwähnten Verbrechen diskutiert und ausgelotet werden. Ebenso wenig vermochte das Gericht die realen Möglichkeiten aufzuhellen, die Mutschmann mit den gewachsenen Kompetenzen eines Reichsverteidigungskommissars gegen Ende des Krieges gegeben waren. Auf die stereotypen Vorhaltungen des Gerichts („Lenk sagt", „Lenk bestätigt") reagierte schließlich Mutschmann mit zunehmendem Unbehagen: „Die Aussage Lenks weise ich kategorisch zurück. Lenk sagt nicht die Wahrheit, weil ich ihn persönlich von dem Posten des Wirtschaftsministers abgesetzt habe." Und damit hatte er zweifellos recht.[395]

Als der Gerichtsvorsitzende zum Schluss der Verhandlung fragte, ob der Angeklagte die „Beweisaufnahme ergänzen" wolle, kam Mutschmann einerseits auf diese Vorhaltungen zurück und machte andererseits klar, dass er – bis auf eine Ausnahme – für einen Schuldspruch keinen Grund sah:

---

393 Ebd.

394 Ebd.

395 Ebd.

„Ich bitte, mir zu glauben, dass meine gesamte praktische Tätigkeit ausschließlich administrativer Natur war, und nicht politischer. Mit Festnahmen habe ich mich nie beschäftigt und damit hatte ich auch nicht das Geringste zu tun. Während der Untersuchung gegen mich gab es Aussagen der Zeugen Lenk und anderer. Weil diese mich zu Unrecht bezichtigen, weise ich deren Aussagen kategorisch zurück. Sie bezichtigten mich zu Unrecht, weil ich sie von ihren Posten entfernt habe, weil ich in der Partei etwas gegen sie vorbrachte und anderes. Ich erkenne meine Schuld nur für die Teilnahme an den Judenpogromen an. Diese Frage wurde in Deutschland auf legale Weise über das Radio und in der Presse thematisiert. Ich hielt das nicht für ungesetzlich, weil wir gegen die Ausdehnung der jüdischen Herrschaft in Europa waren.“[396]

So erstaunlich sich Mutschmanns (freimütiges!) Schuldeingeständnis in der „Judenfrage“[397] auch ausnahm, so unfassbar erscheint noch im Nachhinein die in diesem Punkt zu beobachtende Passivität des Gerichts: Weder während der Verhandlung noch unmittelbar nach dieser Aussage machte der Gerichtsvorsitzende irgendwelche Anstalten, dieses Thema zu problematisieren und damit auch die ideologische Hauptantriebskraft des Angeklagten entsprechend zu würdigen. In diesem Punkt wie in der Frage der Tötung geistig Behinderter versäumte es das Gericht in eklatanter Weise, die einzig vorliegenden Schuldeingeständnisse des Angeklagten aufzugreifen, zu bewerten und in den Schuldspruch einfließen zu lassen. Doch diese fehlende Konsequenz war ja – wie schon erwähnt – nicht erst während der Verhandlung deutlich geworden; sie hatte sich bereits im Zuge der Anklageschrift abgezeichnet, als beide „Delikte“ in den beigefügten Beweismaterialien des MGB-Offiziers Altmann und im ersten Teil der Anklageschrift, nicht aber im zweiten Teil, der schon genannten Kurzdarstellung, eine Rolle gespielt hatten.

Für das Gericht war mit den „ergänzenden“ Worten Mutschmanns und dessen letztem Wort, ihm doch zu glauben, dass er die Posten des Ministerpräsidenten und Reichsstatthalters „ohne seinen Willen“ erhalten habe, alles gesagt. Es hatte die Verhandlung in Rekordzeit bewältigt: Um 12.10 Uhr hatte der Gerichtsvorsitzende die Sitzung eröffnet und um 13.00 Uhr für eine fünfzehnminütige Pause unterbrochen. 14.20 Uhr war das Gericht zur Schlussberatung zusammengetreten. 15.10 Uhr kamen die Richter aus dem Beratungszimmer zurück, um durch den Gerichtsvorsitzenden ein Urteil zu verkünden, das keine Überraschung sein konnte. Es lautete auf „Tod durch Erschießen“, die damals noch gültige Höchststrafe der UdSSR.[398] In seiner Urteilsbegründung wich das Gericht nur in wenigen Punkten von der MGB-Anklage ab:[399]

---

396 Ebd.

397 Mutschmanns „Schuldeingeständnis“ in dieser Frage bezog sich allerdings nur auf die Judenpogrome, nicht auf den Holocaust.

398 Zwischen Mai 1947 und Januar 1950 galt durch Beschluss des Obersten Sowjet der UdSSR die Todesstrafe als aufgehoben.

399 In der Kurzdarstellung war davon die Rede gewesen, dass Mutschmann sowohl Hitler als auch die NSDAP finanziert hatte; im Urteil wurde Hitler nicht mehr erwähnt. Dafür tauchte hier die Funktion des Reichsverteidigungskommissars auf.

С П Р А В К А

Приговор Военной Коллегии Верховного Суда Союза ССР от 30 января 1947 года в отношении осужденного к ВМН - Р А С С Т-Р Е Л У МУЧМАН Мартина, 1879 года рождения, уроженца гор. Хишберг, / Германия /, - приведен в исполнение 14 февраля 1947 года.

Центральный архив ФСБ РФ

ЗАМ НАЧАЛЬНИКА 1 ОТДЕЛЕНИЯ ОТДЕЛА "А" МГБ СССР
П О Д П О Л К О В Н И К

/ Балишанский /

17 февраля 1947 года.

гор. Москва.

Die Aktennotiz des MGB über Mutschmanns Exekution am 14.2.1947

„Die Voruntersuchung und die Gerichtsverhandlung haben festgestellt, dass Mutschmann seit 1922 Mitglied der nazistischen Partei [und] einer der Organisatoren der NSDAP in Deutschland gewesen sei, die nationalsozialistische Partei finanzierte und als einer der engsten Mitstreiter Hitlers von diesem 1925 zum Gauleiter und 1933 zum Reichsstatthalter Sachsens ernannt worden war. Als Reichsstatthalter Sachsens und in der Kriegszeit als Reichs[verteidigungs]kommissar des 4. Wehrkreises Deutschlands nutzte er die ihm übertragene Macht zur Zerschlagung demokratischer Organisationen in Sachsen, indem er die Mitglieder dieser Organisation in die auf seine Anweisung hin gegründeten Konzentrationslager inhaftierte, wo sie massiver Folter und der Vernichtung ausgesetzt waren; er trug zur Vorbereitung und Entfesselung des Zweiten Weltkriegs durch Deutschland bei, zum Überfall auf die Sowjetunion und zur vorsätzlichen Ausrottung sowjetischer Kriegsgefangener und friedlicher sowjetischer Bürger, welche gewaltsam in die Sklaverei nach Deutschland verschleppt worden waren; er rief bis zum Tag der Kapitulation Deutschlands zur Fortführung des Kampfes gegen die Sowjetunion auf, gründete in Sachsen Abteilungen des Volkssturms, die an Kämpfen gegen die Rote Armee teilnahmen und ergriff Maßnahmen zur Organisation von Gruppen für Sabotage-, Diversions- und Terrorakte im Hinterland der Roten Armee. Auf der Grundlage des Dargelegten wird Mutschmann für schuldig erklärt, Verbrechen nach Ukas 43, Teil 1, begangen zu haben.“[400]

Der Schuldspruch schloss folgerichtig mit den Worten: „Das Urteil ist endgültig und eine Berufung dagegen nicht möglich.“[401] Obwohl der Gerichtsvorsitzende kurz nach Urteilsverlesung dem Verurteilten „die Verfahrensweise zur Einreichung

400 Urteil des Militärkollegiums des Obersten Gerichts der UdSSR im Fall Mutschmann vom 30.1.1947 (HAIT-Archiv, Akte Martin Mutschmann).

401 Bescheinigung des Majors der Justiz Masur über die Verurteilung Martin Mutschmanns vom 30.1.1947 (ebd.).

eines Gnadengesuches" erläutert hatte,[402] scheint Mutschmann davon keinen Gebrauch gemacht zu haben. Kurz vor seiner Exekution hieß es in einem Protokoll: „Das Urteil über die Verhängung der Höchststrafe gegen Martin Mutschmann ist in Kraft zu belassen."[403] Hätte es ein Gnadengesuch gegeben, wäre der Tenor ein anderer gewesen: In vielen weiteren Fällen wurde notiert, dem Gnadengesuch sei stattgegeben oder es sei zurückzuweisen.[404] So oder so macht das Protokoll des Obersten Sowjet deutlich, dass die Moskauer Führung um Stalin in den Fall involviert gewesen ist und das Strafmaß mit festgelegt haben dürfte.

Drei Tage nach dem Beschluss der obersten sowjetischen Führung, das Urteil in Kraft zu belassen, wurde es am 14. Februar 1947 vollstreckt. Hierüber geben mehrere MGB-Dokumente Aufschluss.[405] Anders als im Ukaz 43 vorgesehen, erfolgte die Vollstreckung jedoch nicht durch Erhängen, sondern durch Erschießen, der damals gängigeren Variante der sowjetischen Exekutionspraxis. Auch wenn die genauen Umstände der Exekution im Dunkeln bleiben, geht aus dem Erschießungsprotokoll hervor, wer die Aktion geleitet hat: Es war kein Geringerer als der damalige Leiter der Kommandantenabteilung des MGB in der Lubjanka, Major Vasili M. Blochin, der schon seit 1926 für solche Erschießungsaktionen zuständig zeichnete. In Stalins Auftrag hatte Blochin bereits hohe Militärs wie Marschall Michail Tuchatschewski, den früheren Staatssicherheitsminister Nikolai Jeschov, oder auch bekannte Künstler wie Isaak Babel und Vsevolod Meyerhold erschossen. Im Übrigen galt Blochin mit bis zu 15 000 Erschießungen (darunter auch ein Teil der polnischen Offiziere in Katyn) als „Rekordhalter" im Exekutieren. Dass er auch im „Fall Mutschmann" neben der Blut abfangenden obligatorischen Lederschürze eine deutsche Walther-Pistole benutzte, darf wohl als Ironie der Geschichte gelten.[406]

---

402 Protokoll der abschließenden Gerichtsverhandlung des Militärkollegiums des Obersten Gerichts der UdSSR vom 30.1.1947 (ebd.).

403 Protokoll des Präsidiums des Obersten Sowjets der UdSSR Nr. 110/31ss vom 11.02.47 (GARF, f. 7523, op. 66, d. 55, l. 144).

404 Petrov an Schmeitzner vom 9.3.2010. Anders als bei den Begnadigungsfällen für den Zeitraum nach 1950 liegen die entsprechenden Protokolle der Begnadigungskommission nicht im GARF, sondern im RGASPI, dessen Bestände nur z.T. zugänglich sind, so dass eine endgültige Bestätigung momentan nicht möglich ist.

405 Bescheinigung des MGB, Oberst Balischanski, über die Exekution Martin Mutschmanns am 14.2.1947, ausgefertigt am 17.2.1947 (HAIT-Archiv, Akte Martin Mutschmann); MGB-Protokoll, Kommandant Blochin, stellv. Chef der Abt. A Balischanski und Militärstaatsanwalt Budargin, über die Erschießung Martin Mutschmanns am 14.2.1947 (CA FSB, f. 7, op. 1, d. 247, l. 87–90).

406 Nikita Petrov, Der Mensch in der Lederschürze. In: Novaja Gaseta vom 2.8.2010 (Spezialausgabe zur „Wahrheit über den GULag"); Vladimir Voronov, Der Schlächter in der Lederschürze: In: Soversenno sekretno; Nr. 3 von März 2010. Laut Petrov benutzten Blochin und sein Erschießungskommando deswegen deutsche Walther-Pistolen, weil diese Waffen auch nach wiederholtem Einsatz nicht heiß liefen (vgl. ebd.). Petrov hat überdies „keinen Zweifel", dass Blochin die Mutschmann-Erschießung selbst ausgeführt hat. Vgl. Petrov an Schmeitzner vom 28.2.2011.

„Ganz normale“ Deutsche bei der Lektüre der „Süddeutschen Zeitung“, die 1946 über den Ausgang des Nürnberger Prozesses berichtet

Ein singulärer Prozess?
Vergleich und Fazit

Eine Frage, die sich im Kontext des Falles Mutschmann mit besonderem Nachdruck stellt, ist die nach der historischen Einordnung dieses sowjetischen Prozesses, und zwar im Vergleich mit anderen Gauleiter-Prozessen nach 1945. Anders gefragt: Handelt es sich bei diesem Prozess (einschließlich der sogenannten „Voruntersuchung") um einen singulären Akt, der aus der besonderen stalinistischen Strafrechtspraxis resultierte, oder lassen sich möglicherweise Parallelen zu weiteren Gauleiter-Prozessen finden, die vor anderen alliierten und deutschen Gerichten stattgefunden haben? Um dieser Frage nachgehen zu können, ist sowohl ein Blick auf den Gesamtumfang und die Bandbreite der Gauleiter-Prozesse als auch die Zugrundelegung eines sinnvollen Vergleichsinstrumentariums geboten. Nimmt man die Gesamtzahl der Anfang 1945 amtierenden Gauleiter als Ausgangsbasis, dann ergibt sich folgendes Bild: Von den 43 „politischen Generalen" des Dritten Reiches starben bereits 14 am Ende des Krieges – sei es durch eigene Hand (zehn) oder im Kampf bzw. auf der Flucht (vier); sieben weitere konnten flüchten bzw. untertauchen oder blieben verschollen (z. B. Emil Stürtz). Etwas mehr als die Hälfte, nämlich 22 Gauleiter, wurden von alliierten und westdeutschen Gerichten verurteilt, davon neun zum Tode (im Falle Erich Kochs wurde das Todesurteil in eine Haftstrafe umgewandelt). Im Folgenden sollen – vom Mutschmann-Prozess einmal abgesehen – die übrigen 21 Verfahren nicht im Einzelnen, sondern differenziert nach den verschiedenen Fallgruppen beleuchtet werden, um die eingangs gestellte Frage hinreichend beantworten zu können.[407]

Als Vergleichsinstrumentarium dient dabei der nachfolgende Katalog, der sich auf einen fairen, d. h. rechtsstaatlichen Prozess bezieht, wohl wissend, dass es sich bei allen Verfahren um Prozesse vor (Sonder-)Gerichten handelte, denen häufig genug eine jeweils eigene Rechtstradition zugrunde lag:

– menschenwürdige Voruntersuchung (d. h. ohne Folter),
– Zulassung von Strafverteidigern (Wahl- bzw. Pflichtverteidiger),
– Zulassung von Zeugen (der Verteidigung),
– Zulassung von Dolmetschern (bei alliierten Verfahren),
– Zulassung der Öffentlichkeit bzw. öffentliche Bekanntmachung des Prozesses,
– Anwendung von Rechtsgrundlagen, die den Tatvorwürfen entsprechen,
– Unabhängigkeit der Richter (vor allem von politisch-ideologischen Vorgaben),

407 Ausgespart bleiben muss der Prozess gegen den früheren Kärntner Gauleiter Friedrich Rainer, der 1947 von einem jugoslawischen Militärgericht zum Tode verurteilt wurde, da in diesem Fall die Quellenlage nicht ausreichend erscheint.

– individueller Schuldnachweis,
– zeitlich angemessener Verfahrensablauf,
– Anwendung eines Strafmaßes, das der Tat als angemessen erscheint,
– Berufungs- und Begnadigungsrecht.[408]

Da – anders als im Falle hoher Militärs, des SS-Führungskorps, der Spitzenvertreter der Wirtschaft oder des Auswärtigen Amtes – kein Nürnberger IMT-Prozess gegen das Führungskorps der Politischen Leiter der NSDAP (Gauleiter) zustande kam, fiel die juristische Verfolgung in die Kompetenz der einzelnen Alliierten und ab Ende der 1940er Jahre in die Zuständigkeit westdeutscher Spruchkammern. Insofern lassen sich verschiedene Fallgruppen von Gauleiterprozessen unterscheiden:

1.) sowjetische Verfahren gegen Gauleiter, die ihre Posten auf dem Gebiet der späteren SBZ bekleidet hatten,
2.) Verfahren vor dem Nürnberger IMT gegen Gauleiter, die in der Regel wegen ihrer zusätzlichen zentralen Funktionen belangt wurden,
3.) Verfahren vor polnischen Gerichten gegen Gauleiter, die in den besetzten polnischen bzw. Deutschland wieder angegliederten Gebieten durch ihre Germanisierungspolitik hervorgetreten waren,
4.) Verfahren vor westlichen (vor allem amerikanischen) Militärgerichten wegen Verbrechen gegen alliierte (Militär-)Angehörige und
5.) Verfahren vor westdeutschen Spruchkammern gegen überwiegend in Westdeutschland beheimatete Gauleiter.

Dass nicht einmal von einem grob einheitlichen juristischen Vorgehen in einer der verschiedenen Fallgruppen die Rede sein kann, zeigt das sowjetische Vorgehen gegen die von ihnen abgeurteilten Gauleiter: Während der geschilderte Fall Mutschmann noch immer relativ zeitnah und von einem hohen sowjetischen Gericht nach sowjetischen Rechtsgrundlagen abgehandelt worden war, weist der zweite Fall bemerkenswerte Eigentümlichkeiten auf. So wurde der Gauleiter von Magdeburg-Anhalt, Rudolf Jordan, nicht nur während der Voruntersuchung deutlich härter angefasst (neben Nachtverhören soll er mindestens einmal Prügel bezogen haben),[409] sondern auch erst Jahre später, nämlich Ende 1951 in Moskau verurteilt, obwohl er sich bereits seit Sommer 1946 in sowjetischer Hand befand. Das späte Urteil hatte offenkundig mit der Überlegung des MGB zu tun, eine Gruppe von „besonders ‚hochkarätigen' Funktionsträgern des NS-Staates" (neben Jordan mehrere Feldmarschälle und Amtschefs des RSHA) längere Zeit zurückzuhalten.[410] Anders als Mutschmann wurde Jordan auch nicht nach dem Ukaz 43 verurteilt, sondern nach dem wesentlich zielführenderen KG 10, wobei in seinem Fall und dem von

408 Zum Begriff des „Fairen Verfahrens" (fair trial), in dem generell von einer „Waffengleichheit" zwischen Staatsanwaltschaft und Beschuldigtem ausgegangen wird, vgl. Creifelds Rechtswörterbuch, München 2007 (19. Auflage), S. 403.

409 Vgl. Jordan, Erlebt und Erlitten, S. 322 und 328.

410 Vgl. Zeidler, Stalinjustiz contra NS-Verbrechen, S. 44.

weiteren Mitgliedern der Gruppe der Zurückgehaltenen eine „besondere Beratung des sowjetischen Staatssicherheitsministeriums" (OSO) das Urteil fällte und kein (militärisches) Sondergericht. Das im Volksmund als „Fernurteil Moskau" bezeichnete Verfahren kam „ohne alle Verfahrensvorschriften" aus und häufig dann zum Einsatz, wenn „bestimmte geheimdienstliche Informationen vor der Armeejustiz geheim gehalten" werden sollten.[411] Der Delinquent erfuhr von der eigenen Verurteilung so erst im Nachhinein – im Falle Jordans von der Verurteilung zu 25 Jahren Lagerhaft. Von dieser sogenannten „Todesersatzstrafe"[412] musste der frühere Gauleiter wegen der bald einsetzenden Entstalinisierung lediglich vier Jahre absitzen. Obwohl er also wegen ähnlicher Anklagen wie im Fall Mutschmann („Kampf gegen die KPD und andere demokratische Organisationen" sowie „Vorbereitung und Durchführung eines aggressiven Krieges gegen die UdSSR") verurteilt worden war,[413] konnte er aufgrund der gesellschaftspolitischen Entwicklung in der UdSSR überleben.[414]

Einen gänzlich anderen Verlauf hatten unterdessen die vier Verfahren gegen die früheren Gauleiter Julius Streicher[415] (Franken), Fritz Sauckel (Thüringen), Baldur von Schirach (Wien) und Ernst-Wilhelm Bohle (Auslandsorganisation der NSDAP) vor dem IMT in Nürnberg genommen, die in den ersten drei Fällen 1945/46 und im Fall Bohle 1948 verhandelt wurden. Sieht man einmal davon ab, dass es lediglich in der Frage der Rechtsgrundlagen geringfügige Überschneidungen mit einem der sowjetischen Verfahren gab (das IMT-Statut präjudizierte das spätere KG 10), so entsprachen die Nürnberger Verfahren am ehesten einem fairen bzw. rechtsstaatlichen Prozess. Der bereits erwähnte Katalog fand in diesen Fällen mit nur wenigen Abstrichen Anwendung. Anders als in der Sowjetunion konnten die Angeklagten vor dem (von angelsächsischem Recht dominierten) IMT vornehmlich von der Zulassung von Verteidigern, selbst benannten Zeugen und Dol-

---

411 Schroeder, Rechtsgrundlagen, S. 57 f.

412 Nach der Aussetzung der Todesstrafe im Mai 1947 wurden Angeklagte häufig zu 25 Jahren Lagerhaft verurteilt, die – in der eisigen Hölle des sibirischen GULag verbracht – in vielen Fällen tödlich endete. Die Wiedereinführung der Todesstrafe im Januar 1950 bezog sich allerdings nur auf „Vaterlandsverräter", „Spione", „Schädlinge" und „Diversanten", aber nicht auf NS- und Kriegsverbrecher (also auf Angeklagte nach Ukaz 43 und KG 10). Ebd., S. 51.

413 Anklagegutachten des MGB in der Sache Nr. 5086 (Rudolf Jordan) vom 2.11.1951 und Auszug aus dem Protokoll Nr. 61 der „Besonderen Beratung des Ministeriums für Staatssicherheit der UdSSR" vom 1.12.1951 (HAIT-Archiv, Akte Rudolf Jordan, Bl. 200 und 205). Die Akte Jordan (USHMM-Signatur: RG-06.025*68) ist ebenfalls unter Vermittlung des USHMM Washington und der Gedenkstätte Münchner Platz Dresden an das HAIT gelangt.

414 Jordan ließ sich nach seiner Rückkehr aus der UdSSR im Oktober 1955 in der Bundesrepublik Deutschland nieder, in der er bis zu seinem Tod 1988 lebte und mehrere Bücher verfasste.

415 Streicher gehört im engeren Sinne nicht zu der hier zugrunde gelegten Ausgangsliste von 43 Gauleitern zu Ende des Krieges, da er wegen einer Korruptionsaffäre bereits 1940 seiner Ämter verlustig gegangen war.

metschern profitieren. Allerdings ging es bei diesen Verfahren nur z. T. um Straftatbestände, die die Angeklagten als Gauleiter begangen haben sollten, sondern um Deliktvorwürfe, die aus ihren zusätzlichen oder zentralen Funktionen resultierten.

Das klassische Beispiel dafür gab der Thüringer Gauleiter Sauckel ab, der seit 1942 zusätzlich das Amt des Generalbevollmächtigten für den Arbeitseinsatz bekleidet hatte. In dieser Funktion war er für die Verschleppung von Millionen Zwangsarbeitern nach Deutschland verantwortlich gewesen. Daher lag in seinem Fall der Schwerpunkt der Anklage auf den Punkten „Kriegsverbrechen“ und „Verbrechen gegen die Menschlichkeit“. Obwohl sich die Verteidigung bemühte, Sauckels Handlungsweisen einen humanitären Anstrich zu verleihen, sah das Gericht in seinem Urteil dessen „Gesamtverantwortlichkeit für das Sklavenarbeitsprogramm“[416] für gegeben an und verurteilte ihn zum Tode. Im Gegensatz zum „Sklavenhalter“ Sauckel[417] war Schirach ursprünglich in seiner Funktion als ehemaliger Reichsjugendführer vor Gericht gestellt worden. Doch wurde er schließlich nicht wegen der anfangs unterstellten pädagogischen Vorbereitung des Zweiten Weltkrieges verurteilt, sondern wegen seiner Amtsführung als Gauleiter von Wien. Nachgewiesen werden konnten ihm dabei eigene Aktivitäten bei der Deportation der Wiener Juden, die im Wissen um die industrielle Judenvernichtung stattgefunden hatten. Mit einer Zeitstrafe von 20 Jahren Gefängnis kam das Gericht zu einem eher milden Urteil. Doch konnte es als Eingeständnis dafür gelten, dass sich Schirachs Verbrechen „kaum von der Aufführung anderer Gauleiter“ unterschieden.[418] Demnach hätte auch ein Gauleiter Mutschmann wegen dieser Verbrechen (z. B. in Nürnberg) verurteilt werden können.

Im Falle Streichers stand der Antisemitismus von vornherein im Mittelpunkt der IMT-Anklage, handelte es sich doch bei ihm um die zentrale Figur der organisierten antisemitischen Hetze vor 1945. Anders als Schirach wurde er zwar ebenso wegen „Verbrechen gegen die Menschlichkeit“ verurteilt, aber mit dem Tode bestraft. Das Gericht sah es als erwiesen an, dass Streicher als Herausgeber des reichsweit erscheinenden antisemitischen Hetzblattes „Der Stürmer“ den Holocaust begünstigt und mit ermöglicht hatte. So unzweifelhaft es erscheint, dass der Hassprediger Streicher „einer der einflussreichsten intellektuellen Urheber eines Massenmordes ohne geschichtliches Beispiel“ gewesen war,[419] so schwierig mag der Nachweis eines kausalen Zusammenhangs zwischen antisemitischer Propaganda und letztlich vollzogener Massenvernichtung erscheinen. Auf dieses Problem hat insbesondere

416 Der Prozess gegen die Hauptkriegsverbrecher vor dem Internationalen Militärgerichtshof (IMT), Bd. XXII, S. 646.

417 Vgl. Steffen Raßloff, Fritz Sauckel. Hitlers „Muster-Gauleiter“ und „Sklavenhalter“, Erfurt 2007.

418 Diese These vertritt mit Nachdruck Bradley F. Smith, Der Jahrhundert-Prozess. Die Motive der Richter von Nürnberg – Anatomie einer Urteilsfindung, Frankfurt a. M. 1977, S. 263.

419 Kurt Pätzold, Julius Streicher. In: Kurt Pätzold/Manfred Weißbecker (Hg.), Stufen zum Galgen. Lebenswege vor den Nürnberger Urteilen, Leipzig 1999, S. 264–296, hier 275.

Hitler im Jahre 1933 mit seinen Gauleitern, die nach 1945 zum Tode verurteilt wurden: Forster, Streicher (mit Handschlag), Mutschmann, Koch

der amerikanische Historiker Bradley F. Smith verwiesen.[420] Im Falle Mutschmanns hätte es womöglich diese „Lücke" nicht gegeben, hatte er doch – anders als Streicher – auch im Krieg seine Partei- und Staatsämter weiter ausgeübt und neue hinzugewonnen. Bei ihm wäre somit der Zusammenhang zwischen antisemitischer Propaganda und Judenvernichtung sehr wohl feststellbar gewesen.

Welche Bedeutung es für einen Angeklagten haben konnte, brillant verteidigt zu werden und sich vor allem in der „Judenfrage" reumütig zu zeigen, offenbart der Fall des früheren Gauleiters der NSDAP-Auslandsorganisation und Staatssekretärs im Auswärtigen Amt, Ernst-Wilhelm Bohle, der im sogenannten Nürnberger „Wilhelmstraßenprozess" (1948/49) zu einer Gefängnishaft von nur fünf Jahren verurteilt wurde. Obwohl Bohle nach wesentlichen Punkten des KG 10 angeklagt gewesen war (z.B. „Verbrechen gegen den Frieden", „Verbrechen gegen die Menschlichkeit") erkannte ihn das Gericht lediglich im Punkt „Mitgliedschaft in verbrecherischen Organisationen" (SS, Korps der Politischen Leiter der NSDAP) für schuldig.[421] Damit hatte er auf der Ebene der ehemaligen Staatssekretäre (neben

420 Vgl. Smith, Der Jahrhundert-Prozess, S. 223.

421 Vgl. Frank-Rutger Hausmann, Ernst-Wilhelm Bohle, Gauleiter im Dienst von Partei und Staat, Berlin 2009, S. 212–230. Bohle, der auch mit seiner weltläufigen Eloquenz und perfekten Englisch-Kenntnissen zu überzeugen wusste, wurde aus dem Kriegsverbrechergefängnis Landsberg wegen guter Führung bereits Ende 1949 entlassen.

ihm noch Ernst v. Weizsäcker, Wilhelm Keppler, Gustav Steengracht v. Moyland) das mildeste Strafmaß erhalten, obwohl er nicht zur klassischen Beamtenriege des Auswärtigen Amtes gezählt hatte, sondern zu den dort später inkorporierten NS-Parteifunktionären.[422] Bohles Verurteilung aufgrund seiner „Mitgliedschaft in einer verbrecherischen Organisation" dürfte im Übrigen mit die Richtung vorgegeben haben für die Verfahren gegen Gauleiter vor westdeutschen Spruchkammern.

Bei den in aller Regel zuvor bzw. parallel zu „Nürnberg" abgehaltenen Verfahren durch Sondergerichte des neuen polnischen Staates, der USA und Frankreichs ging es in erster Linie um die Ahndung von Verbrechen, die bestimmte Gauleiter gegen Angehörige der betroffenen Nationen begangen hatten. Im Falle Polens betraf es drei der bekannteren „politischen Generale" des Dritten Reiches, die nach 1939 als Chefs der Zivilverwaltung ehemals polnische Territorien mit verwalteten: Arthur Greiser (Wartheland[423]), Albert Forster (Danzig-Westpreußen) und Erich Koch (Ostpreußen und Regierungsbezirk Białystok). Im Mittelpunkt der Verfahren stand die von allen drei Gauleitern forcierte Germanisierungspolitik gegenüber Polen.

Den Anfang machte dabei der wegen seiner rigiden Unterdrückungspolitik besonders berüchtigte Gauleiter Greiser, der von der amerikanischen Besatzungsmacht im März 1946 an Polen ausgeliefert worden war. Anders als in den Verfahren gegen Forster (1948) und Koch (1958) muss im Falle Greisers jedoch von einem „kurzen Prozess" gesprochen werden. Der Prozess, der auf polnischen Rechtsgrundlagen von 1932 und 1944 sowie dem IMT-Statut fußte, wurde am 22. Juni 1946 eröffnet und bereits am 9. Juli mit dem Todesurteil abgeschlossen. Zwar lagen dem Gericht unzweifelhaft gewichtige Beweismittel in Form von schriftlichen NS-Überlieferungen und Zeugen der Anklage vor, doch konnte sich Greiser – trotz Pflichtverteidiger – nur unzureichend verteidigen: So wurden von ihm benannte Zeugen nur vereinzelt zugelassen und ihm Einsichtnahme in Akten und Dokumente der Anklage nur partiell gewährt; zudem war die gesamte Prozessführung des Gerichtes äußerst wohlwollend auf die Beweisführung und Strategie der Anklage ausgerichtet.[424] Der Prozess als Ganzes durfte überdies als im doppelten Sinne „öffentlich" bezeichnet werden: Zum einen fand er in aller Öffentlichkeit und unter Beachtung der internationalen Presse statt, zum anderen als Schaustück für die polnische Bevölkerung, die sich noch bei der Exekution durch den Strang in großer Zahl versammelte.[425]

---

422 Weizsäcker und Steengracht v. Moyland waren zu je sieben Jahren, Keppler zu zehn Jahren Haft verurteilt worden. Vgl. Hausmann, Bohle, S. 228; Eckart Conze/Norbert Frei/Peter Hayes/Moshe Zimmermann, Das Amt und die Vergangenheit. Deutsche Diplomaten im Dritten Reich und in der Bundesrepublik, München 2010, S. 397 ff.

423 Bei dem 1939 gegründeten Reichsgau Wartheland handelte es sich im Kern um die 1919 an Polen abgetretene preußische Provinz Posen, in der mehrheitlich Polen lebten.

424 Vgl. Catherine Epstein, Model Nazi. Arthur Greiser and the Occupation of Western Poland, Oxford 2010, S. 305–341. Vgl. Czesław Łuczak, Arthur Greiser. Hitlerowski władca w Wolnym Mieście Gdańsku i w Kraju Warty [Arthur Greiser. Hitlers Herrscher in der Freien Stadt Danzig und im Warthegau], Poznań 1997, S. 120–129.

425 Vgl. Epstein, Model Nazi, S. 334 f., und Łuczak, Arthur Greiser, S. 129.

Konnte demnach dieser erste Gauleiter-Prozess als eine Art Sühnemaßnahme für das öffentliche Polen gelten, ließ sich der Oberste Polnische Gerichtshof (NTN) in den Fällen Forster und Koch wesentlich mehr Zeit. Auch wenn die beiden Prozesse (1948 und 1958)[426] ebenfalls nur wenige Wochen dauerten, handelte es sich hier nicht um „kurze Prozesse" und Willkürurteile, wie aufgrund der fortschreitenden politischen „Terrorjustiz" in Polen vielleicht angenommen werden könnte,[427] sondern um Verfahren, die bestimmten formalen Bedingungen der Rechtsstaatlichkeit genügten. Anklage und Gericht versuchten in beiden Fällen die Individualschuld der Angeklagten herauszuarbeiten (ungeachtet des Vorwurfs des „Organisationsverbrechens"), indem sie belastendes Material und Zeugen zum Anteil der Beschuldigten am Überfall auf Polen, an der Eingliederung Danzigs und der Germanisierungspolitik zusammentrugen. Demgegenüber bemühten sich die durchaus engagierten Pflichtverteidiger, ihre Mandanten möglichst zu entlasten. Dass Koch und Forster dennoch zum Tode verurteilt wurden, hatte wohl eher mit der erdrückenden Beweislast zu tun, wie der Forster-Biograph Dieter Schenk hervorhebt.[428] Es spricht denn auch für sich, dass Forsters Urteil erst vier Jahre später (1952) vollstreckt[429] und Kochs Urteil aus gesundheitlichen Gründen in eine lebenslange Haftstrafe umgewandelt wurde.

Spiegelbildlich zur polnischen Praxis, die sich im Falle Forster und Koch wohltuend von der sowjetischen Prozesspraxis abhob, verfuhr im Wesentlichen auch die westliche Seite: Auch hier galt die Maxime, dass – je unmittelbarer ein Prozess nach Kriegsende stattfand – kürzere Verfahren und härtere Strafen zu gewärtigen waren. Das traf insbesondere auf den Prozess gegen den badischen Gauleiter Robert Wagner zu, der zwischen dem 23. April und dem 3. Mai 1946 vor einem französischen Militärgericht in Straßburg stand und von diesem zum Tode verurteilt wurde.[430] Wagner hatte von 1940 bis 1945 als Chef der Zivilverwaltung im Elsass eine Politik der „Germanisierung und Nazifizierung" betrieben, die in der „Praxis [...] zu einem fanatischen anti-französischem Kreuzzug" ausgeartet war. So hatte Wagner ein „eigenes Konzentrationslager für elsässische ‚Dickköpfe' errichten" lassen[431] und für die Deportation von „Tausenden von Juden in das Internierungslager Gurs"

426 Forster war schon im August 1946 an Polen ausgeliefert worden, Koch 1950, wobei letzterer seinen Gesundheitszustand als formaljuristischen Grund dafür einsetzte, den Prozessbeginn um acht Jahre hinauszuzögern bzw. zu blockieren. Vgl. Ralf Meindl, Ostpreußens Gauleiter. Erich Koch – eine politische Biographie, Osnabrück 2007, S. 475–478.

427 So Dieter Schenk, Hitlers Mann in Danzig. Gauleiter Forster und die NS-Verbrechen in Danzig-Westpreußen, Bonn 2000, S. 274.

428 Vgl. ebd., S. 276.

429 Die mehrjährige Verzögerung dürfte den vielfachen, aber abschlägig beschiedenen Gnadengesuchen Forsters geschuldet sein. Vgl. Höffkes, Hitlers politische Generale, S. 81.

430 Vgl. Lilla, Statisten in Uniform, S. 703.

431 Johnpeter Horst Grill, Robert Wagner – Der „Herrenmensch' im Elsaß. In: Ronald Smelser/Enrico Syring/Rainer Zitelmann (Hg.), Die braune Elite II. 21 weitere biographische Skizzen, Darmstadt 1993, S. 254–267, hier 263 f.

gesorgt.[432] Nach Beendigung des eher unzureichend überlieferten Prozesses und kurz vor der Hinrichtung am 14. August 1946 bekundete der frühere Gauleiter noch einmal seine Treue zu Hitler und zum Nationalsozialismus.[433]

Deutscher Besatzungsterror und Germanisierungspolitik vor 1945 spielten demgegenüber für die amerikanische Besatzungsmacht aus nahe liegenden Gründen keine Rolle. Für sie ging es in erster Linie um die juristische Ahndung von Tötungsdelikten an eigenen Soldaten, vor allem an abgeschossenen Fliegern. Aufgrund von Befehlsstrukturen und / oder persönlichen Befehlen betrachtete sie einzelne zuständige Gauleiter als juristisch direkt Verantwortliche. Eine Ausnahme bildete lediglich der Prozess gegen den früheren Gauleiter August Eigruber (Oberdonau), der im Rahmen des Mauthausen-Hauptprozesses zusammen mit weiteren 60 Beschuldigten von einem US-Militärgericht angeklagt wurde. In dem von Ende März bis Mitte Mai 1946 stattfindenden Verfahren musste sich Eigruber als ehemals zuständiger Gauleiter und Ernährungsamtsleiter für die katastrophale Ernährungslage der Mauthausen-Häftlinge und für persönlich angeordnete Exekutionen im Lager verantworten.[434] Das Todesurteil gegen ihn und dessen Vollstreckung am 28. Mai 1947 passten in das Muster der frühen und harten Strafen der Alliierten. Konnte im Falle von Eigrubers KZ-Verbrechen die individuelle Schuld nachgewiesen werden,[435] erwies sich dies in den sogenannten „Flieger-Prozessen“ als weitaus schwieriger. Deutlich wird dies am Beispiel des früheren mecklenburgischen Gauleiters Friedrich Hildebrandt, der sich bei Kriegsende nach Westen abgesetzt hatte und zuerst in britische Hände gefallen war. Hildebrandt wurde zusammen mit weiteren fünf Angeklagten Ende März 1947 wegen der „Teilnahme an der Tötung von Kriegsgefangenen, die sich ergeben hatten“, zum Tode verurteilt und – nach ergebnislosen Gnadenersuchen – am 5. November 1948 hingerichtet.[436]

Was auf den ersten Blick als klarer Fall von individueller Verantwortung für die Ermordung dreier amerikanischer Piloten erscheint, ist es nach Sichtung der entsprechenden Militärgerichts-Akte keineswegs: Nach Ansicht des Historikers Michael Buddrus, der am „Institut für Zeitgeschichte“ arbeitet, hätte der Prozess, der „nach heutigen Maßstäben allenfalls in Teilbereichen rechtstaatlichen Prinzipien genügte [...], jedenfalls nach der überlieferten Aktenlage [...] nicht zu einer Verurteilung Hildebrandts [...] führen dürfen“. Buddrus kommt zu dem Schluss: „Der

432 Wolfgang Benz (Hg.), Lexikon des Holocaust, München 2002, S. 244 (Artikel Robert Wagner).

433 Vgl. Grill, Robert Wagner, S. 265.

434 Vgl. Florian Freund, Der Mauthausen-Prozess. In: Dachauer Hefte, 13 (1997), S. 99–118, hier 112.

435 Sämtliche Angeklagte, auch Eigruber, verfügten z.B. über Verteidiger, die es allerdings schwer hatten, die erdrückende Beweislage zu relativieren. Im Falle der angeordneten Exekutionen wurde Eigruber durch Zeugen überführt (vgl. ebd., S. 111 f.).

436 Michael Buddrus (Hg.), Mecklenburg im Zweiten Weltkrieg. Die Tagungen des Gauleiters Friedrich Hildebrandt mit den NS-Führungsgremien des Gaues Mecklenburg 1939–1945. Eine Edition der Sitzungsprotokolle, Bremen 2009, S. 19 f.

einzige Hildebrandt zur Last gelegte Vorwurf – Befehle zur Ermordung abgeschossener oder notgelandeter alliierter Flugzeugbesatzungen erteilt zu haben – konnte nicht bewiesen werden; es hat den Anschein, dass das amerikanische Militärgericht in Dachau – nachdem eine Reihe alliierter Gerichte aufgrund fehlender hinreichender Beweise bereits mehrere Gauleiter wegen der gleichen Vorwürfe mangels Beweisen freigesprochen hatte – nunmehr endlich einen Gauleiter verurteilen wollte."[437] Dabei habe Hildebrandt „durchaus eine Reihe von Verbrechen" begangen, die ihm hätten bewiesen und für die er hätte verurteilt werden können, wenn er denn dafür angeklagt worden wäre.[438] So gehört dieser Prozess zu jenen Verfahren, die einen Schatten auf das (für „Nürnberg" so charakteristische) rechtsstaatliche Vorgehen der amerikanischen Besatzungsmacht werfen, zumal Hildebrandt auch medizinisch vernachlässigt, seine Mitangeklagten z. T. gefoltert, Entlastungsmaterial unterschlagen, Belastungszeugen beeinflusst und unter Druck gesetzt, Verteidiger abberufen und die Öffentlichkeit ausgeschaltet worden waren. Selbst ein schriftlich ausgefertigtes Urteil hat es nie gegeben.[439]

Hildebrandts Exekution im Spätherbst 1948 markierte jedenfalls für die westliche Seite den Abschluss einer harten Verurteilungspraxis in der Gauleiter-Frage. Die noch in Internierungshaft befindlichen „politischen Generale" wurden jetzt in Ermangelung alliierter Anklagen oder alliierten Interesses vor westdeutsche Spruchkammern gestellt, die mit ihnen relativ großzügig verfuhren. Die zwischen 1948 und 1950 ergangenen Urteile trafen insgesamt neun ehemalige Gauleiter – nämlich Franz Schwede[440] (Pommern), Gustav Adolf Scheel (Salzburg), Karl Wahl (Schwaben), Franz Hofer[441] (Tirol-Vorarlberg), Hinrich Lohse (Schleswig-Holstein), Paul Wegener (Weser-Ems), Albert Hoffmann (Westfalen-Süd), Friedrich Karl Florian (Düsseldorf) und Josef Grohé (Köln-Aachen). Diejenigen von ihnen,

---

437 Ebd., S. 20. In der Tat hatte dasselbe Gericht, welches Hildebrandt zum Tode verurteilte (der General Military Court in Dachau), am 10.10.1947 auch den früheren Gauleiter von Mainfranken, Otto Hellmuth, wegen der Ermordung notgelandeter alliierter Flieger zum Tode verurteilt. Allerdings wurde wohl aufgrund eines kirchlichen Gnadengesuches das Todesurteil in eine Zeitstrafe (20 Jahre) umgewandelt, die Hellmuth „wegen guter Führung" nur bis 1955 verbüßen musste. Lilla, Statisten in Uniform, S. 224.

438 Buddrus (Hg.), Mecklenburg im Zweiten Weltkrieg, S. 20.

439 Mündliche Mitteilungen von Michael Buddrus an den Verfasser vom 10.2.2011. Buddrus bereitet z.Z. am IfZ München-Berlin eine Monographie zum Hildebrandt-Prozess vor.

440 Schwede war insofern eine Ausnahme, als er 1948 von der Spruchkammer Bielefeld zu zehn Jahren und wenige Monate später in einem Revisionsverfahren zu neun Jahren Zuchthaus verurteilt wurde; 1951 kam er noch einmal vor Gericht (Landgericht Coburg) und erhielt eine Gesamtstrafe von zehn Jahren Haft. Vgl. Lilla, Statisten in Uniform, S. 607.

441 Hofer war im Juni 1949 in Abwesenheit von der Hauptspruchkammer München zu zehn Jahren Arbeitslager und vom Volksgericht Innsbruck zum Tode verurteilt worden. Seit 1948 aus alliierter Haft geflüchtet und in Mühlheim/Ruhr unter falschen Namen lebend, wurde er 1953 von einer Münchner Berufungskammer zu drei Jahren und fünf Monaten Arbeitslager verurteilt, die jedoch durch Internierungshaft (1945–1948) als verbüßt galten. Vgl. ebd., S. 254.

die aus der nunmehrigen britischen Besatzungszone oder aus dem östlichen Norden stammten (Schwede, Lohse, Wegener, Florian, Grohé), wurden von verschiedenen Kammern des Spruchgerichts Bielefeld abgeurteilt.[442] Die Urteile bewegten sich dabei zwischen Haftstrafen von zehn, sechs und vier Jahren – und zwar in der Reihenfolge der Urteilsjahre (1948, 1949, 1950), was für die immer milder werdende NS-Strafverfolgung der frühen Bundesrepublik symptomatisch erscheint.

Ein Blick in die Akten des Bielefelder Spruchgerichtes zeigt, in welch rasantem Tempo Milde, Verständnis, Großzügigkeit und Kumpanei gegenüber den Angeklagten an Bedeutung gewannen. Dabei spielten die Zuständigkeiten der Kammern eine erhebliche Rolle,[443] ging es doch in den zweifelsfrei rechtsstaatlichen Verfahren allein um die „kenntnisbelastete Zugehörigkeit zum Führungskorps der NSDAP und zur SS nach der Verordnung Nr. 69 der Britischen Militärregierung in Verbindung mit dem Gesetz Nr. 10 des Kontrollrates und dem Urteil des Internationalen Militärtribunals in Nürnberg".[444] Mit anderen Worten: Die Beschuldigten wurden nicht wegen individueller Straftaten verurteilt, sondern wegen ihrer Zugehörigkeit zu einer als verbrecherisch definierten NS-Organisation. Geprüft wurde nur, inwieweit sie in den Punkten 1.) Verfolgung politischer Gegner, 2.) Verfolgung der Juden, 3). Lynchjustiz und 4.) Sklavenarbeiterprogramm als „kenntnisbelastet" gelten konnten.[445] Auffällig ist, dass ein Anfang 1948 angeklagter Gauleiter (Lohse) mit einem rigiden Straftenor und einem Strafmaß von zehn Jahren Gefängnis zu rechnen hatte, wobei er lediglich ein Jahr der insgesamt dreijährigen Internierungszeit angerechnet bekam, während einem zwei Jahre später angeklagten Gauleiter (Grohé) eine eher wohlwollende Prüfung und ein Strafmaß von etwas mehr als vier Jahren erwartete, jetzt allerdings mit der Anrechnung der vollen Internierungszeit.[446]

---

442 Nur Hoffmann wurde nicht vom Spruchgericht Bielefeld, sondern vom Spruchgericht Benefeld-Bomlitz verurteilt. Vgl. ebd., S. 256.

443 In dem Urteil gegen Lohse hieß es, dass dessen „Handlungen [...] jedoch nicht daraufhin geprüft" würden, „ob sie ein Kriegsverbrechen oder ein Verbrechen gegen die Menschlichkeit darstellen, weil hierzu der Kammer die Zuständigkeit fehlt". Urteil der 10. Spruchkammer des Spruchgerichts Bielefeld gegen Hinrich Lohse vom 23.1.1948 (BAK, Z 42 IV, 7202a, Bl. 17).

444 Urteil der 1. Spruchkammer des Spruchgerichts Bielefeld gegen Paul Wegener vom 28.11.1949 (BAK, Z 42 IV, 1716a, Bl. 108). Mit der britischen Militärregierungsverordnung Nr. 69 vom 31.12.1946 war für diese Zone die Möglichkeit geschaffen worden, Mitglieder „verbrecherischer" NS-Organisationen durch deutsche Strafgerichte aburteilen zu lassen. Vgl. ausführlich dazu Annette Weinke, Die Verfolgung von NS-Tätern im geteilten Deutschland. Vergangenheitsbewältigungen 1949–1969 oder: Eine deutsch-deutsche Beziehungsgeschichte im Kalten Krieg, Paderborn 2002, S. 41.

445 Vgl. Urteil der 1. Spruchkammer des Spruchgerichts Bielefeld gegen Paul Wegener vom 28.11.1949 (BAK, Z 42 IV, 1716a, Bl. 110–112).

446 Urteil der 10. Spruchkammer des Spruchgerichts Bielefeld gegen Hinrich Lohse vom 23.1.1948 (BAK, Z 42 IV, 7202a, Bl. 14 und17 f.). Das gegen Lohse verhängte Strafmaß beinhaltete die „zulässige Höchststrafe", wie das Gericht gesondert vermerkte. Vgl. auch Urteil der 1. Spruchkammer des Spruchgerichts Bielefeld gegen Josef Grohé vom 18.9.1950 (BAK, Z 42 IV, 1806b, Bl. 60 und 68 f.).

Schon im Prozess gegen Karl Florian (Juni 1949) hatte sich abgezeichnet, wie zurückhaltend plötzlich Richter die Glaubwürdigkeit von Belastungszeugen bewerteten und welche „Milderungsgründe" sie zugunsten des Angeklagten geltend machten. So rechneten sie Florian vor allem angeblich unterlassene „Eingriffe in die ordentliche Rechtspflege" und „größere Eingriffe in die allgemeine Landesverwaltung" positiv an; ebenso positiv vermerkten sie die „bemerkenswerte" Tatsache, dass Florian „mit der Wehrmacht einwandfrei zusammengearbeitet" [!] habe.[447] Im Falle des Mutschmann-Gefährten Grohé (September 1950) durfte man sich bei der Urteilsbegründung fragen, weshalb überhaupt ein Urteil ergangen war. Gewiss kritisierten die Richter Grohés „blinden Gehorsam" gegenüber Hitler und dessen „verbissene Energie" im Endkampf,[448] doch erschien er ihnen im Allgemeinen fast als Ehrenmann: So habe der radikale Antisemit, der im Sommer 1943 öffentlich das „Ende des Judentums" bis Kriegsende verkündet hatte,[449] nach Aussagen von NS-Zeugen in Judenfragen „mäßigend gewirkt"; zudem und vor allem sei seine „persönliche Lebensführung unantastbar" gewesen; er habe sich „nachweislich keine Übergriffe zu Schulden kommen lassen, an seinen Gegnern keine Rache verübt, sich nötigenfalls von alten Kämpfern getrennt, Ungerechtigkeiten zu verhindern und zu beseitigen sich bemüht, einfach gelebt, [...] sich nicht selbst bereichert", keine Eingriffe in Kirchen, Justiz und Verwaltung vorgenommen, sich als Staatskommissar für die Universität Köln „sachlich verhalten", als „Schirmherr des Theaters [...] ausgleichend gewirkt", „soziale Gesinnung" bewiesen, sich persönlich im Krieg dafür eingesetzt, „Verluste zu vermeiden", und „unsinnige Maßnahmen" wie den „Werwolf" abgelehnt und „dadurch unnütze Opfer verhindert" und nicht zuletzt „bei der Zusammenarbeit mit der Wehrmacht Reibungen vermieden".[450]

Man kann sich unter dem Eindruck derartiger Elogen die Frage stellen, wie wohl der Urteilstenor gegen Mutschmann ausgesehen hätte, wenn ihm denn gemeinsam mit Grohé 1945 die Flucht nach Westen gelungen wäre. Hätten ihm dann ebenfalls NS-Prominente im Zeugenstand bestätigt, dass er in Judenfragen eher „mäßigend gewirkt" habe? Oder wäre ihm – anders als im Fall Florian – vorgeworfen worden, *keine* „einwandfreie" Zusammenarbeit mit der Wehrmacht gewährleistet und so vielleicht größere Erfolge im „Kampf um Sachsen" verhindert zu haben?

---

447 Urteil der 7. Spruchkammer des Spruchgerichts Bielefeld gegen Karl Florian vom 13.6.1949 (BAK, Z 42 IV, 6811b, Bl. 189).

448 Urteil der 1. Spruchkammer des Spruchgerichts Bielefeld gegen Josef Grohé vom 18.9.1950 (BAK, Z 42 IV, 1806b, Bl. 68).

449 Zit. nach Zerlett, Josef Grohé, S. 268.

450 Urteil der 1. Spruchkammer des Spruchgerichts Bielefeld gegen Josef Grohé vom 18.9.1950 (BAK, Z 42 IV, 1806b, Bl. 67 ff.). Zu Grohés Gunsten sagten u. a. ehemalige Generäle, hohe NS-Funktionäre (z. B. Gaudozentenführer) und braune Kommunalpolitiker (z. B. der NS-Oberbürgermeister von Bonn Ludwig Rickert) aus. Wie es scheint, wurden derartige „Persilscheine" vom Gericht zum Nennwert genommen. Die Urteilsbegründung lässt jedenfalls nichts anderes vermuten.

Man mag solche Fragen als mokant, makaber oder hypothetisch bezeichnen. Doch beleuchten sie recht drastisch die Entwicklung in der Gauleiter-Rechtsprechung seit dem Jahre 1945, und sie verdeutlichen darüber hinaus den zunehmend milden Umgang mit ehemaligen NS-Spitzenfunktionären in der frühen Bundesrepublik. Eine vierjährige Haftstrafe für einen Mann, der über die gesamte Zeit des NS-Regimes die totale Macht in Partei und Staat in seinem sächsischen Gau in Händen hielt, wäre wohl nicht das gewesen, was man – zurückhaltend formuliert – als angemessen hätte bezeichnen können. Wer wiederum aus guten und ethisch nachvollziehbaren Gründen gegen die Todesstrafe argumentiert, sollte in Rechnung stellen, dass diese nicht nur von der Stalin-Justiz bis 1947 und erneut ab 1950 sanktioniert worden ist, sondern eben auch von den westlichen Alliierten. Die Anwendung dieser Strafe in den ersten zwei, drei Jahren nach dem Krieg war hart und kompromisslos und psychologisch gesehen eine Antwort auf die Massenverbrechen des Dritten Reiches. Insofern erscheint das Todesurteil gegen Mutschmann keineswegs singulär; es passte sich in eine ganz ähnliche Urteilslage ein, die mit Namen wie Wagner, Greiser, Eigruber, Streicher, Sauckel oder Hildebrandt verbunden ist, wobei es sich beim Mutschmann-Prozess nicht einmal um einen „kurzen Prozess" handelte.[451] Die von den Alliierten nach 1947 verhängten Urteile gegen frühere Gauleiter liefen hingegen in der Regel auf Zeitstrafen hinaus, was auch in der Sowjetunion im Fall des Ende 1951 verurteilten ehemaligen Gauleiters Jordan nicht anders war.

Jenseits des Strafmaßes lassen sich im Mutschmann-Prozess gleichwohl wichtige Eigentümlichkeiten feststellen: Im Gegensatz zu den allermeisten westalliierten, westdeutschen und auch polnischen Verfahren handelt es sich hierbei nicht um einen Prozess, den man in zentralen Punkten als rechtsstaatlich bezeichnen könnte. Es ermangelte ihm vor allem an so markanten Prinzipien wie dem der Öffentlichkeit, der strafrechtlichen Verteidigung und der Anwendung von Rechtsgrundlagen, die den Tatvorwürfen entsprachen. In der Frage des individuellen Schuldnachweises sind zwar entsprechende Bemühungen offenkundig, doch hoben Anklageschrift und Urteil stärker auf die Funktion des Angeklagten ab. Ausgerechnet in diesem Punkt lassen sich Überschneidungen mit den westdeutschen Spruchgerichtsverfahren nachweisen, die ebenfalls nur auf die Gauleiter-Funktion („Organisationsverbrechen") abzielten. Doch stellt sich gerade hier die Frage, ob nicht genau diese Funktion tatsächlich die tagtägliche Basis für die schuld- und „kenntnisbelastete" Diktaturdurchsetzung gebildet hatte und ihr damit nicht auch eine besondere Bedeutung zukam.[452] In Mutschmanns Fall war freilich auch die umgekehrte Prozesstendenz zu beobachten gewesen – nämlich die Zuschreibung von Verantwortlichkeiten, die ihm (mit Blick auf die Kriegsverbrechen gegen die Sowjetunion) nur bedingt oder gar nicht angelastet werden konnten. Allerdings erhielt er – anders als Jordan – einen Prozess, der wenigstens formal diesen Namen verdien-

451 Anders als bei den Prozessen gegen die Gauleiter Robert Wagner und Arthur Greiser 1946.

452 Verstärkend kam im Fall Mutschmann hinzu, dass er neben der Gauleiter-Funktion auch sämtliche staatliche Machtpositionen in Händen gehabt hatte.

te, da immerhin eine Gerichtssitzung stattfand, mochte diese noch so mangelhaft gewesen sein. Und was die Verbrechen betraf, für die er verurteilt wurde, so hatte er diese größtenteils auch begangen oder indirekt zu verantworten gehabt – anders als Hildebrandt, der für ein einziges unbewiesenes Verbrechen die Todesstrafe erhielt.

Was bei aller Eigentümlichkeit besonders schwer wog, war die fehlende Öffentlichkeit und das Geheimhaltungsgebaren hinsichtlich der Schicksale Mutschmanns und das seiner Clique (Lenk, Schmiedel, Bellmann, Vogelsang usw.). War es nicht ein zentrales Anliegen der allermeisten deutschen Nazi-Gegner gewesen, mit Hilfe eines „justiziellen ‚Antifaschismus'" (Annette Weinke) weite Teile der deutschen Bevölkerung über die Verbrechen des Dritten Reiches aufzuklären? Hatte nicht genau das auch der bekannte deutsche Schriftsteller Erich Maria Remarque gefordert, als er im amerikanischen Exil für den US-Geheimdienst OSS ein Thesenpapier vorlegte, das – im Frühherbst 1944 – von „öffentlichen Gerichtsverhandlungen" gegen „schuldig" gewordene NS-Funktionäre ausging? Remarque hatte sich darin explizit für deutsche Gerichte ausgesprochen, da sie eine größere Wirkung entfalten würden als alliierte. Die Geschworenen, so der Schriftsteller, könne man „in Konzentrationslagern finden, unter bekannten Antifaschisten und (mit Vorsicht, aber um der Wirkung willen) unter einigen eindeutigen Anti-Nazi-Offizieren".[453] Eine solche Praxis wäre vor allem im Fall Mutschmann praktikabel und zielführend gewesen, da dieser nach 1945 selbst in sächsischen NS-Kreisen kaum noch über Sympathien verfügte. Mit der „sowjetischen Lösung" wurde diesbezüglich eine große Chance vertan, zumal das Geheimhaltungsgebaren eine detaillierte juristische Aufklärung behinderte.

Trotz solcher Einwände lässt sich das Verfahren nicht einfach als Akt stalinistischer Willkür- und Siegerjustiz kennzeichnen. Mit Mutschmann stand der „richtige" Verantwortungsträger vor Gericht, auch wenn in diesem Fall die personellen und materiellen Kontinuitäten stalinistischer Rechtspraxis kaum zu übersehen waren. Anders als bei den „Moskauer Prozessen" der 1930er Jahre wurden hier jedoch keine falschen Geständnisse „erpresst"; es erfolgte zudem keine „formale" Aburteilung. Dass die Besatzungsmacht zu einem solchen Schritt legitimiert gewesen ist, steht überdies außer Zweifel und wird vornehmlich durch das „Potsdamer Abkommen" gedeckt;[454] dass ein juristisches Vorgehen gegen Mutschmann aus Gründen der Aufarbeitung und Ahndung von NS-Verbrechen sogar dringend geboten erschien, versteht sich von selbst.

---

453 Erich Maria Remarque, Praktische Erziehungsarbeit im Deutschland nach dem Krieg (1944). In: Thomas F. Schneider (Hg.), Erich Maria Remarque. Ein militanter Pazifist. Texte und Interviews 1929–1966, Köln 1998, S. 66–83, hier 70. Bei der Durchführung von Prozessen deutscher Gerichte war Remarque von einer „strengen alliierten Kontrolle und Überwachung" ausgegangen. Ebd., S. 70.

454 Das „Potsdamer Abkommen" beinhaltete ganz allgemein ein juristisches Vorgehen gegen NS- und Kriegsverbrecher sowie die Verhaftung und Internierung von „nazistischen Parteiführern" usw. Zit. nach Wolfgang Benz, Potsdam 1945. Besatzungsherrschaft und Neuaufbau im Vier-Zonen-Deutschland, München 2005, S. 213.

Martin und Minna Mutschmann bei einer öffentlichen Veranstaltung nach 1933

Epilog: „Die Frau des großen Faschisten"

Minna Mutschmann und die Waldheimer Prozesse

Wenn von Eigentümlichkeit im Falle Mutschmann die Rede ist, dann auch deswegen, weil nicht nur der frühere „Sachsenführer" allein von dem bereits erwähnten „justiziellen ‚Antifaschismus'" betroffen war, sondern weitere engste Familienangehörige mit dem Namen Mutschmann. Ein Jahr nach der Verurteilung des ehemaligen Gauleiters wurde seine Schwägerin Elsa Mutschmann[455] von der Kleinen Strafkammer des Landgerichts in Gera zu einer – verhältnismäßig geringen – Gefängnisstrafe von vier Monaten verurteilt. Die Richter sahen sie „durch ihr glaubwürdiges Geständnis überführt, sich als überzeugte Anhängerin der nationalsozialistischen Gewaltherrschaft offen bekannt und wesentlich zu ihrer Stärkung beigetragen zu haben". Als strafmildernd betrachtete das Gericht den Umstand, dass nicht nachgewiesen werden konnte, ob und inwieweit sie „unter Ausnützung ihrer Beziehung" aus der NS-Zeit wirtschaftliche Vorteile für sich selbst und andere erlangt habe. Als NS-„Aktivistin" („Tatort: Plauen, Tatzeit: 1923–1945") hätte sie „aber bestraft werden" müssen. Die in diesem Fall zu beobachtende Funktions- und Sippenspezifik kam auch in dem Hinweis zum Ausdruck, dass die Angeklagte „unter dem Einfluss ihrer Angehörigen" gehandelt habe.[456] Eine solche Einordnung wurde durch die angezogene Kontrollratsdirektive (KD) Nr. 38 vom Oktober 1946 („Verhaftung und Bestrafung von Kriegsverbrechern, Nationalsozialisten und Militaristen") ermöglicht, die in ihrem „äußerst weit" reichenden Katalog in der Tat auch derartige Delikte vorsah.[457]

Nicht so glimpflich kam zwei Jahre später Mutschmanns Ehefrau Minna davon. Sie gehörte Anfang 1950 zu dem Kontingent der 3400 Internierten, die von der sowjetischen Besatzungsmacht im Zuge der Auflösung ihrer Speziallager an die DDR-Behörden übergeben worden waren. Bis dahin hatte sie mehrere Gefängnisse und Lager in der SBZ durchlaufen: Nach ihrer Verhaftung am 14. Mai 1945

455 Bei Elsa Mutschmann (geb. Schleicher) handelte es sich um die Ehefrau von Hugo Mutschmann, dem älteren Bruder von Martin Mutschmann, der ebenfalls Funktionär der NSDAP in Plauen und Sachsen gewesen war. Über dessen Verbleib nach Kriegsende ist nichts Genaueres bekannt. Vgl. Wagner, „Machtergreifung" in Sachsen, S. 43.

456 Urteil des Landgerichts Gera gegen Elsa Mutschmann vom 17.4.1948 (ThHStA Weimar, Land Thüringen, Ministerium der Justiz, Nr. 548, Bl. 106 f.). Karteikarte der Generalstaatsanwaltschaft der DDR zu Elsa Mutschmann (BA Berlin, DP 3, Nr. 2468).

457 Neben den „Hauptschuldigen" kannte die KD 38 auch die Kategorie der „Belasteten", die sich als „Aktivisten", d. h. als „überzeugte Anhänger der nationalsozialistischen Gewaltherrschaft [...] offen bekannt" hatten und deshalb als „wesentliche Förderer" dieser Gewaltherrschaft anzusehen waren. Zit. nach Schroeder, Rechtsgrundlagen, S. 45.

in Rittersgrün war sie anderntags nach Aue, von dort nach Zwickau, im Juli 1945 nach Dresden und – nach ihren Verhören durch den sowjetischen Geheimdienst NKGB – am 17. Januar 1946 in das Speziallager Bautzen gekommen.[458] Da sie in diesen fünf Jahren (wie die Mehrzahl der von der Besatzungsmacht verhafteten Deutschen) weder ein Sowjetisches Militärtribunal (SMT) noch eine „besondere Beratung des sowjetischen Innenministeriums" (OSO) verurteilt hatte, sollte sich Waldheim als justizielle Endstation erweisen.

In das dortige Zuchthaus war Minna Mutschmann im Februar 1950 von Bautzen aus verbracht worden;[459] dahin gelangten übrigens alle 3400 von der Besatzungsmacht übergebenen Internierten.[460] Anders als die ca. 10000 frei gelassenen Internierten und die ca. 10500 zur weiteren Strafverbüßung übergebenen SMT-Verurteilten sollte „ihre Schuld" nun vor DDR-Gerichten überprüft werden.[461] Für die politische Führung der DDR erwies sich der Umgang mit dieser Gruppe jedoch als äußerst ambivalent: Einerseits waren in der SBZ mit dem Befehl Nr. 201 der SMAD schon 1947 nach „tatsächlich Schuldigen" und „nominellen, nicht aktiven Faschisten" unterschieden und mit dem SMAD-Befehl Nr. 35 von 1948 die justizielle Verfolgung weitgehend abgeschlossen und vielen „nominellen PGs" interessante Integrationsangebote unterbreitet worden – bis hin zur Gründung der „Nationaldemokratischen Partei Deutschlands" (NDPD) im Sommer 1948.[462] Andererseits bedeutete die Fortführung der sowjetischen Lager bis 1950 eine schwere Hypothek für die Führung der SED; und zwar nicht nur mit Blick auf die schon lange nicht mehr existierenden Internierungslager in den Westzonen, sondern wegen der Diskrepanz zwischen der offiziell längst vollzogenen Integrationspolitik und der nun aus den sowjetischen Lagern überstellten tatsächlichen bzw. vorgeblichen „NS- und Kriegsverbrecher".[463] Wollte die Führung der neuen Staatspartei die eigene Integrationspolitik nicht massiv konterkarieren, blieb ihr nur ein rascher

458 Vgl. Lebenslauf Minna Mutschmann vom 8.4.1950 (BStU, MfS-HA IX/11, AV 14/79, Bd. 24, Bl. 330).

459 Vgl. Journal für die registrierten Gefangenen des Speziallagers Bautzen vom 1.1.1946 bis 28.2.1950 (GARF Moskau, 9409/1/564, Nr. 2394).

460 Die Strafvollzugsanstalt Waldheim war für die Aufnahme dieses großen Personenkreises „extra geräumt" worden. Wilfriede Otto, Die „Waldheimer Prozesse" 1950. Historische, politische und juristische Aspekte im Spannungsfeld zwischen Antifaschismus und Stalinismus. In: hefte zur ddr-geschichte, Nr. 12, Berlin 1993, S. 5–27, hier 6.

461 Vgl. Falco Werkentin, Die Waldheimer „Prozesse" – ein Experimentierfeld für die künftige Scheinjustiz unter Kontrolle der SED? In: Nobert Haase/Bert Pampel (Hg.), Die Waldheimer „Prozesse" – fünfzig Jahre danach. Dokumentation der Tagung der Stiftung Sächsische Gedenkstätten am 28. und 29. September 2000 in Waldheim, Baden-Baden 2001, S. 6–26, hier 8.

462 Diese Partei war von der SED und der Besatzungsmacht als Auffangbecken für „Ehemalige" des Dritten Reiches gegründet worden.

463 Zur sozialen und NS-belasteten Zusammensetzung des Kontingentes vgl. Otto, Die „Waldheimer Prozesse", S. 15 ff.; Falco Werkentin, Politische Strafjustiz in der Ära Ulbricht, Berlin 1995, S. 187–194.

1858

Name (bei Frauen auch Geburtsname): Mutschmann
Vorname: Minna Auguste
Geburtstag und -ort: 18/3.84 Christgrün
Beruf früher: ohne Beruf / jetzt: Hausfrau
Zuletzt beschäftigt bei: / als: Hausfrau
Familienstand: verh.
Kinder: –
Staatsangehörigkeit: D. R.
Deck-Name / Adresse: entfällt

Ort der Festnahme: Oberrittersgrün
Letzte Wohnung:
Jetzige Anschrift der Familienangehörigen: unbekannt
Größe: / Gestalt: / Gesicht: / Bart: / Augenfarbe: / Haarfarbe: / Besondere Kennzeichen:

Aktenzeichen: 4/335/54
Tag der Festnahme: 14/5. 1945
wo: Waldheim
Karteikarte ausgestellt am: 10/3. 50
wo:
Fingerabdruck genommen am:
wo: Bautzen
Übernahme durch die Dtsch. V.-Pol. am: 16/2. 50 Bautzen
vom:
Parteizugehörigkeit n. d. 8. 5. 45 bis:

NSDAP	SS	SA	SD	Gestapo	NSKK NSFK	HJ	BDM
Eintritt: 1927 Austritt: 1945	/	/	/	/	/	/	/

Sonstige Organisationen u. Verbände:	Vorstrafen:	Öffentliche Ämter:	Milit. Verbände u. Ausbildung:
I. Vors. Rotes Kreuz	keine	Rotes Kreuz	entfällt

Innegehabte Funktionen (z. B. Kreisleiter, SA-Sturmführer usw.):

D 09 HS 1 1. 50 30,0 Nachdruck und Änderung nur gemäß DA 115/49 der LBdVP. Wenden!

Haftkarte von Minna Mutschmann (Zuchthaus Waldheim 1950)

Schlussstrich. Dass sie dabei in quantitativer und qualitativer Hinsicht einen „juristischen Exzess“ (Wilfriede Otto) beging, ist eher überraschend.

Die als Waldheimer Prozesse bekannten Verfahren ähnelten in Vielem den „kurzen Prozessen“ vor Sowjetischen Militärtribunalen und Spezialkollegien, aber nicht unbedingt dem Verfahren, das der MGB und das Oberste Militärkollegium gegen Martin Mutschmann geführt hatten. Als ausführendes Organ der DDR-Justiz fungierte das Landgericht Chemnitz, das mit seinen zwölf Großen und acht Kleinen Kammern in der Zeit von April bis Juli 1950 in Waldheim tagte. Hierbei handelte es sich um ein „Sondergericht mit handverlesenen SED-Richtern [...], die von vornherein dazu verpflichtet worden waren, sich gegebenenfalls die Urteile von Parteibeauftragten in die Feder diktieren zu lassen“.[464] Kennzeichnend für die Schnellverfahren gegen ausnahmslos alle 3400 Übergebenen waren Verhandlungen allein auf der Grundlage der sowjetischen Protokollauszüge sowie das Fehlen von Strafverteidigern und Öffentlichkeit. Ausnahmen bildeten nur die propagandistisch aufgezogenen zehn öffentlichen Prozesse, in denen mehrere Dutzend Angeklagte verurteilt wurden, die tatsächlich als nationalsozialistische Gewaltverbrecher gelten konnten. In diesen Prozessen traten sowohl Verteidiger als auch Zeugen auf, und in diesen Fällen wurden die zumeist zum Tode Verurteilten auch medial „gewürdigt“.[465]

464 Werkentin, Die „Waldheimer Prozesse“, S. 12.

465 Ders., Politische Strafjustiz, S. 176–181.

Zu dieser kleinen Gruppe zählte Minna Mutschmann nicht. Ihr Verfahren hatte im April 1950 mit ersten Untersuchungen durch Angehörige der Volkspolizei („Untersuchungsorgan Waldheim") begonnen und am 16. Juni 1950, dem Prozesstermin, ein rasches Ende gefunden. Als Basis für die Anklageerhebung galt der mit Fehlern behaftete schmale Auszug aus dem sowjetischen Übergabeprotokoll. Dort hieß es über die „Hausfrau" Minna Mutschmann: „Mitglied der NSDAP seit 1926, sie ist die Frau des großen Faschisten, des Gauleiters der NSDAP der Prov.[inz] Sachsen, Martin Mutschmann".[466] Ab Anfang April 1950 kamen zu dieser dürren Aussage noch ein von der Angeklagten maschinengeschriebener Lebenslauf, eine recht detaillierte Vermögenserklärung und zwei von VP-Angehörigen aufgesetzte Vernehmungsprotokolle hinzu.

Darin schilderte sie neben persönlichen Dingen partei- und allgemeinpolitische Sachverhalte, die im Rahmen der angezogenen Rechtsgrundlagen (KD 38 und KG 10) durchaus relevant sein mochten: Abgesehen von ihrem Lamento über die angeblich nur unzureichende Vergütung ihres Mannes als Reichsstatthalter erklärte sie zur eigenen Person, ab 1927 NSDAP-Mitglied und seit 1934 Leiterin des Deutschen Roten Kreuzes in Sachsen gewesen zu sein.[467] In diese Funktion sei sie durch die 1933/34 stattgefundene Gleichschaltung des DRK gekommen – und zwar deshalb, „weil ich altes Parteimitglied war und die Frau des Gauleiters".[468] Desweiteren gab sie an, Hitler das erste Mal mit ihrem Mann beim „Deutschen Tag" in Hof 1923 begegnet zu sein; vier Jahre später sei sie „durch eine Werbeaktion [...] meines Mannes" NSDAP-Mitglied geworden. In Plauen habe sie die Mitgliederversammlungen der Partei besucht, auswärtige Funktionäre und Redner versorgt und nach 1933 mit ihrem Mann an Festempfängen teilgenommen. Erinnern konnte sie sich dabei vor allem an die Empfänge bei Hindenburg (1934) und Göring (1939) und selbstverständlich an zwei „festliche Empfänge" in der Reichskanzlei (1935, 1937); auch daran, dass ihr das „Goldene Parteiabzeichen" verliehen worden war, welches sie bei „festlichen Anlässen" und bei Gelegenheiten trug, „wo ich es für erforderlich hielt".[469]

---

466 Abschrift des Auszuges aus dem sowjetischen Übergabeprotokoll vom 20.1.1950 zu Minna Mutschmann (BStU, MfS-HA IX/11, AV 14/79, Bd. 24, Bl. 326). Neben Schreibfehlern bei der Wiedergabe von Straßennamen („Kamenauerstraße" statt Comeniusstraße) war vor allem der o. g. inhaltliche Fehler (Mutschmann als Gauleiter der preußischen Provinz Sachsen!) eklatant.

467 In ihrem Lebenslauf gab die Angeklagte an, dass ihr Mann als Reichsstatthalter zuerst nur 1 000 RM und weitere 230 RM Aufwandsentschädigung erhalten habe, die Ausgaben aber 1 300 RM betragen hätten. Erst später sei das Gehalt von der Kanzlei des Führers erhöht worden. Vgl. Lebenslauf Minna Mutschmann vom 8.4.1950 (ebd., Bl. 330).

468 Nachvernehmung der Minna Mutschmann durch das Untersuchungsorgan Waldheim vom 1.6.1950 (ebd., Bl. 342).

469 Vernehmung Minna Mutschmanns durch das Untersuchungsorgan Waldheim vom 18.5. 1950 (ebd., Bl. 333–338).

Minna und Martin Mutschmann auf dem Höhepunkt ihrer Macht

Persönliche Einflussnahmen auf politische und personelle Entscheidungen ihres Mannes oder persönliche Bereicherungen im Zuge der Versteigerung jüdischen Eigentums nach 1939 kamen freilich nicht zur Sprache – Minna Mutschmann hatte sicher keine Veranlassung, sich selbst ernsthaft zu belasten, und die verhörenden VP-Angehörigen hatten von entsprechenden Aussagen der früheren NS-Funktionäre und Mutschmanns selbst keine Kenntnis. Insofern gab sie lediglich allgemein Bekanntes preis, indem sie etwa äußerte, vom Ausmaß des Terrors ab 1933 und von der Judenverfolgung nichts gewusst zu haben. Gewiss finde sie es „einleuchtend", dass ihr Mann „als Reichsstatthalter die Anweisungen zur Durchführung des Judenpogroms [1938] erhielt und für das Land Sachsen verantwortlich war" – aber mehr wisse sie natürlich nicht.[470] Immerhin räumte sie ein, dass ihr Mann zwei Mal hohe Geldbeträge (in einem Fall 600 000 RM) für den Bau des Gaujägerhofes in Grillenburg erhalten habe, an dessen Errichtung auch Häftlinge beteiligt gewesen seien. Diese Details schienen ihr vermutlich deswegen so präsent, weil sie ihre freie Zeit häufig genug selbst in diesem pompösen Gebäude verbracht hatte.[471]

Letztendlich legte Minna Mutschmann mit Blick auf ihre eigene Beteiligung am Nationalsozialismus nur ein oberflächliches Geständnis ab: „Als frühes Mitglied der NSDAP trage ich Schuld an diesen Ereignissen. Ich gebe zu, überzeugter Anhänger der NSDAP gewesen zu sein, ohne mir bewusst zu werden, was die spätere

470 Ebd., Bl. 338.

471 Nachvernehmung der Minna Mutschmann durch das Untersuchungsorgan Waldheim vom 1.6.1950 (ebd., Bl. 341).

Entwicklung brachte. Ich sehe ein, dass mein Mann als hoher Würdenträger der NSDAP die nat.[ional]soz.[ialistische] Gewaltherrschaft außerordentlich unterstützte und förderte. Ich, als seine Frau nahm in gewissen Dingen mit Teil am politischen Leben meines Mannes und war Nutznießer seines Einkommens aus dem nationalsozialistischen Staat."[472]

Die Anklageschrift, die vom „Untersuchungsorgan Waldheim" Anfang Juni 1950 erstellt worden war, sah es trotz der wenig überzeugenden Belege als gegeben an, dass die Angeklagte im Sinne des KD 38 und des KG 10 als „Hauptverbrecher" bzw. als „Verbrecher" zu betrachten sei; der zu Anfang bestandene Verdacht habe sich „durch die weitere Untersuchung bestätigt". Im Einzelnen wurden die von ihr genannten Fakten gegen sie gewendet: Das betraf ihre frühe Mitgliedschaft in der NSDAP und die damit in Verbindung stehende spätere Auszeichnung, ihre Funktion als DRK-Landesleiterin, ihre organisatorischen Unterstützungsaktionen zugunsten ihres Mannes, ihre Beziehungen zu Hermann Göring, der dem Grillenburger Anwesen seine besondere Aufmerksamkeit geschenkt hatte, und ihre Teilnahme an Festlichkeiten des Regimes. Besonders zur Last gelegt wurden ihr die Besuche während des Baus des Grillenburger „Lustjagdschlosses", die als Antreibungsmaßnahmen für die dort arbeitenden (politischen) Häftlinge ausgelegt wurden.[473] Die Angeklagte habe somit als DRK-Landesleiterin und als Ehrenzeichenträgerin der NSDAP dem NS-Regime „außerordentliche Unterstützung" angedeihen lassen und als Ehefrau des „berüchtigten" Reichsstatthalters aus dieser Gewaltherrschaft „für sich selbst erheblichen Nutzen" gezogen. Zugleich habe sie als „überzeugte Anhängerin des faschistischen Terrorregimes Beihilfe zu den begangenen Verbrechen gegen die Menschlichkeit" geleistet und als „Verfechterin des faschistischen Raubkrieges außerordentliche Unterstützung zur Fortsetzung der verbrecherischen Kriegshandlungen" gewährt.[474]

Das sah die Große Strafkammer des Landgerichts Chemnitz in ihrer Sitzung am 16. Juni 1950 ganz genau so. Nach einer Verhandlung von nur einer Stunde und fünfundvierzig Minuten verurteilte sie Minna Mutschmann gemäß KD 38 und KG 10 zu einer Zuchthausstrafe von 20 Jahren und der Einziehung ihres gesamten Vermögens. Die Untersuchungshaft wurde dabei nur ab dem Tag der Überstellung an die Volkspolizei der DDR (15.2.1950) angerechnet, nicht aber seit dem Tag ihrer Inhaftierung durch die Besatzungsmacht (14.5.1945). In der Urteilsbegründung hieß es zudem mit Blick auf die Aussagen der Angeklagten vor Gericht: „Die Strafe musste eine harte sein, da die Angeklagte selbst jetzt noch vor Gericht die Unverfrorenheit besaß, die Berichte über die Nazi-Gräuel als ‚Schauermärchen' zu

472 Vernehmung Minna Mutschmanns durch das Untersuchungsorgan Waldheim vom 18.5.1950 (ebd., Bl. 338).

473 In der Anklageschrift war von politischen Häftlingen die Rede, wohingegen Minna Mutschmann im Verhör sich nicht sicher gewesen war, ob dies zugetroffen habe.

474 Anklageschrift gegen Minna Mutschmann durch das Untersuchungsorgan Waldheim vom 5.6.1950 (ebd., Bl. 347–352).

bezeichnen, das Vorbringen des Vertreters der Staatsanwaltschaft Lüge zu nennen und damit zu erkennen gab, dass sie ihre Schuld nicht im geringsten eingesehen hat und noch jetzt in der Naziideologie befangen ist."[475]

Das Verhalten der Angeklagten im Gerichtssaal dürfte sich gewiss so zugetragen haben. Eine entsprechende Gesinnung und ein entsprechendes Auftreten waren von Zeitgenossen immer wieder beschrieben worden. Doch ließen sich die einzelnen Delikte durch die angezogenen Rechtsgrundlagen (KD 38, Art. II, Ziffer 6 und KG 10, Art. II, Ziffer 1c und 2b bis 2d) und die Einordung der Angeklagten als „Hauptverbrecherin" wirklich rechtfertigen? Nach dem zugrunde gelegten Artikel der KD 38 hatte derjenige als „Hauptschuldiger" zu gelten, welcher der „nationalsozialistischen Gewaltherrschaft außerordentliche politische, wirtschaftliche, propagandistische oder sonstige Unterstützung gewährt hat oder [der] aus dieser Zusammenarbeit für sich oder andere erheblichen Nutzen gezogen hat". Das traf zweifellos auf die Frau des vormaligen Gauleiters zu, auch wenn der entsprechende Artikel weit gefasst und ebenso weit interpretierbar war. Auch die für Minna Mutschmann ausgeworfene Strafe bewegte sich im Kontext der als „Sühnemaßnahmen" vorgesehenen Strafen der KD 38 (Todesstrafe, langjährige Haftstrafen). Anders verhielt es sich mit dem angezogenen Artikel des KG 10, der direkt „Verbrechen gegen die Menschlichkeit" (Mord, Ausrottung, Versklavung, Zwangsverschleppung, Freiheitsberaubung, Folter u. a.) definierte. Hier war der Beweis nicht erbracht, dass die Angeklagte als Täterin, Beihelferin, Planerin oder Zustimmende an Verbrechen mitgewirkt hatte.

Vor diesem Hintergrund und angesichts der prozessualen Begleitumstände legte die Verurteilte drei Wochen nach Verkündung des Urteils Berufung ein: Sie könne, so Frau Mutschmann in ihrem Schreiben, das Urteil „nicht anerkennen", da die „Beschuldigungen, die mir zur Last gelegt werden, Unwahrheiten enthalten und in keiner Weise den Tatsachen entsprechen". Weiterhin bemängelte sie, „weder einen Rechtsbeistand noch Zeugen bei der Verurteilung als Beistand" gehabt zu haben.[476] Die nur allzu berechtigten Forderungen nach Rechtsstaatlichkeit bügelte der Generalstaatsanwalt des Landes Sachsen drei Tage später mit dem Hinweis ab, dass nach den Ausführungsbestimmungen Nr. 3 zum Befehl Nr. 201 der SMAD den Angeklagten „auf Antrag ein Verteidiger gestellt" werden könne, doch sei von der Angeklagten ein „dahingehender Antrag nicht erfolgt". Zudem liege die Bestellung eines Verteidigers „im Ermessen des Gerichts". Ebenso „erübrige" sich eine Vernehmung

475 Protokoll der öffentlichen Sitzung der VII. Großen Strafkammer des Landgerichts Chemnitz nach Befehl 201 in der Sache Minna Mutschmann vom 16.6.1950 (ebd., Bl. 355–360). Ob die Sitzung tatsächlich „öffentlich" stattfand, ist fraglich, da es sich bei den ersten beiden verwendeten Blättern des Protokolls um Vordrucke handelte, auf denen der entsprechende Eintrag bereits vorhanden war und außer den namentlich eingefügten Vertretern des Gerichts und der Staatsanwaltschaft sowie der Angeklagten von weiteren Anwesenden (Publikum) keine Rede war.

476 Minna Mutschmann an Landgericht Chemnitz in Waldheim vom 7.7.1950 (BA Berlin, DO 1/1874, Bl. 20).

von Zeugen, da die „weitere Beweiserhebung wegen Offenkundigkeit [...] überflüssig" gewesen sei.[477] Deutlicher konnte der Charakter dieses Verfahrens nicht beschrieben werden, gegen den sich selbst der Prozess gegen Martin Mutschmann in vielen Punkten positiv abhob. Gleichwohl steht fest, dass die Angeklagte auch von einem rechtsstaatlichen Gericht nach der KD 38 hätte verurteilt werden können.

In der von der SED gesteuerten DDR-Öffentlichkeit spielte der „Fall Minna Mutschmann" unterdessen keine Rolle. Als das Zentralorgan der Staatspartei am 17. Juni 1950 erstmals ausführlich über die Prozesse berichtete, standen mehrere schwer belastete NS-Gewaltverbrecher im Mittelpunkt „dieser Liste des Grauens", die „fast endlos fortgesetzt werden" könne.[478] In der sächsischen Presse dominierte der Fall des in der Tat berüchtigten früheren stellvertretenden KZ-Kommandanten Ernst Heinicker die Berichterstattung. Der zum Tode verurteilte ehemalige SA-Führer hatte im KZ Hohnstein wesentlich mit dazu beigetragen, eines der schlimmsten Folterregime unter den frühen Lagern im Reich zu errichten. Vor diesem Hintergrund erschien der Hinweis auf die „Blutbilanz von Hohnstein" und die Folterung des früheren Innenministers Hermann Liebmann durchaus nachvollziehbar.[479] Mit derartigen Verbrechen gegen die Menschlichkeit hätte die Presse im „Fall Minna Mutschmann" sicherlich nicht aufwarten können, doch durfte sie immerhin als eine der prominentesten NS-Personen Sachsens gelten. War ihr Fall der sächsischen SED-Presse deswegen keine Erwähnung wert gewesen, weil vielleicht dann die Frage nach dem Verbleib ihres Mannes hätte gestellt werden können?

Ihre zwanzigjährige Haftstrafe verbüßte Mutschmanns Frau zuerst am Ort des Verfahrens, im Zuchthaus Waldheim, wo sie in Gemeinschaftshaft untergebracht wurde. Nach zwei Jahren Haft kommentierte der Anstaltsleiter die Erfahrungen mit der Gefangenen folgendermaßen: Sie lege einerseits ein „verträgliches Wesen an den Tag", wahre Disziplin und gebe dem Wachpersonal noch keinen Anlass zur Verhängung von Hausstrafen. Andererseits sei ihre Haltung „zur heutigen Staatsform [...] nicht zu erkennen"; aus ihren Äußerungen gehe jedoch hervor, dass sie „noch am Alten" hänge. Es sei „kein Interesse am Neuaufbau zu erkennen". Aufgrund ihres Alters (68 Jahre) könne sie auch nicht mehr im Arbeitseinsatz Verwendung finden.[480] Eine erste Hoffnung darauf, nicht im Zuchthaus sterben zu müssen, zeichnete sich für sie im Herbst 1952 ab, als Staatspräsident Wilhelm Pieck anlässlich des dritten Jahrestages der DDR-Gründung einen generellen Gnadenerweis verfügte. Im Falle der inhaftierten Minna Mutschmann wurde die Dauer der Strafe nunmehr vom 10. Oktober 1952 an auf zehn Jahre herabgesetzt.[481]

---

477 Generalstaatsanwalt im Lande Sachsen an Oberlandesgericht Dresden vom 10.7.1950 (BStU, MfS-HA IX/11, AV 14/79, Bd. 24, Bl. 362).

478 Neues Deutschland vom 17.6.1950: „Demokratische Justiz im Dienste des Friedens".

479 Sächsische Zeitung vom 23.6.1950: „Unmenschliche Verbrechen finden ihre Sühne".

480 Beurteilung Minna Mutschmanns durch den Leiter der Strafvollzugsanstalt Waldheim vom 8.9.1952 (BA Berlin, DO 1/4105, Bl. 7).

481 Vgl. Aktenvermerk 3585 der Strafvollzugsanstalt Waldheim vom 23.10.1952 (ebd., Bl. 8).

Als sich zwei Jahre später für die nunmehr 70-Jährige sogar die Möglichkeit bot, im Zuge der anstehenden DDR-Volkskammerwahlen amnestiert zu werden, kam eine Kommission nach kurzer Prüfung zu einer gegenteiligen Auffassung: Die „Führung der Verurteilten" ließe „viel zu wünschen übrig", und darüber hinaus sei sie ja die „Frau des ehemaligen Gauleiters" und „Trägerin des goldenen Parteiabzeichens". In dem Beschluss hieß es außerdem, dass die Strafe der Verurteilten ohnehin „bereits um 10 Jahre gemindert wurde".[482] Für diese Entscheidung dürfte eine Beurteilung maßgeblich gewesen sein, die schon Wochen zuvor vom Leiter der Strafvollzugsanstalt Hoheneck angefertigt worden war. Darin hieß es, dass sich die „Genannte", die inzwischen im dortigen Frauengefängnis einsaß,[483] „gegenüber dem VP-Wachpersonal zum Teil sehr vorlaut" verhalte. In der Gemeinschaft sei sie immerhin „ruhig und verträglich", doch bleibe ihre „Einstellung zur Deutschen Demokratischen Republik [...] negativ".[484] Auch wenn die Verurteilte im Sommer 1954 noch nicht von einer zweiten größeren Waldheim-Amnestie zu profitieren vermochte, wurde sie dann im Zuge einer dritten Amnestie-Welle Ende 1955 berücksichtigt: Zusammen mit 709 verurteilten „Waldheimern" erlangte sie zum 31. Dezember desselben Jahres ihre Freiheit wieder und konnte Hoheneck verlassen.[485]

Nach fünf Jahren sowjetischer Internierung und fünf Jahren Haft in DDR-Gefängnissen stand die 71-Jährige buchstäblich vor dem Nichts. Ohne erlernten Beruf, ohne eigene Wohnung und mit einem nur als „befriedigend" beschriebenen Gesundheitszustand wollte sie sich nach Auskunft der Hohenecker Anstalt auf Wohnungssuche begeben.[486] Doch genau das gelang ihr nicht mehr. Stattdessen kam sie in einem Altersheim der Volkssolidarität in der Gemeinde Diesbar-Seußlitz (Kreis Riesa) unter. Völlig isoliert war sie dort allerdings nicht, fuhr sie doch „wiederholt zu Bekannten oder Verwandten nach Leipzig". Anfang 1957 beantragte sie dann anscheinend problemlos eine Reise zu ihrem Schwager nach Soest (Nordrhein-Westfalen),[487] die für die Zeit von Ende Mai bis Mitte August 1957 [!]

---

482 Kommissionsbeschluss in der Sache Minna Mutschmann vom 15.6.1954 (BStU, MfS-HA IX/11, AV 14/79, Bd. 24, Bl. 366).

483 Zu den Bedingungen im Frauengefängnis und zu den überwiegend aus Willkürgründen und wegen politischer Verfolgung Inhaftierten vgl. Ulrich Schacht (Hg.), Hohenecker Protokolle. Aussagen zur Geschichte der politischen Verfolgung von Frauen in der DDR, Dresden 2004.

484 Beurteilung Minna Mutschmanns durch den Leiter der Strafvollzugsanstalt Hoheneck vom 28.4.1954 (BA Berlin, DO 1/1874, Bl. 32).

485 Mitteilung über die Entlassung Minna Mutschmanns vom 31.12.1950 (BA Berlin, DO 1/4105, Bl. 27). Zur „Waldheimer" Amnestiepraxis der SED vgl. ausführlich Otto, Die „Waldheimer Prozesse", S. 24.

486 Mitteilung über die Entlassung Minna Mutschmanns vom 31.12.1950 (BA Berlin, DO 1/4105, Bl. 27).

487 Bei dem Genannten dürfte es sich um den Ehemann von Klara Mutschmann, einer Schwester Martin Mutschmanns, handeln, die nach Soest geheiratet hatte. Der Schwager soll als „oberster Gefängnisaufseher" gearbeitet haben. Vgl. Verhörprotokoll Martin Mutschmann vom 22.5.1945 (HAIT-Archiv, Akte Martin Mutschmann).

genehmigt wurde. Kurz vor ihrer Abreise erklärte sie einer Mitarbeiterin des Heims, dass sie wieder zurückkomme, da sie hoffe, dass ihr „Mann noch am Leben sei“. Derselben Mitarbeiterin teilte sie freilich kurz nach Grenzübertritt mit, wegen einer Erkrankung nun doch nicht mehr zurückzukehren. Heim und staatliche Behörden informierte sie darüber, dass sie in Zukunft bei ihrem Schwager wohnen werde.[488]

Als Rentnerin[489] in Soest unternahm sie dann Aktivitäten, die sie in der DDR in dieser Weise nicht hätte unternehmen können: Sie startete beim Suchdienst des DRK in München einen Suchantrag für ihren Mann, den sie noch immer im Kreis der Lebenden vermutete. Insofern durfte ihre Ankündigung gegenüber der Mitarbeiterin des Heims, sie werde wegen der erhofften Rückkehr ihres Mannes zurückkommen, zwar als (Not-)Lüge gelten, doch warf sie andererseits ein bezeichnendes Licht auf das wohl entscheidende Motiv ihrer letzten Lebensjahre. Zweifellos hatte sie sich mit einem etwaigen Tod ihres Mannes keineswegs abgefunden. Schon in ihrem Waldheimer Fragebogen war von ihr im Jahre 1950 der Aufenthalt ihres „Ehegatten“ mit „unbekannt“ angegeben worden,[490] und noch Jahre später mochte sie im Zuge der Entstalinisierung in der Sowjetunion hoffen, ihren Mann vielleicht doch noch wiederzusehen. Wie lange sie diesen Glauben aufrecht erhielt und ab wann sie möglicherweise Meldungen des DRK-Suchdienstes zur Kenntnis nahm,[491] ist nicht bekannt. Als sie mit 87 Jahren im nordrhein-westfälischen Jülich starb (1971),[492] hatte sie immer noch keine endgültige Sicherheit über den Tod ihres Mannes erhalten. Doch damit erging es ihr nicht anders als dem scheinbar allmächtigen Geheimdienst der DDR, der zwei Jahre zuvor erfolglos die Akten geschlossen hatte.

---

488 Nachforschungen über die Mutschmann, Minna geb. Popp durch die Bezirksverwaltung für Staatssicherheit Dresden, Abteilung VIII, vom 20.6.1969 (BStU, MfS-HA IX/11, AV 14/79, Bd. 24, Bl. 323).

489 Welche Renten und Pensionen (auch in Bezug auf ihren verstorbenen Mann) die Mutschmann-Witwe von der Bundesrepublik Deutschland bzw. vom Land Nordrhein-Westfalen bezogen hat, ist nicht mehr nachprüfbar, da Daten und Akten der vor 1920 geborenen Jahrgänge vernichtet worden sind. Vgl. schriftliche Mitteilung der Deutschen Rentenversicherung Bund an den Verfasser vom 19.1.2011; vgl. auch telefonische Auskünfte des Landesamtes für Besoldung und Versorgung (NRW) vom 18.1.2011 und des Landesversorgungsamtes Westfalen-Lippe vom 14.1.2011.

490 Frageborgen Minna Mutschmann vom 18.5.1950 (BA Berlin, DO 1/1874, Bl. 37).

491 Schon Ende der 1950er Jahre hatte der Suchdienst des DRK nach Auswertung von Heimkehrerinformationen aus der Sowjetunion den Tod Martin Mutschmanns im Jahre 1950 für möglich gehalten. Vgl. Karteikarten Martin Mutschmann vom 5.4.1957 und 1.3.1961. (DRK-Suchdienst München).

492 Nach Höffkes, Hitlers politische Generale, S. 253, starb Minna Mutschmann am 10.7.1971 in Jülich.

Anhang

Kurzbiografien

Bellmann, Georg (1891–1946)
NS-Wirtschaftsführer, entstammt einer sächsischen Gutsbesitzerfamilie, nach Besuch des Gymnasiums ab 1913 Studium der Staatswissenschaften in Leipzig und Erlangen, 1914–1918 Kriegsdienst, 1919/20 Beendigung des Studiums mit einer Promotion über das landwirtschaftliche Unterrichtswesen in Sachsen, Mitglied des Freikorps Epp, ab 1920 wissenschaftlicher Mitarbeiter beim Verband der Arbeitgeber der sächsischen Textilindustrie in Chemnitz, ab 1921 Geschäftsführer des Verbandes, 1930 Mitglied des Reichstags für die DVP (1931 Mandatsniederlegung wegen NS-kritischer Politik des Parteivorsitzenden), April 1933 NSDAP, ab Ende 1933 Referent im sächsischen Wirtschaftsministerium, ab 1934 Sonderbeauftragter für die Industrie- und Handelkammer (IHK) Dresden, 1935 Hauptgeschäftsführer der IHK Dresden und der neu formierten Wirtschaftskammer Sachsen, ab 1938 an der Umsetzung der Arisierung in Sachsen führend beteiligt, im Krieg Koordinierung des rücksichtslosen Einsatzes von Zwangsarbeitern u. a. aus der Sowjetunion und Italien, 1944 SS-Obersturmbannführer, nach Kriegsende Verhaftung durch Organe der sowjetischen Besatzungsmacht und Überstellung nach Moskau, Belastungszeuge gegen Mutschmann, am 10.6.1946 vom Militärkollegium der UdSSR aufgrund Ukaz 43 und 58-11 des Strafgesetzbuches der UdSSR („konterrevolutionäre Tätigkeit“) zum Tode verurteilt und anschließend hingerichtet.

Blochin, Vasili (1895–1955)
Chef-Exekutor des MGB, entstammte bäuerlichen Familienverhältnissen, zuerst Arbeit als Bauer, Schäfer und Maurer, ab 1915 Dienst in der russischen Armee, 1917 Unteroffizier, 1918 Eintritt in die Rote Armee, 1921 Beitritt zur Kommunistischen Partei und Eintritt in das 62. Bataillon der WTschK in Stavropol, von da ab Dienst in verschiedenen Truppen der Tscheka/OGPU, 1924 Ernennung zum Kommissar für besondere Aufgaben der Spezialabteilung beim Kollegium der OGPU (u. a. Vollstreckung von Erschießungsurteilen), ab 1926 Übernahme des Amtes des mit Erschießungen beauftragten OGPU-Kommandanten, in den Jahren des Großen Terrors Beteiligung an den wichtigsten Erschießungen, 1946 Chef der Kommandantenabteilung der Verwaltung für Angelegenheiten des MGB der UdSSR, seit den 1930er Jahren steile Staatssicherheitskarriere: 1935 Hauptmann der Staatssicherheit, 1940 Major der Staatssicherheit, 1943 Oberst der Staatssicherheit, 1944 Kommissar der Staatssicherheit, Juli 1945 Generalmajor, Auszeichnungen: Leninorden (1945), drei Rotbannerorden (1940, 1944, 1949), Vaterländischer Verdienstorden ersten Ranges (1945), Rotbannerorden der Arbeit (1943), Orden des Roten Sternes (1936), 1953 aus gesundheitlichen Gründen in Rente geschickt; 1954 Abererkennung des Generalstitels.

Fritsch, Karl (1901–1944)
Sächsischer Innenminister und Mutschmann-Vertrauter, entstammt einer Beamtenfamilie aus dem oberfränkischen Hof, 1919 Abitur am Humanistischen Gymnasium in Hof, im Frühjahr 1919 Mitglied des Freikorps Epp (Niederschlagung der Münchner Räterepublik), 1920 Zeitfreiwilliger bei der Reichswehr (Kämpfe gegen Max Hoelz im Vogtland), 1919 Gründer der Ortsgruppe Hof des Deutschvölkischen Schutz- und Trutzbundes (DSTB), 1922 NSDAP, 1922/23 Gründer der Ortsgruppen Erlangen und Hof der NSDAP,

1919–1923 Studium der Medizin und Staatswissenschaften der Universität Erlangen (1925/26 Fortsetzung des Studiums), 1926 Kreisleiter Oberfranken der NSDAP, ab 1927 Gaugeschäftsführer des Gaus Sachsen der NSDAP, ab 1928 stellvertretender Gauleiter (und damit Stellvertreter Mutschmanns) der sächsischen NSDAP, 1929–1933 Mitglied des Sächsischen Landtags (ab 1930 Fraktionsführer der NSDAP), ab Mai 1933 sächsischer Innenminister, 1934 SS, 1936 SS-Brigadeführer, seit 1933 Initiator von Sterilisierungsmaßnahmen gegen geistig Behinderte (später maßgeblicher Exekutor von Euthanasiemaßnahmen), ab 1938 Stellvertreter des Reichsstatthalters Mutschmann, im Januar 1943 von Mutschmann von seinen Ämtern beurlaubt und vor dem Parteigericht angeklagt, 1943 zum Kriegsdienst eingezogen (Waffen-SS), Freitod.

Frommhold, Rudolf (1898–1947)
Dresdner Spitzenjurist, 1917/18 Kriegsdienst, Studium der Rechtswissenschaften in Leipzig, 1922 Abschluss mit Erstem Staatsexamen und 1925 mit Zweitem (großen) Staatsexamen, Promotion, 1922 Referendar, 1925 Assessor, 1929 Staatsanwalt in Chemnitz, 1930 Staatsanwalt in Dresden, 1934 Landgerichtsrat in Dresden, 1940 Erster Staatsanwalt beim Oberlandesgericht Dresden, 1941 Erster Staatsanwalt beim Landgericht Dresden, 1943/44 Tätigkeit für das Reichsjustizministerium in Berlin, 1944/45 erneut Erster Staatsanwalt beim Landgericht Dresden (dort in politische und „Volksschädlings“-Prozesse involviert), 1927 Deutscher Richterbund, 1934 Nationalsozialistischer Rechtswahrer-Bund, 1937 NSDAP, ab 1938 als „Blockhelfer“ (nach anderen Quellen als „politischer Leiter“) in der NSDAP-Ortsgruppe Dresden-Waldschlößchen aktiv, 1945 Verhaftung durch Organe der sowjetischen Besatzungsmacht, Belastungszeuge gegen Mutschmann, im sowjetischen Speziallager Bautzen verstorben.

Grohé, Josef (1902–1987)
NS-Führer, Besuch der Volks- und Handelsschule, nach 1921 Arbeit als kaufmännischer Angestellter in der Eisenwarenbranche, 1922 Deutschvölkischer Schutz- und Trutzbund und NSDAP, Mitbegründer der NSDAP-Ortsgruppe Köln, 1925–1931 stellvertretender Gauleiter und Gaugeschäftsführer des Gaus Rheinland-Süd der NSDAP, 1931–1945 Gauleiter des Gaus Köln-Aachen der NSDAP, 1929–1933 Vorsitzender der Stadtverordnetenfraktion der NSDAP in Köln, 1932/33 Mitglied des Preußischen Landtags, ab 1933 Mitglied des Reichstags, 1933–1945 Preußischer Staatsrat, 1942–1945 Reichsverteidigungskommissar für den Gau Köln-Aachen, März/April 1945 Flucht aus Köln bzw. aus dem Rheinland nach Sachsen, dort Unterbringung durch Martin Mutschmann, Anfang Mai 1945 Flucht aus Grillenburg ins Westerzgebirge, bis 1946 erfolgreich untergetaucht, im August 1946 Verhaftung durch die britische Besatzungsmacht im Kreis Waldeck, dann Internierung, 1950 Verurteilung vom Spruchgericht Bielefeld wegen „kenntnisbelasteter Zugehörigkeit zum Führungskorps der NSDAP“ zu vier Jahren und sechs Monaten Freiheitsentzug (mit Verkündung des Urteils u.a. wegen der Anrechnung der Internierungszeit aus der Haft entlassen), Rückkehr nach Köln und Vertreter in der freien Wirtschaft.

Hammitzsch, Martin (1878–1945)
Architekt und Hitler-Schwager, nach dem Besuch der Volks- und Realschule Lehre als Maurer und Zimmerer, 1894–1998 Studium an der Königlichen Höheren Gewerbeschule in Chemnitz, bis 1901 Studium an der TH Dresden (Abschluss als Dipl.-Ing., Architekt), danach Studienreisen in Europa und den USA, seit 1902 Arbeit als selbstständiger Architekt in Nürnberg, 1904 Promotion an der TH Dresden zum Dr.-Ing. mit einer Arbeit über die Theaterbaukunst, ab 1905 Arbeit als selbstständiger Architekt in Dresden (u.a. 1909 Erbauer

der orientalisch anmutenden Zigarettenfabrik „Yenidze“ in Dresden), ab 1909 Lehrer an den Technischen Staatslehranstalten in Chemnitz (ab 1914 Kriegsdienst), ab 1920 Leiter der Bauschule in Dresden, 1922 DNVP, 1935 NSDAP, 1936 Heirat Angela Raubals (der Halbschwester Hitlers), ab 1938 Regierungsdirektor und Leiter der Bauabteilung im sächsischen Ministerium des Innern, ab 1943 Leiter der Abteilung Technik der sächsischen Gauregierung, Anfang Mai 1945 Flucht mit den Resten der Gauregierung nach Oberwiesenthal, am 12.5.1945 Suizid ebendort.

Jordan, Rudolf (1902–1988)
NS-Führer, Sohn eines Kolonialwarenhändlers, Besuch der Volksschule, im Ersten Weltkrieg Arbeiter in einer Munitionsfabrik, 1918–1924 Ausbildung zum Pädagogen auf dem Lehrerseminar in Fulda, 1919/20 Zeitfreiwilliger bei der Reichswehr, 1921 Bund Oberland, ab 1924 Aushilfstätigkeiten u. a. im Verlagswesen, 1925 NSDAP und Herausgeber einer völkischen Zeitschrift, 1926 SA, 1927/28 Gaugeschäftsführer der NSDAP Hessen-Nassau, 1928/29 Volksschullehrer (Entlassung aus politischen Gründen), ab 1929 Herausgeber bzw. Schriftleiter verschiedener NS-Periodika in Kassel und Halle, 1929–1931 Ortsgruppenleiter der NSDAP in Fulda, 1931–1937 Gauleiter des Gaus Halle-Merseburg der NSDAP, 1932/33 Mitglied des Preußischen Landtages, 1933–1945 Mitglied des Reichstags, 1933 Preußischer Staatsrat, 1937–1945 Gauleiter des Gaus Magdeburg-Anhalt der NSDAP, 1937 SA-Obergruppenführer, 1942–1945 Reichsverteidigungskommissar für den Gau Magdeburg-Anhalt, im Mai 1945 von den Westalliierten verhaftet und im Juli 1946 an die Sowjetunion ausgeliefert, seitdem Haftstationen in Dresden, Potsdam und Berlin-Hohenschönhausen, Überstellung nach Moskau, am 1.12.1951 Verurteilung durch ein OSO (in dem Fall durch eine „Besondere Beratung des Ministeriums für Staatssicherheit der UdSSR“) aufgrund KG 10 zu 25 Jahren Lagerhaft, Teilverbüßung der Strafe im GULag, im Oktober 1955 Rückkehr nach Deutschland (Bundesrepublik), Arbeit als Vertreter in der freien Wirtschaft und rege publizistische Tätigkeit.

Killinger, Manfred v. (1886–1944)
NS-Führer, entstammt einer Gutsbesitzerfamilie aus der Nähe von Nossen, Besuch der Dorfschule in Nossen, der Fürstenschule in Meißen, 1899–1903 Kadettenanstalt in Dresden, ab 1904 als Seekadett in der Kaiserlichen Marine, Offiziersausbildung an der Offiziersschule in Wilhelmshaven, Oberleutnant zur See, ab 1914 Torpedooffizier, Kommandant von Torpedobooten (Teilnahme an der Skagerrag-Schlacht 1916), 1919/20 Führer einer Sturmkompanie im Freikorps Ehrhardt (Einsatz gegen die Münchner Räterepublik und die Rote Ruhrarmee), ab 1921 führendes Mitglied der rechtsextremistischen „Organisation Consul“, 1922 Freispruch vom Vorwurf der Ermordung des demokratischen Politikers Matthias Erzbergers, 1922 mehrmonatige Untersuchungshaft und 1924 Verurteilung zu einer (nicht vollstreckten) mehrmonatigen Gefängnishaft wegen des Verdachts der Beteiligung an der Ermordung des Reichsaußenministers Walter Rathenau, 1922–1927 Landesführer des Bundes Wiking u. a. in Sachsen, 1928 SA und NSDAP, ab 1928 steile SA-Karriere: zuletzt 1931/32 Führer der SA-Gruppe Mitte, 1932 Inspekteur Ost der Obersten SA-Führung, 1929–1933 Mitglied des Sächsischen Landtags (1929/30 Fraktionsführer der NSDAP), 1932–1944 Mitglied des Reichstags, März 1933–Februar 1935 Reichskommissar für Sachsen bzw. sächsischer Ministerpräsident (im Zuge des „Röhm-Putsches“ 1934 kurzzeitig inhaftiert und vom Amt beurlaubt), ab 1937 Tätigkeit im Auswärtigen Amt (zuerst als Generalkonsul in San Francisco, ab 1940 als Gesandter in Bukarest), Suizid infolge des sowjetischen Vormarsches nach Bukarest am 2.9.1944.

Klopfer, Hermann (1895–1964)
Bürgermeister von Oberwiesenthal und Hauptverantwortlicher der Mutschmann-Verhaftung, nach Kriegsdienst 1919 Schmied bei den „Vereinigten Stahlwerken" in Hamm, 1928 Übersiedlung nach Oberwiesenthal, dort Ablegen einer Prüfung und Arbeit als Filmvorführer, 1920–1933 SPD, Juni 1933 „Schutzhaft" im Annaberger Schützenhaus, ab Mai 1945 kommissarischer Bürgermeister Oberwiesenthals, 1945 SPD (1946 SED), im Zuge der Parteiüberprüfung der SED 1950/51 vom Amt des Bürgermeisters entbunden (wegen Vorwurf des „Sozialdemokratismus").

Lenk, Georg (1888–1946)
Sächsischer Wirtschaftsminister und Mutschmann-Vertrauter, wurde (wie Mutschmann) im vogtländischen Plauen sozialisiert, Besuch der Bürgerschule und der höheren Handelslehranstalt ebendort, 1903–1906 kaufmännische Lehre in vogtländischen Spitzen- und Wäschefabriken, 1906–1910 kaufmännische Tätigkeit im Ausland (u. a. in England), ab 1911 Inhaber einer eigenen Spitzen- und Wäschefabrik in Plauen (nur unterbrochen durch die Zeit des Kriegsdienstes 1916–1918), 1924 Völkisch-sozialer Block, 1930 NSDAP, 1930–1932 unbesoldeter Stadtrat in Plauen, ab 1930 Mitglied des Reichstags, ab 1931 Gauwirtschaftsberater der sächsischen NSDAP, ab Mai 1933 sächsischer Wirtschaftsminister, 1934 SS, 1939 SS-Brigadeführer, Inhaber zahlreicher Aufsichtsratsposten in der sächsischen Industrie, ab Frühsommer 1941 schrittweise Entmachtung durch seinen langjährigen Gönner Mutschmann, im Februar 1943 durch Mutschmann als Minister beurlaubt und wenige Wochen später abgesetzt, 1944 Einleitung eines Parteiordnungsverfahrens gegen Lenk und Einberufung zur Waffen-SS, im Mai 1945 durch Organe der sowjetischen Besatzungsmacht verhaftet und nach Moskau verbracht, Hauptbelastungszeuge gegen Mutschmann, am 4.7.1946 vom Militärkollegium der UdSSR aufgrund Ukaz 43 und 58-11 des Strafgesetzbuches der UdSSR („konterrevolutionäre Tätigkeit") zum Tode verurteilt und anschließend hingerichtet.

Liebmann, Hermann (1882–1935)
Sächsischer Minister und SPD-Politiker, nach dem Besuch der Volksschule Lehre und Arbeit als Former, frühzeitig Mitglied in der Gewerkschaft des Deutschen Metallarbeiter-Verbandes (DMV), ab 1909 Berichterstatter und ab 1912 Redakteur der sozialdemokratischen „Leipziger Volkszeitung", 1917 Wechsel von der SPD zur USPD (1922 Retour), 1918–1923 Stadtverordneter in Leipzig, 1919–1933 Mitglied der Sächsischen Volkskammer bzw. des Sächsischen Landtags, 1923/24 sächsischer Innenminister und stellvertretender Ministerpräsident, 1924–1933 Vorsitzender des SPD-Unterbezirks Groß-Leipzig, 1926–1929 Vorsitzender der SPD-Landtagsfraktion, couragierter Redner seiner Fraktion gegen den aufkommenden Nationalsozialismus, im April 1933 Verhaftung und Einlieferung in die Konzentrationslager Hohnstein und Colditz (dort schwere Misshandlungen durch Wachmannschaften der SA), frühzeitiger Tod durch die erlittenen Folterungen, Beisetzung auf dem Leipziger Südfriedhof am 10.9.1935 geriet zur Solidaritätskundgebung, an der ca. 1 200 Menschen teilnahmen.

Mutschmann (geb. Popp), Minna (1884–1971)
Ehefrau des sächsischen Gauleiters, Tochter eines Ziegelei- und Gutsbesitzers im vogtländischen Christgrün, Besuch der Dorfschule in Christgrün und der Bürgerschule in Wilkau, Lehre als Schneiderin in Plauen, 1909 Heirat mit Martin Mutschmann, Mitarbeit in der Firma Mutschmann & Eisentraut, 1927 NSDAP, ab 1934 Landesleiterin des Deutschen Roten Kreuzes in Sachsen, Anfang Mai 1945 Flucht nach Oberwiesenthal und Tellerhäuser, am 14.5.1945 Verhaftung und sowjetische Internierung in Aue, Zwickau, Dresden (Juli

1945–Januar 1946) und Bautzen (1946–1950), im Februar 1950 Überstellung nach Waldheim, dort im Juni 1950 im Zuge der Waldheimer Prozesse von der Großen Strafkammer des Landgerichts Chemnitz wegen NS-Verbrechen zu 20 Jahren Freiheitsentzug verurteilt, 1950–1955 Teilverbüßung der Haft in Waldheim und Hoheneck, 1955–1957 wohnhaft in einem Altersheim in Diesbar-Seußlitz, 1957 Reise in die Bundesrepublik und Verbleib in Soest und Jülich (Nordrhein-Westfalen).

Schmiedel, Werner (1906–1946)
NS-Wirtschaftsführer und Mutschmann-Vertrauter, Elektro-Ingenieur, Direktor der staatlichen Aktiengesellschaft Sächsische Werke (ASW), im Mai 1945 gemeinsame Flucht mit Mutschmann nach Tellerhäuser, dort Verhaftung und Übergabe an die sowjetische Besatzungsmacht, Überstellung nach Moskau, Belastungszeuge gegen Mutschmann, am 10.6.1946 gemeinsam mit Georg Bellmann vom Militärkollegium der UdSSR aufgrund Ukaz 43 und 58-11 des Strafgesetzbuches der UdSSR („konterrevolutionäre Tätigkeit") zum Tode verurteilt und anschließend hingerichtet.

Schöne, Hans (1890–1946)
Chemnitzer NS-Führer, Ausbildung zum Hotelangestellten, 1908–1914 Arbeit im erlernten Beruf im europäischen Ausland, seit 1919 Mitinhaber der Trikotagenfabrik C. & H. Schöne Chemnitz, 1931 NSDAP, seit 1931 Bekanntschaft mit Mutschmann, 1931–1933 NS-Propaganda-Leiter in Chemnitz, 1932 SA, ab 1935 Ratsherr in Chemnitz, 1938 SA-Hauptsturmführer, ab 1938 Präsident der Industrie- und Handelkammer Chemnitz (und damit Hauptverantwortlicher für die Arisierung in Chemnitz), Leiter der Industrieabteilung in der Wirtschaftskammer Sachsen (Zweigstelle Chemnitz), Inhaber von mehreren Aufsichtsratsposten von Chemnitzer Firmen, ab 1940 Kreisleiter der NSDAP Chemnitz, SA-Obersturmführer Brigade 34, im Mai 1945 Verhaftung durch Organe der sowjetischen Besatzungsmacht, Internierung in Chemnitz, Belastungszeuge gegen Mutschmann, wahrscheinlich 1946 in sowjetischer Haft (Chemnitz oder Dresden) verstorben.

Strasser, Gregor (1892–1934)
NS-Führer, entstammte einer Bauernfamilie aus dem Chiemgau (der Vater arbeitete als Kanzleirat an Amtsgerichten), Besuch der Volksschule, des Progymnasiums in Traunstein und des Gymnasiums in Burghausen, 1910–1913 Lehrausbildung, 1913/14 Studium der Pharmazie in München, 1914–1918 Kriegsdienst u. a. als Oberleutnant, 1918/19 Beendigung des Studiums in München und Erlangen, ab 1920 Apotheker in Landshut, 1919/20 Freikorps Epp, Führer des Sturmbataillons Niederbayern, 1921 NSDAP und SA, 1921–1923 Leiter der Ortsgruppe Landshut der NSDAP, 1923 Führer der Sturmabteilung Niederbayern und Teilnahme am Hitler-Putsch in München, Verhaftung und Verurteilung (durch Wahl in den bayerischen Landtag im Mai 1924 entlassen), ab Dezember 1924 Mitglied des Reichstags, 1924/25 Führer des Völkischen Blocks in Bayern, 1925 erneut NSDAP, Aufbau der Partei in Norddeutschland, zusammen mit seinem Bruder Otto Aufbau des Kampf-Verlags und Sprecher der innerparteilichen Linken, ab 1926 Reichspropagandaleiter, ab 1928 Reichsorganisationsleiter der NSDAP, ab 1930 Listenführer der NSDAP im Wahlkreis Dresden-Bautzen, am 8.12.1932 Rücktritt von allen NSDAP-Funktionen (nach Konflikt mit Hitler), ab 1933 Geschäftsführer eines Pharmazieunternehmens, am 30.6.1934 im Zuge des sog. „Röhm-Putsches" ermordet.

Ulrich, Vasili (1893–1951)
Spitzenjurist der UdSSR, nach eigenen Angaben in der Familie eines „Berufsrevolutionärs“ in Riga geboren (Vater war Baltendeutscher, die Mutter entstammte einem russischen Adelsgeschlecht), ab 1918 Tätigkeit beim NKWD und der WTschK, zunächst als Leiter der Finanzabteilung. 1920 Ernennung (obwohl ohne juristische Bildung) zum Vorsitzenden des Hauptmilitärtribunals der Truppen des inneren Wachschutzes, 1921 Ernennung zum Vorsitzenden des Militärkollegiums des Obersten Tribunals der RSFSR, ab 1926 Vorsitzender des Militärkollegiums des Obersten Gerichts der UdSSR, in den 1930er Jahren Vorsitz bei allen wichtigen politischen Gerichtsprozessen (u. a. gegen Bucharin, Rykow, Sinowjew, Kamenew, Tuchatschewski, Blücher). Generaloberst der Justiz; 1948 Ablösung als Vorsitzender des Militärkollegiums des Obersten Gerichts der UdSSR, seitdem Leiter von Weiterbildungskursen an der Militärjuristischen Akademie, Auszeichnungen: zwei Leninorden, zwei Rotbannerorden, ein Vaterländischer Verdienstorden ersten Ranges, ein Orden des Roten Sternes usw.

Vogelsang, Werner (1895–1946)
Sächsischer NSDAP-Funktionär, Besuch der Volksschule, des Realgymnasiums und einer Staatslehranstalt in Hamburg, Abschluss als Marineleutnant-Ingenieur zur See, 1912–1920 Dienst auf Torpedobootzerstörern und Linienschiffen, 1919/20 britische Kriegsgefangenschaft, 1920 Verabschiedung aus der Kriegsmarine, Rückkehr nach Annaberg, dort Leitung einer Zwirnerei, 1923 NSDAP (nach Aufhebung des Parteiverbots 1925 erst wieder 1929 Parteieintritt), Ortsgruppenleiter der NSDAP in Schlettau, stellvertretender Kreisleiter der NSDAP Annaberg, ab 1933 Kreisleiter der NSDAP, 1936–1945 Mitglied des Reichstags, Gau- und Reichsredner, Mitinitiator des Machtergreifungsterrors der NSDAP in Annaberg, 1937 Vorsitzender des Erzgebirgsvereins, 1939–1945 Dienst in der deutschen Kriegsmarine: zuerst Wach- und Elektroingenieur auf den Kreuzern „Nürnberg“ und „Admiral Scheer“, ab 1943 Referent im NS-Führungsstab beim Oberkommando der Kriegsmarine in Berlin (1939 Oberleutnant d. R., 1940 Kapitänleutnant d. R., 1941 Korvettenkapitän d. R.), März 1945 Abkommandierung als Militärberater und stellvertretender Gauleiter zur sächsischen NSDAP nach Dresden, Mai 1945 Verhaftung durch Organe der sowjetischen Besatzungsmacht, Belastungszeuge gegen Mutschmann, in sowjetischer Haft verstorben.

Zeigner, Erich (1886–1949)
Sächsischer Ministerpräsident und Leipziger Oberbürgermeister, entstammt dem Bildungsbürgertum in Erfurt, Besuch der Höheren Bürgerschule und des Realgymnasiums in Leipzig, 1905–1908 Studium der Rechtswissenschaften und Volkswirtschaft in Leipzig, 1913 Promotion, Referendar und Assessor bei der Staatsanwaltschaft Leipzig, 1915 Tätigkeit am Landgericht Leipzig, 1917/18 Kriegsdienst, ab 1919 Staatsanwalt und Richter am Landgericht Leipzig, 1919 SPD, 1921–1923 sächsischer Justizminister, 1923 sächsischer Ministerpräsident (durch die Reichsexekution gegen Sachsen zum Rücktritt gezwungen), 1922/23 Mitglied des Sächsischen Landtags, November 1923 kurzzeitig Direktor des Landgerichts Leipzig, Entlassung, Verhaftung und Verurteilung (1924) zu drei Jahren Gefängnis wegen angeblicher passiver Bestechung im Amt, 1925 vorzeitige Entlassung und Tätigkeit als Rechtsberater und Publizist für die SPD, ab 1933 wiederholt in Haft (u. a. im KZ Sachsenhausen), Unterstützung für verfolgte Juden, 1945–1949 Oberbürgermeister von Leipzig, 1945 SPD (1946 SED), 1946–1949 Mitglied des Sächsischen Landtags, 1947 Professor für Verwaltungslehre an der Universität Leipzig, 1946/47 Mitverfasser der sächsischen Verfassung (maßgeblich beteiligt an der Aufnahme eines Grundrechtskatalogs), ab 1948 SED-interne Angriffe wegen „Sozialdemokratismus“.

Zörner, Ernst (1895–1945)
Oberbürgermeister von Dresden, entstammt einer Kaufmannsfamilie in Nordhausen, Besuch des Realgymnasiums in Braunschweig, kaufmännische Ausbildung und Besuch der Höheren Handelsschule in Hannover, 1914–1918 Kriegsdienst (u.a. als Leutnant), nach 1919 Arbeit als Kaufmann in Braunschweig, 1925 NSDAP, Leiter der NSDAP-Ortsgruppe Braunschweig, 1928 Stadtverordneter ebendort, 1930–1933 Mitglied des Braunschweigischen Landtags (Landtagspräsident), 1932/33 Mitglied des Reichstags (ab März 1933 3. Vizepräsident), ab 1. August 1933 Oberbürgermeister von Dresden, in dieser Funktion Aufstieg zu einem der wichtigsten Repräsentanten der NSDAP in Sachsen und damit Konkurrent zu Gauleiter Mutschmann, deshalb im Juni 1937 Beurlaubung als Oberbürgermeister durch den sächsischen Innenminister Fritsch (im Auftrag Mutschmanns), 1938 Leiter und Präsident der Durchführungsstelle für die Neugestaltung der Reichshauptstadt, ab Ende September 1939 Stadthauptmann von Krakau, ab Februar 1940 Gouverneur des Distrikts Lublin im Generalgouvernement (dort mitverantwortlich für den Holocaust), April 1943 Amtsenthebung durch Heinrich Himmler, Rückkehr nach Dresden (im Dienst des Reichsministeriums für Rüstung und Kriegsproduktion), Frühjahr 1945 Einsatz als Offizier im Raum Prag, Ende 1945 Toderklärung.

Abkürzungsverzeichnis

AG	Arbeitsgemeinschaft
Antifa	Antifaschismus
ASW	Aktiengesellschaft Sächsische Werke
BA	Bundesarchiv
BAK	Bundesarchiv Koblenz
Betr.	Betreff
Bl.	Blatt
BStU	Bundesbeauftragter für die Unterlagen des Staatssicherheitsdienstes der ehemaligen Deutschen Demokratischen Republik Berlin
BV	Bezirksverwaltung
CA FSB	Central'nyj archiv Federal'noj sluzby bezopasnosti (Zentralarchiv des Föderalen Sicherheitsdienstes der Russischen Föderation)
cand.	Kandidat
DAF	Deutsche Arbeitsfront
DDR	Deutsche Demokratische Republik
DJV	Deutsche Justizverwaltung
DMV	Deutscher Metallarbeiter-Verband
DNN	Dresdner Neueste Nachrichten
DRK	Deutsches Rotes Kreuz
DSTB	Deutsch-völkischer Schutz- und Trutzbund
ebd.	ebenda
evtl.	eventuell
f./ff.	folgende
FAZ	Frankfurter Allgemeine Zeitung
FSB	vgl. CA FSB
GARF	Gossudarstvennyi Archiv Rossijskoj Federacii (Staatsarchiv der Russischen Föderation)
Gen.	Genosse / Genossin
Gestapo	Geheime Staatspolizei
GULag	Glavnoe upravlenie lagerej NKVD / MVD Hauptverwaltung der Lager des NKVD / MVD (1934–1956)
HA	Hauptabteilung
HAIT	Hannah-Arendt-Institut für Totalitarismusforschung
HASAG	Hugo Schneider AG
Hg.	Herausgeber
HVA	Hauptverwaltungsamt
ID	Innerer Dienst
IfZ	Institut für Zeitgeschichte
IHK	Industrie- und Handelskammer
IMT	Internationales Militärtribunal
Intern. Biogr. Archiv	Internationales Biographisches Archiv
KA	Kreisarchiv

KD	Kontrollratsdirektive
KG	Kontrollratsgesetz
KGB	Komitet gossudarstwennoi bezopasnosti (Komitee für Staatssicherheit)
KPD	Kommunistische Partei Deutschlands
KZ	Konzentrationslager
LDP	Liberal-Demokratische Partei
LKA	Landeskriminalamt
Loc.	Location
LRS	Landesregierung Sachsen
LTI	Lingua Tertii Imperii
LVS	Landesverwaltung Sachsen
M.M.	Martin Mutschmann
MDR	Mitteldeutscher Rundfunk
MfS	Ministerium für Staatssicherheit
MGB	Ministerstwo gossudarstwennoi bezopasnosti (Ministerium für Staatssicherheit)
Min.-Präs.	Ministerpräsident
MWD	Ministerstwo wnutrennych del (Ministerium für Inneres)
Nazi	Nationalsozialist
NDPD	Nationaldemokratische Partei Deutschlands
NKGB	Narodnyi komissariat gossudarstwennoi bezopasnosti (Volkskommissariat für Staatssicherheit)
NKVD/NKWD	Narodnyi komissariat wnutrennych [vnutrennych] del (Volkskommissariat des Innern)
NL	Nachlass
Nr.	Nummer
NRW	Nordrhein-Westfalen
NS	Nationalsozialismus
NSDAP	Nationalsozialistische Arbeiterpartei Deutschlands
NTN	Najwyższy Trybunał Narodowy (Höchstes Volksgericht Polens)
o. D.	ohne Datum
OKW	Oberkommando der Wehrmacht
OPG	Oberstes Parteigericht
OPGU	Obedinennoe gosudarstvennoe politiceskoe upravlenie (Vereinigte staatliche politische Verwaltung 1922–1934)
OSO	Osoboe sovescanie (Sonderberatung)
OSS	Office of Strategic Services
phil.	Philosophie
RM	Reichsmark
RSHA	Reichssicherheitshauptamt
RSFSR	Russische Sozialistische Föderative Sowjetrepublik
S.	Seite
SA	Sturmabteilung
SächsHStAD	Sächsisches Hauptstaatsarchiv Dresden
SächsStAC	Sächsisches Staatsarchiv Chemnitz
SächsStAL	Sächsisches Staatsarchiv Leipzig

SAPMO-BArch	Stiftung Archiv der Parteien und Massenorganisationen der DDR-Bundesarchiv (Berlin)
SBZ	Sowjetische Besatzungszone Deutschlands
SED / SEPD	Sozialistische Einheitspartei Deutschlands
SMA	Sowjetische Militäradministration
SMAD	Sowjetische Militäradministration in Deutschland
SMERSCH / Smers	Smert spionam (Tod den Spionen)
SMT	Sowjetisches Militärtribunal
SPD	Sozialdemokratische Partei Deutschlands
SS	Schutzstaffeln
StA	Stadtarchiv
StaC	Staatsarchiv Chemnitz (s.o.)
Stud.	Student
SU	Sowjetunion
SVZ	Sächsische Volkszeitung (der KPD)
ThHStA	Thüringisches Hauptstaatsarchiv Weimar
UdSSR	Union der Sozialistischen Sowjet-Republiken
Ukaz	dt.: Weisung
US	United States
USA	United States of America
USHMM	United States Holocaust Memorial Museum
usw.	und so weiter
VfZ	Vierteljahreshefte für Zeitgeschichte
vgl.	vergleiche
VP	Volkspolizei
WTschK / VCK	Vserossijskaja crezvycajnaja komissija (Allrussische Sonderkommission 1917–1922, auch: Tscheka)
ZfG	Zeitschrift für Geschichtswissenschaft
Zit.	Zitat

Quellen- und Literaturverzeichnis

Unveröffentlichte Quellen

Bundesarchiv Berlin (BA Berlin)
DO 1/1874; DO 1/4105; DP 1/1255; DP 3/2468; NS 19/1872
Personalakte Mutschmann, OPG Bauer-Mutschmann
R 3001, Nr. 56579
Bundesarchiv Koblenz (BA Koblenz)
Z 42 IV, 1716a; Z 42 IV, 1806b; Z 42 IV, 6811b; Z 42 IV, 7202a
Bundesbeauftragter für die Unterlagen des Staatssicherheitsdienstes der ehemaligen Deutschen Demokratischen Republik Berlin (BStU)
MfS-HA IX/11, AV 14/79, Bd. 24
MfS HA IX/11, AK 520/71
Central'nyj archiv Federal'noj sluzby bezopasnosti / Zentralarchiv des Föderalen Sicherheitsdienstes der Russischen Föderation (CA FSB Moskau)
fond 7, opis 1, delo 247
DRK-Suchdienst München
Meldekarten Martin Mutschmann vom 5.4.1957 und 1.3.1961
Gosudarstvennyi Archiv Rossijskoj Federacii / Staatsarchiv der russischen Föderation (GARF Moskau)
fond 9401, opis 2, delo 96
fond 9409, opis 1, delo 564
fond 7523, opis 66, delo 55
HAIT-Archiv
Akte Martin Mutschmann
Akte Rudolf Jordan
Historisches Archiv des Vogtlandkreises Oelsnitz
Gemeindebestände Kürbitz 1919–1946
Kreisarchiv Aue (KA Aue)
Rat des Kreises Schwarzenberg, Nr. 12657, p. 25
Gemeinde Rittersgrün nach 1945, Nr. 204
Sächsisches Staatsarchiv Chemnitz (SächsStAC)
30401 Kreistag Annaberg, Nr. 357/3
Bestand 30131 AG Plauen, Nr. 3389
Sächsisches Hauptstaatsarchiv Dresden (SächsHStAD)
NL Walter Weidauer, V/2.052.010, V/2.052.026
Außenministerium, Nr. 712
LRS, Min.-Präs., Nr. 675
Sächsisches Staatsarchiv Leipzig (SächsStAL)
SPD-BV Leipzig, Nr. 15
Stadtarchiv Annaberg-Buchholz (StA Annaberg-Buchholz)
Loc. 20/204, Nr. 230, Verhaftung von Nazi-Gauleiter Martin Mutschmann
Stiftung Archiv der Parteien und Massenorganisationen der DDR, Bundesarchiv (SAPMO-Barch)
DY 55/V278/2/72
Thüringisches Hauptstaatsarchiv Weimar (ThHStA)
Ministerium der Justiz, Nr. 548

Gedruckte Quellen

Akten der Reichskanzlei. Die Kabinette Brüning I und II, Bd. 3: 10. Oktober 1931 bis 30. Mai 1932. Bearbeitet von Tilman Koops, Boppard am Rhein 1990.

Buddrus, Michael (Hg.): Mecklenburg im Zweiten Weltkrieg. Die Tagungen des Gauleiters Friedrich Hildebrandt mit den NS-Führungsgremien des Gaues Mecklenburg 1939–1945. Eine Edition der Sitzungsprotokolle, Bremen 2009.

Der Prozess gegen die Hauptkriegsverbrecher vor dem Internationalen Militärgerichtshof (IMT) Nürnberg vom 14.11.1945 bis 1.10.1946. Bde. XXI und XXII, Verhandlungsniederschriften, Nürnberg 1948.

Goebbels, Joseph: Die Tagebücher von Joseph Goebbels, Teil I Aufzeichnungen 1923–1941, Bd. 1/I Oktober 1923–November 1925, München 2004.

– Die Tagebücher von Joseph Goebbels, Teil I, Bd. 2/1 Dezember 1929–Mai 1931, München 2005.

– Die Tagebücher von Joseph Goebbels, Teil I, Bd. 2/II Juni 1931–September 1932, München 2004.

– Die Tagebücher von Joseph Goebbels, Teil I, Bd. 2/III Oktober 1932–März 1934, München 2006.

– Die Tagebücher von Joseph Goebbels, Teil I, Bd. 3/II März 1936–Februar 1937, München 2001.

– Die Tagebücher von Joseph Goebbels, Teil I, Bd. 5 Dezember 1937–Juli 1938, München 2000.

– Die Tagebücher von Joseph Goebbels, Teil II, Bd. 8 April–Juni 1943, München 1993.

– Die Tagebücher von Joseph Goebbels, Teil II, Bd. 13 Juli–September 1943, München 1995.

– Die Tagebücher von Joseph Goebbels, Teil II, Bd. 14 Oktober–Dezember 1944, München 1996.

– Die Tagebücher von Joseph Goebbels, Teil II, Bd. 15 Januar–April 1945, München 1995.

Norbert Haase/Mike Schmeitzner (Hg.), Peter Blachstein: „In uns lebt die Fahne der Freiheit". Zeugnisse zum frühen Konzentrationslager Burg Hohnstein, Dresden 2005.

Hilger, Andreas: Sowjetische Justiz und Kriegsverbrechen. Dokumente zu den Verurteilungen deutscher Kriegsgefangener, 1941–1949. In: VfZ, 54 (2006), H. 3, S. 461–515.

Klemperer, Victor: Ich will Zeugnis ablegen bis zum letzten. Tagebücher 1933–1941. Hg. von Walter Nowojski unter Mitarbeit von Hadwig Klemperer, Berlin 1995.

Markante Worte aus den Reden des Gauleiters und Reichsstatthalters PG. Martin Mutschmann. Aus den Zeiten des Kampfes um die Macht bis zur Vollendung des Großdeutschen Reiches. Festschrift zum 60. Geburtstag, Dresden 1939.

Mitzscherlich, Birgit: Eine ungewöhnliche Intervention. Dokumente zur nationalsozialistischen Herrschaft in Sachsen. In: Letopis, 51 (2004), H. 2, S. 119–128.

Mutschmann, Martin: „Ich habe ‚Mein Kampf' nicht gelesen". In: Unbekannte Kapitel des Zweiten Weltkrieges, S. 39–49.

Thüsing, Andreas (Hg.): Das Präsidium der Landesverwaltung Sachsen. Die Protokolle der Sitzungen vom 9. Juli 1945 bis 10. Dezember 1946, Göttingen 2010.

Unbekannte Kapitel des Zweiten Weltkrieges. Hitler. Dokumente aus den Geheimarchiven des KGB, Moskau 1996.

Verhandlungen des Sächsischen Landtages, 6. Wahlperiode, April–August 1933.

Verwaltungsbericht der Kreisstadt Plauen auf die Jahre 1914 bis 1923, Dritter Band, Plauen 1923.

Zeitungen

Allgemeine Zeitung Chemnitz 1933.
Annaberger Tageblatt 1945.
Annaberger Wochenblatt 1933.
Chemnitzer Tageblatt 1930.
Der Freiheitskampf 1930–1945.
Der Tagesspiegel 1948.
Die Welt 1961.
Dresdner Nachrichten 1933.
Freie Presse Zwickau der SED 1960/61.
Illustriertes Erzgebirgisches Sonntagsblatt 1933 und 1936.
Neue Vogtländische Zeitung 1914.
Obererzgebirgische Zeitung 1934.
Pariser Tageblatt 1934.
Sozialdemokratischer Pressedienst 1933.
Süddeutsche Zeitung 1950.
Sächsische Volkszeitung (SVZ) der KPD 1945.
Tageszeitung für die deutsche Bevölkerung 1945.
Völkischer Beobachter 1932.
Vogtländischer Anzeiger 1913.
Volksstimme, Zentralorgan der SPD Sachsen 1945.
Volksstimme Chemnitz der SED 1960.
Volkszeitung für Plauen 1927 und 1930.

Elektronische Medien

MDR-Dokumentation „Gnadenlos mächtig. Sachsens Gauleiter Martin Mutschmann" (Erstausstrahlung: 3.11.2002, 22.50 Uhr) von Ernst-Michael Brandt
MDR.de („Martin Mutschmann 1879–1950")

Literaturverzeichnis

Arnold, Heinz Ludwig (Hg.): Kindlers Literatur Lexikon, 3. völlig neu bearbeitete Auflage, Stuttgart 2009.

Baganz, Carina: Erziehung zur „Volksgemeinschaft"? Die frühen Konzentrationslager in Sachsen 1933–34/37, Berlin 2005.

– KZ Hohnstein. In: Benz/ Distel (Hg.): Der Ort des Terrors. Band 2, S. 129–134.

Behring, Rainer: Die Zukunft war nicht offen. Instrumente und Methoden der Diktaturdurchsetzung in der Stadt: Das Beispiel Chemnitz. In: Hilger/ Schmeitzner/ Schmidt (Hg.), Diktaturdurchsetzung, S. 155–168.

Benz, Wolfgang (Hg.): Lexikon des Holocaust, München 2002.

– / Distel, Barbara (Hg.): Der Ort des Terrors. Geschichte der nationalsozialistischen Konzentrationslager. Band 2: Frühe Lager, Dachau, Emslandlager, München 2005.

– Potsdam 1945. Besatzungsherrschaft und Neuaufbau im Vier-Zonen-Deutschland, München 2005.

Böhm, Boris: Der Forschungsstand zur NS-„Euthanasie“ in Sachsen. In: Sonnenstein. Beiträge zur Geschichte des Sonnensteins und der Sächsischen Schweiz, (2010), H. 8, S. 25–40.

– / Schilter, Thomas: Pirna-Sonnenstein. Von der Reformpsychiatrie zur Tötung psychisch Kranker und Behinderter. In: Nationalsozialistische Euthanasieverbrechen, S. 30–66.

Bramke, Werner: Unter der faschistischen Diktatur (1933–1945). In: Czok (Hg.), Geschichte Sachsens, S. 480-517.

– Vom Freistaat zum Gau. Sachsen unter der faschistischen Diktatur 1933–1939. In: ZfG, 31 (1983), Heft 12, S. 1067–1078.

– / Heß, Ulrich (Hg.): Wirtschaft und Gesellschaft in Sachsen im 20. Jahrhundert, Leipzig 1998.

Browning, Christopher R.: Das Ende aller Vertuschung. In: FAZ vom 10.12.2010.

Brückner, Peter: Das Abseits als sicherer Ort. Kindheit und Jugend zwischen 1933 und 1945, Berlin (West) 1980.

Conze, Eckart/ Frei, Norbert/ Hayes, Peter/ Zimmermann, Moshe: Das Amt und die Vergangenheit. Deutsche Diplomaten im Dritten Reich und in der Bundesrepublik, München 2010.

Creifelds Rechtswörterbuch, München 2007 (19. Auflage).

Czok, Karl (Hg.): Geschichte Sachsens, Weimar 1989.

Donath, Matthias/ Thieme, André (Hg.): Sächsische Mythen: Menschen – Orte – Ereignisse, Leipzig 2011.

Dresdner Geschichtsbuch, Bd. 12. Hg. vom Stadtmuseum Dresden, Altenburg 2007.

Dresdner Geschichtsbuch, Bd. 7. Hg. vom Stadtmuseum Dresden, Altenburg 2001.

Dresdner Geschichtsbuch, Bd. 6. Hg. vom Stadtmuseum Dresden, Altenburg 2000.

Ekkehart, Klaus: Die Reichsstatthalter. Ein Volksbuch, Gotha o. J. [1933].

Epstein, Catherine: Model Nazi. Arthur Greiser and the Occupation of Western Poland, Oxford 2010.

Essner, Cornelia: Die „Nürnberger Gesetze“ oder Die Verwaltung des Rassenwahns 1933–1945, Paderborn 2002.

Fleischer, Wolfgang: Das Kriegsende in Sachsen 1945. Eine Dokumentation der Ereignisse in den letzten Wochen des Krieges, Preußisch-Oldendorf 2004.

– / Schmieder, Roland: Sachsen 1945, Riesa 2010.

Foitzik, Jan/ Petrow, Nikita: Die sowjetischen Geheimdienste in der SBZ/DDR von 1945 bis 1953, Berlin 2009.

Frei, Norbert (Hg.): Transnationale Vergangenheitspolitik. Der Umgang mit deutschen Kriegsverbrechern in Europa nach dem Zweiten Weltkrieg, Göttingen 2006.

Freund, Florian: Der Mauthausen-Prozess. In: Dachauer Hefte 13, 1997, S. 99–118.

Fricke, Dieter (Hg.): Lexikon zur Parteiengeschichte. Die bürgerlichen und kleinbürgerlichen Parteien und Verbände in Deutschland (1789–1945) in vier Bänden, Bd. 3, Leipzig 1985.

Grill, Johnpeter Horst/ Wagner, Robert: Der „Herrenmensch“ im Elsaß. In: Smelser/Syring / Zitelmann (Hg.): Die braune Elite II., S. 254–267.

Groß, Werner: Die ersten Schritte. Der Kampf der Antifaschisten in Schwarzenberg während der unbesetzten Zeit Mai/Juni 1945, Berlin (Ost) 1961.

Gruchmann, Lothar: Justiz im Dritten Reich 1933–1940. Anpassung und Unterwerfung in der Ära Gürtner, München 1990.

Haase, Norbert/ Haritonov, Alexander/ Müller, Klaus-Dieter/ Nagel, Jens (Hg.): Zeithain – Gedenkbuch sowjetischer Kriegsgefangener. Bd. 1: Das Kriegsgefangenenlager Zeithain – vom „Russenlager“ zur Gedenkstätte, Dresden 2005.

– / Pampel, Bert (Hg.): Die Waldheimer „Prozesse" – fünfzig Jahre danach. Dokumentation der Tagung der Stiftung Sächsische Gedenkstätten am 28. und 29. September 2000 in Waldheim, Baden-Baden 2001.

Handbuch des Vereins Arbeiterpresse. Hg. vom Vorstand des Vereins Arbeiterpresse, Vierte Folge 1927, Berlin 1927.

Hädicke, Wolfgang: Dresden. Eine Geschichte von Glanz, Katastrophe und Aufbruch, München 2006 [Taschenbuchausgabe 2009].

Hausmann, Frank-Rutger: Ernst-Wilhelm Bohle, Gauleiter im Dienst von Partei und Staat, Berlin 2009.

Held, Steffen: Von der Entrechtung zur Deportation: Die Juden in Sachsen. In: Vollnhals (Hg.), Sachsen in der NS-Zeit, S. 203–207.

Henke, Klaus-Dietmar: Die amerikanische Besetzung Deutschlands, München 1995.

– / Schmitt-Teichert, Christiane: Die dramatische Dekade. Über Dresden in den vierziger Jahren des 20. Jahrhunderts. In: Dresdner Geschichtsbuch, Bd. 12, S. 203–230.

– Tödliche Medizin im Nationalsozialismus. Von der Rassenhygiene zum Massenmord, Köln 2008.

Herbert, Ulrich/ Orth, Karin/ Dieckmann, Christoph (Hg.): Die nationalsozialistischen Konzentrationslager – Entwicklung und Struktur. Bd. II, Göttingen 1998.

Hermann, Christel: Oberbürgermeister der Stadt Dresden: Hans Nieland und Stellvertreter Rudolf Kluge. In: Dresdner Geschichtsbuch, Bd. 7, S. 181–200.

– Oberbürgermeister der Stadt Dresden: Ernst Zörner und Stellvertreter Eduard Bührer. In: Dresdner Geschichtsbuch, Bd. 6, S. 199–218.

Heß, Ulrich: Sachsens Industrie in der Zeit des Nationalsozialismus. Ausgangspunkte, struktureller Wandel, Bilanz. In: Bramke/ Heß (Hg.): Wirtschaft und Gesellschaft in Sachsen im 20. Jahrhundert, S. 53–88.

Heym, Stefan: Schwarzenberg, Roman, München 2004 [Erstausgabe 1984].

Hilger, Andreas: Strafjustiz im Verfolgungswahn. Todesurteile sowjetischer Gerichte in-Deutschland. In: Ders. (Hg.), „Tod den Spionen!", S. 95–155.

– „Tod den Spionen!" Todesurteile sowjetischer Gerichte in der SBZ/DDR und in der Sowjetunion bis 1953, Göttingen 2006.

– „Die Gerechtigkeit nehme ihren Lauf"? Die Bestrafung deutscher Kriegs- und Gewaltverbrecher in der Sowjetunion und der SBZ/DDR. In: Frei (Hg.): Transnationale Vergangenheitspolitik, S. 180–246.

– / Schmeitzner, Mike/ Schmidt, Ute (Hg.): Sowjetische Militärtribunale. Band 2: Die Verurteilung deutscher Zivilisten 1945–1955, Köln 2003.

– / Mike Schmeitzner/ Ute Schmidt (Hg.), Diktaturdurchsetzung. Instrumente und Methoden der kommunistischen Machtsicherung in der SBR/DDR 1945–1955, Dresden 2001.

Höffkes, Karl: Hitlers politische Generale. Die Gauleiter des Dritten Reiches. Ein biographisches Nachschlagewerk, Tübingen 1986.

– Hitlers politische Generale. Die Gauleiter des Dritten Reiches. Ein biographisches Nachschlagewerk, Tübingen 1997 [2. überarbeitete und erweiterte Auflage].

Höppner, Solvejg (Hg.): Antisemitismus in Sachsen im 19. und 20. Jahrhundert, Dresden 2004.

Hüttenberger, Peter: Die Gauleiter. Studie zum Wandel des Machtgefüges in der NSDAP, Stuttgart 1969.

Jordan, Rudolf: Erlebt und Erlitten. Weg eines Gauleiters von München bis Moskau, Leoni am Starnberger See 1971.

Karay, Felicja: Wir lebten zwischen Granaten und Gedichten. Das Frauenlager der Rüstungsfabrik HASAG im Dritten Reich, Köln 2001.

Kessler, Robert: Martin Mutschmann. In: Ekkehart: Die Reichsstatthalter, S. 16–19.

Kießling, Wolfgang: Beierfeld. Erlebnisse in einer Gemeinde der „Freien Republik". In: Republik im Niemandsland, S. 42–57.

Kissenkoetter, Udo: Gregor Strasser und die NSDAP, Stuttgart 1978.

Kershaw, Ian: Hitler 1936–1945, Stuttgart 2000.

Klee, Ernst: Das Personenlexikon zum Dritten Reich. Wer war was vor und nach 1945, Frankfurt am Main 2003 [Taschenbuchausgabe 2005].

Kobuch, Agatha: Martin Mutschmann. In: Neue Deutsche Biographie. Hg. von der Historischen Kommission bei der Bayerischen Akademie der Wissenschaften, 18. Bd., Berlin 1997, S. 659 f.

Koenen, Gerd: Der Russland-Komplex. Die Deutschen und der Osten 1900–1945, München 2005.

Köhler, Friedrich (Hg.): Vom silbernen Erzgebirge. Kreis Annaberg. Geschichte, Landschaft, Volkstum. Bd. 1, Schwarzenberg 1938.

Kokurin, A. I/ Petrow, N., Lubjanka: Die Organe WTschK – OPGU – NKWD – NKGB – MGB – MWD – KGB 1917–1991, Moskau 2003.

Korb, Paul: Der antifaschistische Aktionsausschuss in Schwarzenberg. In: Republik im Niemandsland, S. 28–41.

Karner, Stefan (Hg.): „Gefangen in Russland". Die Beiträge des Symposiums auf der Schallaburg 1995, Graz 1995.

Krone, Andreas (PbK): Karriere unterm Hakenkreuz. Aufstieg und Fall des Martin Mutschmann. In: Historikus Vogtland. Geschichtsmagazin, 2 (2007), S. 13–17.

Kuller, Christiane: „Erster Grundsatz: Horten für die Reichsfinanzverwaltung". Die Verwertung des Eigentums der deportierten Nürnberger Juden. In: Kundrus / Meier (Hg.): Die Deportation der Juden aus Deutschland.

Kundrus, Birthe/ Meier, Beate (Hg.): Die Deportation der Juden aus Deutschland. Pläne – Praxis – Reaktionen 1938–1945, Göttingen 2004.

Lang, Claudia: „Ich bin kein Freund der Diktatur, aber ..." Kontinuität und Wandlungen in Erich Zeigners Wirken als Oberbürgermeister von Leipzig 1945–1949 am Beispiel von Demokratie, Selbstverwaltung und Rechtsstaatlichkeit, Leipzig 1997 [unveröffentlichte Magisterarbeit am Historischen Seminar der Universität].

Lang, Erich: Kampf und Sieg der nationalsozialistischen Bewegung im Grenzlandkreis Annaberg/Obererzgebirge! In: Köhler (Hg.): Vom silbernen Erzgebirge, S. 218–235.

Laufer, Jochen: „Genossen, wie ist das Gesamtbild?". Ackermann, Ulbricht und Sobottka in Moskau im Juni 1945. In: Deutschland Archiv, 29 (1996), H. 3, S. 355–371.

Lilla, Joachim: Statisten in Uniform. Die Mitglieder des Reichstags 1933–1945. Ein biographisches Handbuch. Unter Einbeziehung der völkischen und nationalsozialistischen Reichstagsabgeordneten ab Mai 1924, Düsseldorf 2004.

Lobeck, Lenore: Die Schwarzenberg-Utopie. Geschichte und Legende im „Niemandsland", Leipzig 2004.

Łuczak, Czesław: Arthur Greiser. Hitlerowski władca w Wolnym Mieście Gdańsku i w Kraju Warty [Arthur Greiser. Hitlers Herrscher in der Freien Stadt Danzig und im Warthegau], Poznań 1997.

Männer im Dritten Reich, Bremen 1934.

Mai, Gunther: Europa 1918–1939. Mentalitäten, Lebensweisen, Politik zwischen den Weltkriegen, Stuttgart 2001.

Mai, Thomas: Der faschistische sächsische Gauleiter Martin Mutschmann, die Entwicklung des Gaues Sachsen und der NSDAP, Jena 1984 [unveröffentlichte Diplomarbeit].

Marschner, Wolfgang: Die Russen kommen! Zum Kriegsgeschehen in Sachsen und Nordböhmen im April/Mai 1945, Sächsische Hefte 2, Dresden 1995.

Maser, Werner: Adolf Hitler. Legende – Mythos – Wirklichkeit, München 1989.

– Der Sturm auf die Republik. Frühgeschichte der NSDAP, Düsseldorf 1994.

Meindl, Ralf: Ostpreußens Gauleiter. Erich Koch – eine politische Biographie, Osnabrück 2007.

Merker, Paul: Von Weimar zu Hitler. Deutschland – Sein oder Nicht-Sein? Bd. 2, Mexiko 1944 [Nachdruck 1973].

Meyer, Winfried: Stalinistischer Schauprozess gegen KZ-Verbrecher? Der Berliner Sachsenhausen-Prozess vom Oktober 1947. In: Dachauer Hefte, 13 (1997), H. 13, S. 153–180.

Meyer-Seitz, Christian: Die Verfolgung von NS-Straftaten in der Sowjetischen Besatzungszone, Berlin 1998.

Michelmann, Jeannette: Aktivisten der ersten Stunde. Die Antifa in der Sowjetischen Besatzungszone, Köln 2002.

Nagel, Jens: Das Kriegsgefangenenlager Zeithain 1941–1945. In: Haase/ Haritonov/ Müller / Nagel (Hg.): Zeithain – Gedenkbuch sowjetischer Kriegsgefangener. Bd. 1, S. 42–77.

Nationalsozialistische Euthanasieverbrechen. Beiträge zur Aufarbeitung ihrer Geschichte in Sachsen. Hg. von der Stiftung Sächsische Gedenkstätten, Dresden 2004.

Osterloh, Jörg: Ein ganz normales Lager. Das Kriegsgefangenen-Mannschaftsstammlager 304 (IV H) Zeithain bei Riesa/Sa. 1941 bis 1945, Leipzig 1997.

– / Clemens Vollnhals (Hg.): NS-Prozesse und deutsche Öffentlichkeit. Besatzungszeit, frühe Bundesrepublik und DDR, Göttingen 2011.

Otto, Wilfriede: Die „Waldheimer Prozesse“ 1950. Historische, politische und juristische Aspekte im Spannungsfeld zwischen Antifaschismus und Stalinismus. In: hefte zur ddr-geschichte, Nr. 12, Berlin 1993, S. 5–27.

Pätzold, Kurt / Weißbecker, Manfred: Hakenkreuz und Totenkopf. Die Partei des Verbrechens, Berlin (Ost) 1982.

Pätzold, Kurt: Julius Streicher. In: Pätzold/ Weißbecker (Hg.), Stufen zum Galgen, S. 264–296.

– / Manfred Weißbecker (Hg.): Stufen zum Galgen. Lebenswege vor den Nürnberger Urteilen, Leipzig 1999.

Peschel, Andreas: Fritz Tittmann – Der „vergessene“ Gauleiter. Eine biografische Skizze. In: Sächsische Heimatblätter 56 (2010), H. 2, S. 122–126.

Petrov, Nikita: Deutsche Kriegsgefangene unter der Justiz Stalins. Gerichtsprozesse gegen Kriegsgefangene der deutschen Armee in der UdSSR 1943–1952. In: Karner (Hg.): „Gefangen in Russland“, S. 176–221.

– Der Mensch in der Lederschürze. In: Novaja Gaseta vom 2.8.2010 (Spezialausgabe zur „Wahrheit über den GULag“).

Petzold, Joachim: Die Demagogie des Hitlerfaschismus. Die politische Funktion der Naziideologie auf dem Wege der faschistischen Diktatur, Berlin (Ost) 1982.

Raßloff, Steffen: Fritz Sauckel. Hitlers „Muster-Gauleiter“ und „Sklavenhalter“, Erfurt 2007.

Rebentisch, Dieter / Teppe, Karl (Hg.): Verwaltung contra Menschenführung im Staat Hitlers. Studien zum politisch-administrativen System, Göttingen 1986.

Reinhardt, Rudolf: Zeitungen und Zeiten. Journalist im Berlin der Nachkriegszeit, Köln 1988.

Remarque, Erich Maria, Praktische Erziehungsarbeit im Deutschland nach dem Krieg (1944). In: Schneider (Hg.): Erich Maria Remarque, S. 66–83.

Republik im Niemandsland. Ein Schwarzenberg-Lesebuch. Hg. von der Rosa-Luxemburg-Stiftung Sachsen, Schkeuditz 1997.

Richter, Michael/ Schaarschmidt,Thomas/ Schmeitzner, Mike (Hg.): Länder, Gaue und Bezirke. Mitteldeutschland im 20. Jahrhundert, Halle 2007.

Schaarschmidt, Thomas: Die regionale Ebene im zentralistischen „Führerstaat" – das Beispiel des NS-Gaus Sachsen. In: Richter / Schaarschmidt / Schmeitzner (Hg.): Länder, Gaue und Bezirke, S. 125–140.

– Regionalkultur und Diktatur. Sächsische Heimatbewegung und Heimat-Propaganda im Dritten Reich und in der SBZ/DDR, Köln 2004.

Schacht, Ulrich (Hg.): Hohenecker Protokolle. Aussagen zur Geschichte der politischen Verfolgung von Frauen in der DDR, Dresden 2004 (2. ergänzte Ausgabe der Sächsischen Landeszentrale für politische Bildung).

Schenk, Dieter: Hitlers Mann in Danzig. Gauleiter Forster und die NS-Verbrechen in Danzig-Westpreußen, Bonn 2000.

Schilter, Thomas: Unmenschliches Ermessen. Die nationalsozialistische „Euthanasie"-Tötungsanstalt Pirna-Sonnenstein 1940/41, Leipzig 1998.

Schmeitzner, Mike/ Donth, Stefan: Die Partei der Diktaturdurchsetzung. KPD/SED in Sachsen 1945–1952, Köln 2002.

– Ausschaltung – Verfolgung – Widerstand. Die politischen Gegner des NS-Systems in Sachsen 1933–1945. In: Vollnhals (Hg.), Sachsen in der NS-Zeit, S. 183–199.

– Sowjetische Militärtribunale in der SBZ/DDR 1945–1950. Deutsche vor Gericht. In: Verfolgung unterm Sowjetstern. Stalins Lager in der SBZ/DDR, S. 94–107.

– / Wagner, Andreas (Hg.): Von Macht und Ohnmacht. Sächsische Ministerpräsidenten im Zeitalter der Extreme 1919–1952, Beucha 2006.

– / Wagner, Andreas: Ministerpräsident und Staatskanzlei in Freistaat, Gau und Land. Ein sächsischer Vergleich. In: Dies. (Hg.), Von Macht und Ohnmacht, S. 9–50.

– Unter Ausschluss der Öffentlichkeit? Zur Verfolgung von NS-Verbrechen durch die sowjetische Sonderjustiz. In: Osterloh/ Vollnhals (Hg.): NS-Prozesse und deutsche Öffentlichkeit, S. 149–166.

– Martin Mutschmann. In: Donath/ Thieme, Sächsische Mythen, S. 259–269.

Schmidt, Hannes: Zur Geschichte der Israelitischen Religionsgemeinde Plauen i.V., Plauen 1988.

Schmidt, Waltraud: Der Ramscherkrieg – ein antisemitisch aufgeladener Abschnitt aus der vogtländischen Geschichte. In: Höppner (Hg.): Antisemitismus in Sachsen im 19. und 20. Jahrhundert, S. 105–109.

Schmitt, Eberhard: Martin Mutschmann – Nazi-„König" von Sachsen (Serie in fünf Teilen). In: Dresdner Neueste Nachrichten vom 6., 7., 8., 9. und 10./11.11.1990.

Schmohl, Daniela: Antifaschistische Aktionsausschüsse 1945. Ein Vergleich zwischen Chemnitz und Eisleben, Leipzig 2003 [unveröffentlichte Magisterarbeit].

Schoeller, Wilfried F.: Heinrich Mann – „Der Untertan". In: Arnold (Hg.): Kindlers Literatur Lexikon (online).

Schneider, Thomas F. (Hg.): Erich Maria Remarque. Ein militanter Pazifist. Texte und Interviews 1929–1966, Köln 1998.

Schreiber, Carsten: Elite im Verborgenen. Ideologie und regionale Herrschaftspraxis des Sicherheitsdienstes der SS und seines Netzwerkes am Beispiel Sachsens, München 2008.

Schroeder, Friedrich-Christian: Rechtsgrundlagen der Verfolgung deutscher Zivilisten durch Sowjetische Militärtribunale. In: Hilger/Schmeitzner/Schmidt (Hg.): Sowjetische Militärtribunale, Bd. 2, S. 37–58.

Schumann, Hans-Gerd: Nationalsozialismus und Gewerkschaftsbewegung. Die Vernichtung der deutschen Gewerkschaften und der Aufbau der „Deutschen Arbeitsfront", Hannover 1958.

Smelser, Ronald/Syring, Enric/Zitelmann, Rainer (Hg.): Die braune Elite II. 21 weitere biographische Skizzen, Darmstadt 1993.

Seydewitz, Max: Zerstörung und Wiederaufbau von Dresden, Berlin (Ost) 1955.

Seydewitz, Ruth: Die Verhaftung des „Königs Mu". In: Wochenpost, Nr. 45, 1955, S. 3.

Smith, Bradley F.: Der Jahrhundert-Prozess. Die Motive der Richter von Nürnberg – Anatomie einer Urteilsfindung, Frankfurt am Main 1977.

Speer, Albert: Spandauer Tagebücher, Frankfurt am Main 1975.

Sporn, Mario: Martin Mutschmann II. In: Das Vogtland-Jahrbuch, 17 (2000), S. 152–155.

Steinecke, Gerhard: Der letzte „Abwehrerfolg". Das Ende der Ostfront am Tharandter Wald (Manuskript vom 2.6.2010).

– Drei Tage im April. Kriegsende in Leipzig, Leipzig 2005.

Strzelecki, Andrzej: Der Todesmarsch der Häftlinge aus dem KL Auschwitz. In: Herbert/Orth/Dieckmann (Hg.): Die nationalsozialistischen Konzentrationslager, S. 1093–1112.

Sudoplatow, Pawel/Sudoplatow, Anatolij: Der Handlanger der Macht. Enthüllungen eines KGB-Generals, Düsseldorf 1994.

Szejnmann, Claus-Christian W.: Nazism in Central Germany. The Brownshirts in „Red" Saxony, New York 1999.

– Vom Traum zum Alptraum. Sachsen in der Weimarer Republik, Dresden 2000.

Taylor, Frederick: Dresden, Dienstag, 13. Februar 1945. Militärische Logik oder blanker Terror?, München 2004.

Taylor, Telford, Die Nürnberger Prozesse. Hintergründe, Analysen und Erkenntnisse aus heutiger Sicht, München 1994.

Teppe, Karl: Der Reichsverteidigungskommissar. Organisation und Praxis in Westfalen. In: Rebentisch/Teppe (Hg.): Verwaltung contra Menschenführung im Staat Hitlers, S. 278–301.

Torčinov, V. A./A. M. Leontjuk: Vokrug Stalina. Istoriko-biografičeskij spravočnik, Sankt-Peterburg 2000.

Verfolgung unterm Sowjetstern. Stalins Lager in der SBZ/DDR. XV. Bautzen-Forum der Friedrich-Ebert-Stiftung Büro Leipzig vom 13. und 14. Mai 2004. Dokumentation, Leipzig 2004.

Vollnhals, Clemens (Hg.): Sachsen in der NS-Zeit, Leipzig 2002.

– Der gespaltene Freistaat: Der Aufstieg der NSDAP in Sachsen. In: ders. (Hg.), Sachsen in der NS-Zeit, S. 9–40.

Voronov, Vladimir: Der Schlächter in der Lederschürze: In: Soversenno sekretno; Nr. 3, März 2010.

Wagner, Andreas: Mutschmann gegen von Killinger. Konfliktlinien zwischen Gauleiter und SA-Führer während des Aufstiegs der NSDAP und der „Machtergreifung" im Freistaat Sachsen, Beucha 2001.

– „Machtergreifung" in Sachsen: NSDAP und staatliche Verwaltung 1930–1935, Köln 2004.

– Manfred v. Killinger – Putschist und SA-Führer (1933–1935). In: Schmeitzner/Wagner (Hg.), Von Macht und Ohnmacht, S. 257–278.

– Martin Mutschmann. Der braune Gaufürst (1935–1945). In: Schmeitzner/Wagner (Hg.), Von Macht und Ohnmacht, S. 279–308.

Wehler, Hans-Ulrich: Das Deutsche Kaiserreich 1871–1918, Göttingen 1988 [6. Auflage].

Wawrzinek, Bert: Manfred von Killinger (1886–1944). Ein politischer Soldat zwischen Freikorps und Auswärtigem Amt, Preußisch Oldendorf 2003.

Weiß, Hermann: Biographisches Lexikon zum Dritten Reich, Frankfurt am Main 1998 [Taschenbuchausgabe 2002].

Weißbecker, Manfred: Nationalsozialistische Deutsche Arbeiterpartei (NSDAP) 1919–1945. In: Fricke (Hg.): Lexikon zur Parteiengeschichte, S. 460–523.
Weil, Francesca: Entmachtung im Amt. Bürgermeister und Landräte im Kreis Annaberg 1930–1961, Köln 2004.
Weinke, Annette: Die Nürnberger Prozesse, München 2006.
– Die Verfolgung von NS-Tätern im geteilten Deutschland. Vergangenheitsbewältigungen 1949–1969 oder: Eine deutsch-deutsche Beziehungsgeschichte im Kalten Krieg, Paderborn 2002.
Werkentin, Falco: Die Waldheimer „Prozesse" – ein Experimentierfeld für die künftige Scheinjustiz unter Kontrolle der SED? In: Haase/ Pampel (Hg.): Die Waldheimer „Prozesse", S. 6–26.
– Politische Strafjustiz in der Ära Ulbricht, Berlin 1995.
Zalesski, K. A.: Imperija Stalina. Biografičeskij enziklopedičeskij slovar', Moskva 2000.
Zdral, Wolfgang: Die Hitlers. Die unbekannte Familie des Führers, Frankfurt am Main 2005.
Zeidler, Manfred: Stalinjustiz contra NS-Verbrechen. Die Kriegsverbrecherprozesse gegen deutsche Kriegsgefangene in der UdSSR in den Jahren 1943–1952. Kenntnisstand und Forschungsprobleme, Dresden 1996.
Zentner, Christian/ Bedürftig, Friedemann (Hg.): Das große Lexikon des Dritten Reiches, München 1985.
Zerlett, Rolf: Joseph Grohé (1902–1987). In: Rheinische Lebensbilder, (1997), H. 17, S. 247–276.

Bildnachweis

Adressbuch der Kreisstadt Plauen im Vogtland 1914/15, Plauen 1915: S. 22
Archiv der Süddeutschen Zeitung, SZ-Bild 123954: S. 128
Bundesarchiv Berlin: S. 133, 145
CA FSB Moskau (N-18758) / USHMM Washington (RG-06.025*69):
S. 88, 91, 114, 121, 126
Der Freiheitskampf vom 17.4.1945: S. 53
Landesamt für Denkmalpflege, Dresden: S. 50
Nicole Schmeitzner (Karte): S. 59
Privatsammlung Eberhard Schmidt, Bautzen: S. 87
Ruth Seydewitz, Die Verhaftung des „Königs Mu".
In: Wochenpost, Nr. 45 von 1955, S. 3: S. 70
Sächsische Landes- und Universitäts-bibliothek,
Abteilung Deutsche Fotothek, Dresden: S. 35, 48, 81
Sächsisches Hauptstaatsarchiv Dresden,
Bestand Druckerei des NS-Gauverlages Sachsen Zeitungsbildarchiv,
Nr. 218: S. 18, 30;
Nr. 370: S. 4, 8, 12, 13, 20, 27, 39, 42, 43, 45, 51, 142, 147
Bestand Radio-Mende, VII.3.10.09, Nr. 73, Mappe 4-15-39: S. 116
SED-BPA Dresden, NL Walter Weidauer, V/2.052.010: S. 63
Sächsische Zeitung vom 25.6.1945: S. 98
Tageszeitung für die deutsche Bevölkerung, Dresden, vom 2.6.1945: S. 72, 75

Personenregister

Über den Autor

Mike Schmeitzner, geb. 1968, 1999 Dr. phil., 1988–1994 Studium der Geschichte, Germanistik und Erziehungswissenschaften an der PH und TU Dresden; 1994–1997 Graduiertenstipendiat der Friedrich-Ebert-Stiftung; seit 1997 wiss. Mitarbeiter am Hannah-Arendt-Institut für Totalitarismusforschung e.V. an der TU Dresden und seit 2001 Lehrbeauftragter ebendort; 2010/11 Gastprofessor für Neuere und Zeitgeschichte an der Universität Erfurt; Mitglied des Wissenschaftlichen Beirats der Stiftung Sächsische Gedenkstätten; Mitglied des Wissenschaftlichen Beirats der Stiftung Reichspräsident-Friedrich-Ebert-Gedenkstätte Heidelberg; Mitglied des Redaktionsbeirates der Zeitschrift „Dresdner Hefte. Beiträge zur Kulturgeschichte"; Vertrauensdozent der Friedrich-Ebert-Stiftung an der TU Dresden.

Zahlreiche Veröffentlichungen zur Geschichte der Weimarer Republik, des Dritten Reiches und der SBZ/DDR, insbesondere zum Parlamentarismus, zur Jugendbewegung und zur Geschichte der Totalitarismuskonzeptionen, als Autor und Herausgeber u. a. „Alfred Fellisch 1884–1973. Eine Biographie", Köln/Weimar/Wien 2000; „Die Partei der Diktaturdurchsetzung. KPD/SED in Sachsen 1945–1952" (zus. mit Stefan Donth), Köln/Weimar/Wien 2002; „Sowjetische Militärtribunale. Band 2: Die Verurteilung deutscher Zivilisten 1945–1955" (zus. mit Andreas Hilger und Ute Schmidt), Köln/Weimar/Wien 2003; „Im Schatten der FDJ. Die ‚Junge Union' in Sachsen 1945–1950", Göttingen 2004; „Peter Blachstein. ‚In uns weht die Fahne der Freiheit'. Zeugnisse zum frühen Konzentrationslager Burg Hohnstein" (zus. mit Norbert Haase), Dresden 2005; „Sowjetisierung oder Neutralität? Optionen sowjetischer Besatzungspolitik am Beispiel Deutschlands und Österreichs 1945–1955" (zus. mit Andreas Hilger und Clemens Vollnhals), Göttingen 2006; „Von Macht und Ohnmacht. Sächsische Ministerpräsidenten im Zeitalter der Extreme 1919–1952" (zus. mit Andreas Wagner), Beucha/Dresden 2006; „Totalitarismuskritik von links. Deutsche Diskurse im 20. Jahrhundert", Göttingen 2007; „Länder, Gaue und Bezirke. Mitteldeutschland im 20. Jahrhundert" (zus. mit Michael Richter und Thomas Schaarschmidt), Halle 2008; „Doppelt verfolgt. Das widerständige Leben des Arno Wend", Berlin 2009; „Richard Löwenthal: Faschismus – Bolschewismus – Totalitarismus. Schriften zur Weltanschauungsdiktatur im 20. Jahrhundert", Göttingen 2009.